故宫学术文丛

故宫博物院 编

The
PALACE
MUSEUM

梅赛德斯-奔驰星愿基金
Mercedes-Benz Star Fund

本书的出版由中国青少年发展基金会
梅赛德斯－奔驰星愿基金公益支持

主编｜王旭东

编委｜娄　玮　赵国英　王子林　段　莹
　　　杨丽丽　杨　杨　于庆祥　杨　安

故宫论学

郑欣淼　著

三联书店

图书在版编目（CIP）数据

故宫论学 / 郑欣淼著 . —北京 : 生活·读书·新
知三联书店 , 2023.7
（故宫学术文丛）
ISBN 978-7-108-07620-5

Ⅰ . ①故… Ⅱ . ①郑… Ⅲ . ①故宫—研究 Ⅳ .
① K928.74

中国国家版本馆 CIP 数据核字（2023）第 051041 号

项目统筹　成　华
责任编辑　麻俊生
封面设计　刘　俊
出版发行　生活·讀書·新知 三 联 书 店
　　　　　（北京市东城区美术馆东街 22 号）
邮　　编　100010
印　　刷　上海雅昌艺术印刷有限公司
排　　版　南京私书坊文化传播有限公司
版　　次　2023 年 7 月第 1 版
　　　　　2023 年 7 月第 1 次印刷
开　　本　720 毫米 × 1000 毫米　1/16　印张　22.25
字　　数　295 千字
定　　价　108.00 元

郑
欣
淼

陕西省澄城县人，1947 年生，大专学历。曾长期在地方与中央党政机关工作，20 世纪末以后到文博部门，曾任国家文物局副局长、文化部副部长、故宫博物院院长以及故宫博物院学术委员会主任、故宫研究院院长。早期从事政策、文化、鲁迅研究，后来着力于文物、博物馆研究。2003 年首倡"故宫学"，关于故宫学的论著主要有《故宫学概论》《天府永藏——两岸故宫博物院文物藏品概述》《故宫与故宫学》（三集）、《紫禁城：一部十五世纪以来的中国史》等。

故宫与故宫学

故宫识珍

紫禁内外

故宫与故宫学二集

故宫纪事

故宫答问

故宫与故宫学三集

故宫與故宮學

天府永藏

守望经典

天府永藏

故宫学概论

太和
完满

郑欣淼
说故宫

故宮學概論

郑欣淼故宫学著作书影

故宫博物院是建立于元明清三代宫殿建筑与藏品基础上的博物馆，不仅有闻名于世的古代宫殿建筑群紫禁城，而且还有一批批在众多学术领域取得了卓越成就的专家学者。特别是在古文字、建筑、绘画、陶瓷、青铜、玉器、宫廷历史等研究领域，人才辈出，群星闪耀，马衡、唐兰、罗福颐、陈万里、单士元、顾铁符、徐邦达、朱家溍、刘九庵、于倬云、冯先铭、杨新、万依、杨伯达等，一代一代的故宫学人为故宫的学术发展做出了贡献。

学术是故宫博物院的立院之本，是各项事业发展的支撑。推动学术进步，扩大学术影响，一直是故宫博物院的职责所在。目前故宫博物院明确提出要"形成开放创新、特色鲜明的学术科研体系"，推出"开放课题""英才计划""太和学者"三大学术发展举措，从学术研究、人才培养、学术交流等方面全方位开创故宫学术新局面。

继承故宫优良的学术传统，发挥学术的引领作用，故宫博物院推出"故宫学术文丛"，收录了近年来故宫专家在某一学科领域内取得的研究成果，较全面地展示了故宫学术研究的深度和广度。阐述故宫学及故宫学学科体系建设的郑欣淼先生的著作《故宫论学》，弘扬文博社会责任、探索文博发展方向的单霁翔先生的著作《博物馆思考录》，凝聚古书画研究专家杨新先生一生心血的《陌石斋论画：杨新古书画鉴定与美术史文集》，体现敦煌、吐鲁番等出土文献研究菁华的王素先生的著作《敦煌吐鲁番与汉唐西域史》，呈现古代丝绸之路多种宗教和文化兼容并蓄、融汇发展的孟嗣徽先生的著作《衢地苍穹：中古星宿崇拜与图像》，展现中国书画发展史、荟萃图像考据学最新成果的余辉先生的著作《翰墨辨疑：唐宋元书画家丛考》，阐发明清绘画史、鉴藏史的赵国英先生的著作《画家与鉴藏家：以王鉴绘画研究为例》，以紫禁城建筑和藏品为基础揭示其背后隐藏的传统文化精神的王子林先生的著作《日升月恒：紫禁城的文德光华》，八位专家从故宫学、博物馆学、古文献学、古书画史论、宫廷历史文化等领域，深耕易耨，洞幽烛远，为我们展示了故宫学术的魅力。

故宫博物院除了是集古代宫殿建筑藏品与世界文化遗产、旅游圣地三位一体的博物馆外，它还是一座学术的殿堂。如何发掘紫禁城所蕴藏的优秀文化价值，如何保护利用好世界文化遗产，如何将文化与旅游结合起来，推动博物馆事业高质量发展，这套文丛或许对我们有所启发。同时故宫博物院的学术又是开放的，这一直是故宫博物院的优良传统，文丛除收录与故宫相关领域的研究成果外，还收录了其他领域的研究成果。可以说这套文丛，从不同的方面，阐释了故宫学术的深厚底蕴。也凝聚着故宫研究室同仁的心血与期望，从最初的选题、组稿到选定出版社，他们做了很多工作，推动了文丛的出版。

"尊德性而道问学"，崇尚道德又追求学问，祝愿故宫学术不断取得新的成果！

感谢中国青少年发展基金会梅赛德斯–奔驰星愿基金公益支持，感谢生活·读书·新知三联书店和文丛编委会的辛勤工作。

故宫博物院院长　王旭东

目 录

前言

　　我与故宫的结缘，始自1999年10月参观在故宫斋宫举办的"清代宫廷包装艺术展"。由于认识上的原因，故宫博物院过去往往把文物与其包装物区分开来，对包装不甚重视。这引起我对文物概念以及文物内涵的思考，为此写了篇《我看"清代宫廷包装艺术展"》，提出要加深对文物内涵的了解，拓宽文物的概念。此文先后发表在2000年3月1日《人民日报》与3月19日《中国文物报》。当时我在国家文物局工作，由此开始关注故宫博物院。后来我又了解到，故宫有为数不少的宫廷历史遗迹和遗物，过去长期不作为文物对待，或仅列为"文物资料"，其原因主要是考虑到这些遗迹和遗物存在缺乏艺术性、不完整性、重复性、时代晚近性、材质普通性等问题。2002年9月我有幸任故宫博物院院长，就与时任文化部部长孙家正同志谈到清理故宫文物的打算，这主要得益于我来故宫之前的这些准备。我于2003年8月提出"故宫学"的学术概念，结合工作实践建构理论框架。2012年初，离开工作岗位以后，我更是倾力于故宫学的研究。岁月匆匆，不知不觉已走过了20年。

故宫是什么？故宫有宏伟的古建筑、丰富的文物藏品及深厚的宫廷历史遗存，这些方面之间有着紧密的内在联系，是一个文化整体，共同构成了宫廷历史文化多彩多姿的场景与长卷。离开了宫廷历史文化整体性视野的故宫文物研究，就可能出现故宫研究的"碎片化"，文物意义、故宫价值的认识就会受到影响。如果我们不把故宫仅仅看作一个藏宝之所，而把它作为一个特定时期的完整的文化体来看待，把它放在中华文明的发展历程中来看待，它的一砖一瓦一草一木就都没有多余的，既是典章制度和宫廷生活的载体和反映，也蕴含着丰富生动的内容和故事，因此就有了重要的历史文化价值。正是基于对故宫是个文化整体的认识，故宫学的学术概念才得以形成并提出。

对故宫价值认识的逐步深入，伴随着故宫保护理念的不断提升。从历史上多次出现的"废除故宫""改造故宫"争论的教训到作为世界遗产故宫所具有的突出的普遍价值的飞跃，从"古玩""古物"观念到宫廷历史文化遗存的珍护，从物质文化遗产到非物质文化遗产的拓展，从故宫本体以至周边环境的保护，都是故宫保护理念发展提升的过程。这也使得故宫的内涵更为丰富，并进一步突出故宫遗产的文化价值，发挥故宫在当代社会的重要作用。

故宫博物院依故宫而产生，"宫"与"院"的合一是其特点。如何看待故宫的价值，就影响到对故宫博物院地位和性质的认识。为什么20世纪50年代要把大量的明清档案以及珍贵的"天禄琳琅"等善本特藏调拨出去？就因故宫被定为艺术性博物馆。对故宫价值及对博物院定性的认识偏颇以及文物观念的局限，特别是以阶级斗争为纲指导思想的影响，曾将故宫与博物院置于十分危险的境地。这些问题的发生，既有"左"倾思潮的影响，也有思想方法上的片面性，但其根本原因都是没有从文化整体来看待故宫价值，没有认识到故宫博物院的性质是由故宫的特点决定的。"宫"与"院"的合一，是故宫博物院与生俱来的身份。今天来看，故宫博物院因此成为一座同时兼具宫廷史迹、古代建筑、古代艺术和清宫藏书档案几大特性的博物馆，是世界上极少数同时具备艺术博物馆、建筑博物馆、历史博物馆、宫廷文化博物馆等特色且符合国际公认的"原址保护""原状陈列"基本原则的博物院和文化遗产。

故宫学是一个理论问题，也是一个工作实践问题。这就是学理性与实践性的结合。世界遗产视野中"故宫真实性和完整性的结合"与故宫学视野中"故宫文化价值的整体性"诸多理念是相互启发、补充甚至有所交融的关系。故宫学从文化整体的角度来评估和界定故宫的价值和博物院的性质，并指导和推动故宫保护和博物院建设。2002年我到故宫工作，组织上明确指示，故宫大修是首要任务。这是故宫百年来规模最大的一次维修。大修坚持"不改变文物原状"的总原则，采取具体问题具体分析的方法，对每一座建筑物的修缮，都是仔细地审慎地实测、研究，从而决定维修方案，其中最重要的，是最少干预，尽最大可能保存原构件并尽可能地多保留原有建筑历史信息。为了保持故宫的真实性，对后代人为的不恰当改变作了修复。故宫博物院自2004至2010年的文物藏品7年清理工作，更是在故宫学理念指导下进行的。

清宫文物在海内外的大量散佚，客观上为更多的机构与个人参与故宫学研究提供了条件，因此故宫学从一提出就强调其开放性的特点。从故宫学的视野来看，这些流散文物不是孤立的个体，而与故宫及其他文物有着一定的联系。这些文物从而也就有了生命，其内涵也才能被深刻地发掘出来。学术为天下公器。我们一直倡导"故宫在北京，故宫学在中国、在世界"的学术理念。故宫学不只是两岸两个故宫博物院或是海内外收藏有关清宫文物的机构或个人的事，而应该是海内外学术界的共同事业。多年来，故宫博物院全力拓展与国内外知名博物馆、高等院校、科研院所及其他学术机构的学术交流与合作，拓宽学术研究的视野与渠道，取得了一系列成果。

我深知，理论的产生与实践的发展有密切关系。故宫学学科的构建，不能揠苗助长，不能提出不切实际的要求。它需要历史的积淀，需要现实的探索，需要更多人的共同努力，一步一个脚印，实实在在地推进。在我个人的持续研究中，从《故宫学述略》（2004年）、《故宫学纲要》（2010年）到《多维视域中的故宫学——范畴、理念与方法》（2014年）再到《故宫学的再认识》（2016年）等数十篇文章，以及《天府永藏——两岸故宫博物院文物藏品概述》（2008年）、《故宫学概论》（2016年）专著，作为构建故宫学学术大厦的一砖一石，既是我对于故宫学学术基础及学科体系架构的持续探索，也是对于故宫博物院事业发展所积累的经验和智慧的阶段总结。

"近年来孜孜于故宫价值发掘与故宫学的探索，个中甘苦，'如鱼饮水，冷暖自知'。但囿于对故宫认识的程度以及学养的制约，对故宫这座学问的大厦来说，仍难窥见其中奥妙。所谓'夫子之墙数仞，不得其门而入，不见宗庙之美，百官之富。得其门者或寡矣'。"这是2009年《故宫与故宫学》出版时我写于序言中的话。一刹十余年，跬积步进，如果说好不容易进入故宫学的围墙，那登堂并且能够入室，就是进一步的目标了。更何况，故宫长存，充满活力的故宫博物院的事业在不断发展，故宫学研究没有尽头。我还将继续努力！

本论集共收入10篇文章，先后发表于2004至2021年的17年间。其中分别选自《故宫与故宫学》（2009年，2篇）、《故宫与故宫学二集》（2018年，4篇）、《故宫与故宫学三集》（2019年，3篇）及《故宫博物院院刊》2021年第11期。有3篇曾被《新华文摘》转载。

此外，还有几点说明：

一、文章顺序按内容编排，大致分为故宫博物院院史研究与故宫价值、故宫学理论探索两部分。

二、关于故宫博物院文物藏品数字的表述，前后有所变化。原因在于：20世纪前后，故宫博物院对外公布的藏品总数是94万件，或称近百万件；2005年，古籍特藏、殿版书书版等列入文物总账，对外常说的文物总数则是150万件（套）左右；及至2010年底，历经七年文物清理，对外公布的藏品总数增至1 807 558件（套），2011年以后就沿用这个数字。因文章发表时间不同，也就有了若干种表述。

三、为了行文方便并按照习惯，故宫博物院有时简称故宫；与台北故宫博物院相对应，故宫博物院也称北京故宫博物院，或简称北京故宫。

四、此集子的编选始于2020年初，当时新冠疫情初起，蛰居在家，便有了第一稿；2021年又对所选文章做了调整。在这个过程中，文字的核校和注释的完善，我的学生徐婉玲博士和她的先生郑文武予以很多协助，在此表示衷心的感谢。

郑欣淼

于故宫清稽查内务府御史衙门旧址

故宫博物院与辛亥革命

　　今年是辛亥革命100周年。1911年的辛亥革命是中国近代完全意义上的民族民主革命运动。1925年成立的以明清皇宫紫禁城及其皇家收藏为基础的故宫博物院，就与这场伟大的革命运动有着直接关系。但是，从辛亥革命发生到故宫博物院成立，其间相距14年。这14年中，末代皇帝仍"暂居宫禁"13年，丰富的文物珍宝仍为皇帝的私人财产。这是辛亥革命不彻底性的一个表现。这14年也是风云激荡的历史时期。时代的潮流，社会的进步，由修改优待清室条件，到驱逐溥仪出宫，把皇家收藏变成全民族的文化财产并赋予其新的意义，终于建成一个有着崭新形态的公共文化机构，其间充满惊心动魄的斗争。

　　参与故宫博物院肇建的吴瀛先生就曾感慨："夫由一故宫蜕化而为博物院，此为国体变更应有之结果，若法、若俄、若德，何莫不然，则故宫之为博物院，一刹那顷之事耳，何有于若干年之经过？"①可以说，辛亥革命的成果和影响仍然为博物院的产生创造了条件，故宫博物院的问世则完成了辛亥革命的未竟之业。

一

　　民主共和政体是辛亥革命的最重要成果，驱逐溥仪出宫并成立故宫博物院，使皇权最重要象征的紫禁城内廷向普通民众开放，对于强化民主共和观念、彻底粉碎国内复辟帝制思潮有着标志性意义。

　　1911年的辛亥革命，不仅推翻了统治中国260多年的清王朝，而且结束了延续两千多年的君主专制政体。这场资产阶级革命的最大成果就是国体变更，即政治体制的根本改变。这是一次历史巨变，开启了中国历史的共和时代。"百代都行秦政法"，自秦始皇以来所形成的以大一统、极度中央集权和绝对专制主义皇权为特征的中国式的历史道路，曾经在中国历史上是一个巨大的进步，中华民族在这条道路上创造了光辉灿烂的东方文明，但是专制统治的长期延续和极端化发展，却严重阻滞了中华民族前进的步伐，使中国社会陷入落后的深渊。1911年12月南北和谈中讨论国体问题，即在中国实行君主立宪还是民主共和，南方代表伍廷芳阐述了南方坚持在中国实行民主共和的理由："为今之计，中国必须民主，由百姓公选大总统，重新缔造，我意以此说为确不可易。"北方代表表示并"无反对之意向"②。辛亥革命打倒了专制皇权，废除君主制，建立民主政体，实现五族共和。民主与共和是相联系的，中华民国的主权属于国民全体，国家权力机构和国家元首均由选举产生，这种政体形式即共和制。是否赞

　　① 吴瀛：《故宫博物院前后五年经过记》第1卷，故宫博物院印行，1932年，第1页。
　　② 转引自中国社科院近代史研究所编：《中国近代通史》第5卷，江苏人民出版社，
　　　 2009年，第451页。

奉
旨钦奉
隆裕皇太后懿旨前因民军起事各省响应九夏沸腾
生灵涂炭特命袁世凯遣员与民军代表讨论大局
议开国会公决政体两月以来尚无确当办法南北
睽隔彼此相持商辍于途士嘉于野徒以国体一日
不决故民生一日不安今全国人民心理多倾向共
和南中各省既倡议于前北方诸将亦主张于后人
心所向天命可知予亦何忍因一姓之尊荣拂兆民
之好恶是用外观大势内审舆情率皇帝将统治
权公诸全国定为共和立宪国体近慰海内厌乱望
治之心远协古圣天下为公之义袁世凯前经资政
院选举为总理大臣当兹新旧代谢之际宜有南北
统一之方即由袁世凯以全权组织临时共和政府
与民军协商统一办法总期人民安堵海宇乂安仍
合满汉蒙回藏五族完全领土为一大中华民国予
与皇帝得以退处宽闲优游岁月长受国民之优礼
亲见郅治之告成岂不懿欤钦此
宣统三年十二月二十五日

内阁总理大臣臣袁世凯
署外务大臣臣胡惟德
民政大臣臣赵秉钧
度支大臣臣绍英
学务大臣臣唐景崇
陆军大臣臣王士珍
海军大臣臣谭学衡
司法大臣臣沈家本
署农工商大臣臣熙彦
署邮传大臣臣梁士诒
署理藩大臣臣达寿

《清帝逊位诏书》

成共和，成为是否拥护中华民国的最重要条件。1912年2月12日，在紫禁城养心殿东暖阁，隆裕太后代行颁布退位诏书，其中说道："是用外观大势，内审舆情，特率皇帝将统治权公诸全国，定为立宪共和国体，近慰海内厌乱望治之心，远协古圣天下为公之义。"[①]清帝退位后，袁世凯立即致电南京临时政府和临时参议院，表示绝对赞同共和制度，"永不使君主政体再行于中国"，宣称"共和为最良国体，世界之公认……从此努力进行，务令达到圆满地位"[②]。

皇宫是皇帝生活居住、处理政务的场所，亦即"朝廷"所在地，是权力的中枢。雄伟壮丽的皇宫建筑充分体现了皇权的至高无上，宫廷生活的奢华、收藏的丰富以及它的神秘性，使其成为封建统治的重要象征。由此，辛亥革命的对象首先在紫禁城，无论如何，应该把专制君主从这一具有象征意义的皇宫驱逐出去。但是，清朝覆灭了，最后一个皇帝却仍住在

---

① 上揭《中国近代通史》第 5 卷，第 489 页。
② 《南京临时政府公报》第 15 号：《袁世凯致南京孙大总统、参议院、各部总长、武昌黎副总统电》，《辛亥革命资料》（《近代史资料》总第 25 号），中华书局，1961 年，第 117 页。

宫里，且一住就是13年。溥仪能居住下来，是根据清室退位优待条件。1912年南北双方在和谈中涉及到对清朝皇帝、皇族的待遇问题。处置清室的基本办法是：清帝退位，给予优待。有关清帝退位的"优待条件"是经过南北双方反复商讨后确定的，也在一定程度上考虑了清室的意见。当时提出的待遇条件有"以待外国君主之礼待之""退居颐和园"等，后清室提出要保存大清皇帝名号，并要"世世相承""仍居宫禁"等条。孙中山、黄兴坚决反对。1912年1月18日，孙中山致电伍廷芳，提出修改意见："一、名号定为宣统皇帝，删去'世世相承'四字。二、退居颐和园。"同一天，黄兴也致电伍廷芳，痛斥："议和愈出愈奇，殊为可笑！第一条仍保存大清皇帝之名称及'世世相承'字样，可谓无耻之极。第二条'仍居宫禁'，是与未退位无异。第一、第二，为我军人之绝对的反对！"后在"若清帝退位，则共和目的已达，其他枝节，似可从宽"的思想指导下，作了让步，稍加修改。正式公布的清帝退位优待条件共八款，最主要的是两款："第一款 大清皇帝辞位之后，尊号仍存不废，中华民国以待外国君王之礼相待。""第三款 大清皇帝辞位之后，暂居宫禁，日后移居颐和园。"① "暂居宫禁"，没有规定具体期限，只划定了宫禁范围，在乾清门以北到神武门为止这个区域，即"内廷"。作为明清皇宫的紫禁城，分外朝、内廷两大部分，外朝是朝廷举行盛大典礼及部分办事机构的活动场所，内廷是皇帝处理政务及帝后皇室人员生活起居之处。相比之下，内廷更为重要，且皇室珍藏等都主要集中在这里。中华民国成立后，外朝部分即太和、中和、保和三大殿及文华殿、武英殿等交给民国政府，而溥仪仍居住在内廷。

对于辛亥革命推翻封建帝制的这一历史功绩与重大意义，我们应当给予充分的认识。有学者指出，过去我们往往对辛亥革命的历史意义认识不足，甚至更多地讲其失败和消极面，是不全面的，这既有认识原因，也有

---

① 前揭《中国近代通史》第5卷，第487—488页。

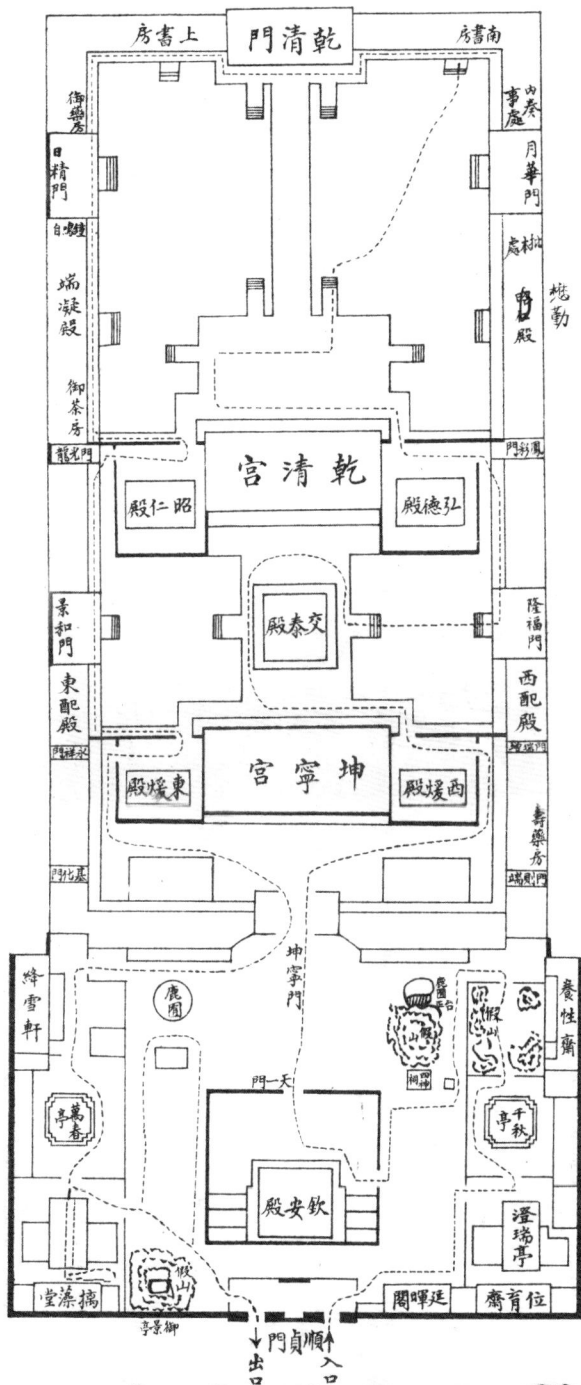

故宫中路平面图

1925 年绘《故宫中路平面图》，原清宫内廷主要部分

时代原因。[1] 从认识上讲，后来的评价者对辛亥革命缺乏亲身体会，因此导致认识上的低估。亲身经历这场革命的林伯渠（他是1905年8月第一批加入同盟会的会员）在1941年辛亥革命三十周年时撰文指出："对于许多未经过帝王之治的青年，辛亥革命的政治意义是常被过低估计的，这并不足怪，因为他们没有看到推翻几千年因袭下来的专制政体是多么不易的一件事。"[2] 从时代上来看，辛亥革命发生了，取得了伟大胜利，但社会性质还未完全改变，还有许多革命工作要做。例如，打击和粉碎民国初期的复辟逆流，巩固民主共和体制，就是一项重要的革命任务。

民国成立后，存在一股企图使逊清废帝溥仪复位的逆流，溥仪仍居住紫禁城，便成为形形色色复辟派的一个希望。致力于匡复清朝的，既有遗臣清遗老，也有以满籍王公宝为中心的宗社党，还有以康有为为首的保皇会分子，也有一批任职于民国政府的前清旧官僚。溥仪回忆说："复辟——用紫禁城里的话说，这是'光复故物''还政于清'——这种活动并不始于尽人皆知的'丁巳事件'，也并不终于民国十三年被揭发过的'甲子阴谋'。可以说从颁布退位诏起到'满洲帝国'成立止，没有一天停顿过。"[3] 当"满洲帝国"的皇帝，是日本人的阴谋，也使溥仪走上了卖国的路子。在紫禁城里发生的是"丁巳事件"与"甲子阴谋"。"丁巳事件"即1917年（丁巳年）的张勋复辟。安徽督军张勋以"调停"黎元洪总统府与段祺瑞国务院的"府院之争"的名义，以十三省军事同盟"盟主"身份，从徐州率兵进京，逼黎元洪解散国会并驱走黎，7月1日伙同康有为等拥溥仪复辟，改民国六年为宣统九年，恢复前清官制。溥仪在乾清宫坐上皇帝宝座，北京城里到处挂起了龙旗，满街上是穿着清朝袍褂的人。但是这一闹剧只持续了12天。

---

① 《张岂之、金冲及对话辛亥革命》，《中华读书报》2011年4月13日。
② 林伯渠：《荏苒三十年》，《解放日报》1941年10月10日。
③ 溥仪：《我的前半生》，群众出版社，2007年，第59页。

溥仪复辟时坐在乾清宫宝座上，摄于1917年

　　"甲子阴谋"是清室善后委员会1925年7月在点查清宫养心殿时，发现有1924年（甲子年）春夏间康有为、金梁等奏陈图谋复辟的多种密件。说明他们的复辟活动一直没有停止。今天来看，这种逆社会潮流的图谋十分愚顽可笑，但由于两千多年的封建专制统治，当时皇帝制度赖以存在的经济基础及思想体系仍然存在，或未受到很好批判，因此被赶下台的溥仪要复辟，作为中华民国第一任大总统的袁世凯也要过过皇帝瘾，在太和殿里接受朝臣的祝贺，当起了短命的洪宪皇帝。

　　对于优待清室条件，溥仪小朝廷一直十分重视，一方面担心民国取消优待条件，一方面又深惧民国彻底执行优待条件第三款的规定事项，心情是相当矛盾的，因此他们坚持把优待条件列入宪法。袁世凯曾在优待条件上有一段跋语："先朝政权，未能保全，仅留尊号，至今耿耿。

所有优待条件各节，无论何时断乎不许变更，容当列入宪法。"①民国三年（1914）5月1日，袁世凯欲为其帝制铺路而公布《中华民国约法》，其中第六十六条云："中华民国元年二月十二日所宣布之大清皇帝辞位后，优待条件、清皇族待遇条件、满蒙回藏各族待遇条件永不变更其效力。"自是优待清室条件载于民国约法，其效力愈为稳固。民国五年（1916）8月1日，民国国会重新在北京召集，宪法会议亦于9月5日继续开会，清皇室即请北京政府咨文国会，将优待条件列入宪法，旋有梁鼎芬、达寿、世续、陈宝琛等请愿于国会，国会议员中亦有王谢家、魏肇文、李振钧分别提案，以为有加入之理由。民国六年（1917年）2月，民国副总统冯国璋自南京行抵北京，致函众议院，请将优待清室条件加入宪法，以杜倡言复辟者之反侧，然未为国会所接受。同年7月张勋复辟失败前后，有人主张严惩清室，取消优待条件；有人则为清室开脱，多方回护，结果北京政府决定优待条件继续维持，永资遵守。民国七年（1918）10月到十一年（1922）6月，著名的复辟派分子徐世昌任民国总统，在其任内，清室优待条件自然得保无虞。

对于优待清室条件，反对者以及主张取消者亦不少。民国十一年6月，徐世昌下台，8月1日旧国会恢复，即有少数态度激烈的国会议员主

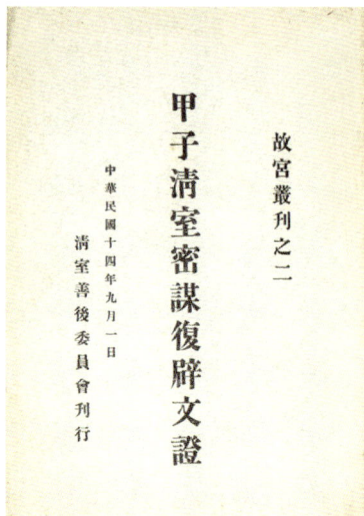

《甲子清室密谋复辟文证》

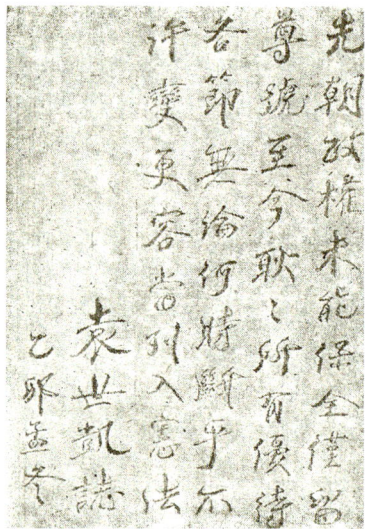

《清室优待条件》背面袁世凯手批墨迹

---

① 前揭《我的前半生》，第66页。

张取消优待清室条件，如议员邓元彭等提出，"我中华民国既定为共和政体，一切人权平等，无特殊阶级，昭垂中外，十有一年于兹矣。何物溥仪，不知自爱，生存于五色国旗之下，胆敢借结婚之仪仗，特标榜其黄龙旗大皇帝之徽号，形似滑稽，事同背叛"，认为"不合潮流，不适国体"，建议"将优待条件取消①。1924年春夏间，议员李燮阳在国会中又提出类此议案。同年4月20日，溥仪召集近支王公、内务府各大臣会议，谋应付民国国会提案取消清帝尊号及优待条件办法。不久北京政变发生，优待条件虽未取消，却有重大修改。②

历史的潮流毕竟阻挡不住，民主共和的观念也在逐步深入人心。1924年第二次直奉战争中，冯玉祥倒戈，发动了北京政变，直系以失败而告终。黄郛内阁摄政时间从11月5日起至11月24日"临时执政政府"成立结束。在此期间，冯玉祥做了一件大事，即驱逐清废帝溥仪出宫，由摄政内阁通过《修正清室优待条件》，最重要的有两条，第一条："大清宣统帝从即日起永远废除皇帝尊号，与中华民国国民在法律上享有同等一切权利。"第三条："清室应按照原优待条件第三条，即日移出宫禁。"黄郛摄政内阁在公布修改优待清室条件时，特别昭告全国，说明修改的原因："民国建国，十有三年，清室仍居故宫，于原订优待条件第三条，迄未履行，致民国首都之中，尚存有皇帝之遗制，实于国体民情，多所抵牾。爰于十一月五日，与清室溥仪商订修正优待条件。"③

清室王公大臣、著名遗老等闻溥仪出宫，均大为惊骇悲愤，奔走呼吁，希图有所挽救。时在天津的段祺瑞，以清室逊政非征服可比，迫令移宫有背优待条件，应从长计议，俾免民国受背约之嫌。冯玉祥等旋复一电云："清室为帝制余孽，复辟之祸，贻羞中外，张勋未伏国法，

---

① 转引自胡平生：《民国初期的复辟派》，（台北）学生书局，1985年，第388页。
② 上揭《民国初期的复辟派》，第388页。
③ 前揭《故宫博物院前后五年经过记》第1卷，第10页。

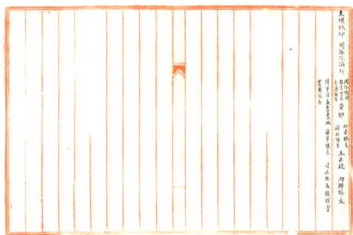

《修正清室优待条件》，1924 年 11 月 5 日公布（中国第二历史档案馆藏）

废帝仍存私号，均为民国之耻。留此孽根，于清室为无益，于民国为不祥。此次移入私邸，废去无用之帝号，除却共和之障碍，人人视为当然。"1924年除夕，孙中山到京，卧病北京饭店，清室遗老旧臣宝熙、绍英等人又致书孙中山，称"优待条件，为民国产生之源本，自宜双方遵守，垂诸无穷"，而今溥仪"乘舆仓卒出宫"，已违"最初之信条"，故而请求"主持公道，力践前言"。中山先生即命秘书处复函，严词驳斥，指出首先是清室违反优待条件，终未践移宫之约，又于文书契卷仍沿用宣统年号，民国六年复辟之举，乃实犯破坏国体之大告。并指出"吾所以认十一月间摄政内阁之修改优待条件及促清室移宫之举，按之情理法律，皆无可议"②。所有支持驱逐溥仪出宫者，都把这件事与推行民主共和政体、杜绝复辟祸根联系在了一起。

在查点清宫物品的过程中，清室善后委员会与清室及段祺瑞临时执政府的反对、抵制、阻挠等活动进行了坚决的斗争，坚持开展工作并为成立博物院作了充分准备。特别是1925年7月在养心殿发现清室密谋复辟的罪证，认为事关国家共和政体的安危，当即抄录致函京师地方检察厅（后转向京师高等检察厅），请其对有关人员分别提出公诉，在段祺瑞

---

① 前揭《民国初期的复辟派》，第 414 页。
② 前揭《故宫博物院前后五年经过记》第 1 卷，第 27 页。

清室善后委员会关于复辟文证呈函

清室善后委员会拟定的故宫博物院成立大会邀请人员名单

执政府包庇下，最后却不了了之。

清室善后委员会鉴于情势之孤危，非急急成立博物院，使速成公开之局，无以杜觊觎之心，遂于1925年10月10日，即中华民国的国庆双十节，正式宣告了故宫博物院的成立。开幕典礼的讲话，充分揭示了故宫博物院的意义。前摄政内阁总理、理事黄郛在发言中说，"今日开院为'双十节'，此后是日为国庆与博物院之两层纪念，如有破坏博物院者，即为破坏民国之佳节，吾人宜共保卫之"。执政府外交总长、董事王正廷在发言中说了自己的两点感想：一是真正收回民权，二是"双十节"的特殊纪念。京畿警备司令、董事鹿钟麟说，过去有"逼宫"的戏，他的"逼宫"，则是为民国、为公而"逼宫"。他们的讲话，都受到与会者的

故宫博物院成立开幕典礼

欢迎。[①]

应该看到，民国初年，西方民主思潮与实践颇为盛行，后来袁世凯和北洋军阀独掌北京政府，逐步废弃了辛亥革命后建立的各项民主制度。但是，经过辛亥革命的洗礼，共和民主制优于君主专制，已成为国人思想理念中最重要的变化之一。尽管民国年间的共和民主制暴露出种种不足之处，名不副实处甚多，但其在形式上的至高无上仍为多数国人所公认。民国实行民主共和的体制，把破坏博物院视为"破坏民国之佳节"，说明故宫博物院对于坚持民主共和体制所具有的重大意义，因此是需要保卫的。

关于第二次直奉战争的后果和影响，美国学者林蔚对此作了新的诠释。他认为，第二次直奉战争的最后结果是直系的崩溃最终引发整个北洋体系的崩溃，造成某种权力真空，从而为新的观念、新的社会群体

---

① 前揭《故宫博物院前后五年经过记》第 1 卷，第 54 页。

以及新的政治权威提供了演出舞台。他说，1925年发生的五卅运动在中国现代史上是一个分水岭，是一个界标性的大事件，它宣告了新型民族主义运动和新兴政治力量的崛起。五卅运动在许多方面都不同于以往的单纯抗议型民族主义运动。此一时期的民族主义不仅以压倒优势获得各阶层广泛而深刻的同情与支持，而且，它比以往任何时候都具有更为清楚的政治目的与政治眼光，军阀和帝国主义一道被视作中国的敌人，从而使南方国民党和共产党所主张的国民革命有了明确的内涵和目标，这就是以"打倒列强除军阀"为口号的统一中国，构建现代民族国家的运动。他认为，"五卅"的意义远不止于一个来自下层的爱国主义运动，而首先是既存权力结构分崩离析的象征。蒋介石所操纵的国民党正是利用北洋体系因内斗而崩裂的机会，对民族主义加以政治性运用，迅速崛起填补了权力真空，成为当时全国统一诉求的代言人和执行者。[①]

冯玉祥在第二次直奉战争中倒戈，不是临时的仓促决定。战前孙中山国民党人已与冯玉祥、胡景翼、孙岳等人密切联络，以冀实行推倒曹吴的"中央革命"计划。李煜瀛回忆说："辛亥革命虽小告段落，实则革命实力迄未达于北方。然革命同志无不欲作北方革命首都革命以期普遍。抱此志愿者为数甚多，就我个人所知武装同志中如冯焕章（冯玉祥）、胡立生（胡景翼）、孙禹行（孙岳），非武装同志中如黄膺白（黄郛）、段子均（段宗林）及吾个人皆从事于此。膺白多致力于焕章方面，子均与吾个人致力于立生、禹行方面，为秘密工作之进行，此国民一二三军未张其帜以前一段之经过，亦即使溥仪出宫间接之工作。"[②]

从多种文献可以看到，正在壮大的国民党积极参与并指导了驱逐溥

① 马敏：《第二次直奉战争的新诠释——林蔚著〈从战争到民族主义：中国的转折点 1924—1925〉》，《拓宽历史的视野：诠释与思考》，华中师范大学出版社，2006 年，第 356—357 页。
② 李煜瀛：《故宫博物院纪略》，《故宫周刊》1929 年总第 2 期。

仪出宫，以及筹建博物院的工作。1924年1月国民党在广州召开第一次全国代表大会，大会通过宣言，重新解释了三民主义，把旧三民主义发展为新三民主义，确立了联俄、联共、扶助农工的三大政策，标志着以国共合作为基础的革命统一战线正式建立，为国民革命高潮的到来奠定了基础。李石曾当选为中央监察员，并被推选为"北京监察委员"。清室善后委员会成立，"以李石曾先生为委员长，委员如黄膺白、蔡孑民、吴稚晖、汪精卫、易寅村、张溥泉诸先生，均国民党之彦，而鹿瑞伯为驱逐溥仪出宫之执行者，同时为京畿警卫总司令兼为委员，故当时参加同人，多数为国民党或接近国民党者"①。北京政府初虽称与国民党合作，而实则不然，清室则乘机阻挠点查工作，其后北京政府与清室善后委员会及其嬗递之故宫博物院，遂时时处于相对地位。但是，清室善后委员会能够不屈服于各种压力，坚持斗争，北京政府虽眷顾于清室，为点查工作设置了种种障碍，终于未能阻挡住故宫博物院成立的趋势，当与第二次直奉战争后这种新的形势有关。②

根据修改的优待清室条件，溥仪已永远废除了皇帝尊号，为中华民国国民的一分子，并理所当然地被驱逐出了内廷，使这个作为封建皇权最重要象征的宫苑禁区，变为平民百姓可以自由参观的场所，将作为君主法统象征和仅供皇帝观赏享用的珍宝文物，变为全民族的共有财富。

---

① 前揭《故宫博物院前后五年经过记》第1卷，第1页。
② 1924年11月24日，段祺瑞宣布就任中华民国"临时执政"。清室方面遂暗中与段临时政府沟通，攻击清室善后委员会，力图实现溥仪复宫。政府方面与清室善后委员会的纠纷开始。12月21日，段临时政府秘书厅致函内务部及警卫司令，着停止清室善后委员会点查清宫物品。22日，清室善后委员会召开点查预备会议，会议一致通过断然拒绝接受段政府停止点查的命令的决议，并函复内务部难以中止点查，后在有关方面斡旋下，临时执政府又同意进行点查。见《故宫博物院八十年》，紫禁城出版社，2005年，第24页。李煜瀛说："段之时期，国民军仍握北京兵力。关于此事（按：指干涉清室善后委员会点查工作），奉方亦不助段，故无能如何于故宫事也。"见前揭《故宫博物院纪略》。

这就明确地昭告世人，封建君主制度在中国大地上已真正地被推翻了、结束了，任何企图恢复帝制的行为都是倒行逆施，都是不能得逞的。故宫博物院的成立，在这方面具有标志性的意义。

二

皇家收藏有其特殊内涵，故宫博物院的成立，使象征皇权统治继承性、合法性的清宫旧藏成为人民共有共享的文化财产，并赋予而且不断强化着其民族文化血脉的新意义，对于促进中华民族的文化认同具有重要作用。

中国历代王朝都重视文物珍宝的收藏，这些收藏不只因其珍稀宝贵，而且与政权继承及其合法性有关。周代即收藏象征王位的祭器，被称为"宝器"，为传国之重器。文物珍藏的聚集可被视为天命所归的象征。因此，新的王朝接受前朝的旧藏，表示着它继承前朝的天命，是确定其统治权合法性的一个重要来源。清宫收藏在乾隆年间达到鼎盛，清末国力衰微，外患频仍，这些文物又多次遭到劫掠或毁损，但仍然极为宏富。辛亥革命爆发，清帝逊位，"暂居"紫禁城宫殿，围绕这些清宫旧藏的所有权问题展开了一场旷日持久的争论和斗争，争论和斗争的过程，也是对这些藏品性质的认识以及赋予新意义的过程，其所有权的最终解决，也就促成了故宫博物院的诞生。

在封建时代，所谓普天之下莫非王土，整个天下都是帝王的，皇宫里的所有物品，包括文物珍藏，自然都是帝王的财产，谁也动不得。康熙皇帝曾规定，宫中的一切物件，哪怕是一寸草都不准丢失。养心殿的一个景泰蓝小罐里盛着36个一寸长的干草棍，他拿了几根放在案几上，叫人每天检查一次，少了一根都不行。这叫"寸草为标"。溥仪曾回忆："这堆小干草棍儿曾引起我对那位祖先的无限崇敬，也曾引起我对辛亥革命无限的愤慨。"[1]不仅溥仪认为清宫旧藏是他的私人财产，当时的中华民国政府也理所当然地认为这些文物产权属于皇室。皇室的财产不只在紫禁城，还包括沈阳奉天行宫和热河避暑山庄的珍藏。1914年民国政府在紫禁城外朝即三大殿一带成立古物陈列所，陈列从今沈阳和承德皇宫运回的珍宝，共约70万件之多。民国政府认为这些宝藏是皇室私有财产的一部分，又由清室派员约同古玩商家逐件审定估价，有些物品由于是无价之宝和稀世珍品而无法估计。根据皇室与民国的双边协议，所有物品中，除了皇室收回的以外，均由民国政府按估定的价格收购；由于财力紧缺，民国政府不能当即支付购买款项，这些宝藏暂被当作民国借自皇室的债款（总计3 511 476元），直到民国财力允许彻底支付时为止。[2]

对于清宫旧藏是否为皇室财产的争论，开始于20世纪20年代初，这与当时清宫所藏的文物珍宝的厄运有关。当时引起社会关注的，是逊清皇室对宫中文物珍宝的大量抵押、拍卖活动。

辛亥革命后，根据国民政府所议定的《清室优待条件》第二款规定："大清皇帝辞位之后，岁用四百万两。俟改铸新币后，改为四百万元，此款由中华民国拨用。"但由于逊清皇室任意挥霍及其内务府人员的中饱和舞弊，往往入不敷出。而民国政府所负担的经费，也往往因为财政困难而不能如期按数拨给，清室只好靠借债抵押维持。溥仪全宗档案的一份材料，记载了溥仪小朝廷在多个年份欠债的记录，例如："宣统八年十二月份（按：根据《清室优待条件》规定，宣统退位后，可保留其"尊号"，所以溥仪小朝廷一直沿用其"宣统"年号）：欠恒利号商借垫银二十八万五千零五十五两九钱一分六厘八毫四丝；欠亨记号商借垫银六千八百五十二两六钱四分；欠大清银行借垫银十四万两，除欠

① 前揭《我的前半生》，第37页。
② 庄士敦：《紫禁城的黄昏》，山东画报出版社，2007年，第230页。

内帑银七万五千六百两；除欠泰元号商借垫银九万六千零五十两二钱二分，尚欠交通银行借垫银三万九千六百两；除还尚欠中国银行浮借银三万六千两，新欠中国银行息借五十万元，计折合银三十六万两。"①

为了还债，筹款的办法之一就是大量拍卖宫中的金银、珍宝、古玩等。民国十一年（1922）1月，内务府在一份公开出售珍宝古物的招商广告上写道："兹因经费拮据异常，现将库存古瓷、玉器、古铜约五百余件，招商出售，借资补助。凡属殷实商号，有愿承购此项物件者，由一月七日起至十一日止，赴景山西门内务府筹备处检阅详章，交纳保证金一万元，应以本京殷实银行现银元存单为适用，发给估价物类单一份，听候定期看物估价。"②拍卖珍宝仍满足不了所需，还经常拿出一些金银珍宝抵押和变价，每年都有好几宗。1924年5月31日，经溥仪岳父荣源之手，向北京盐业银行抵押金钟、金册、金宝和其他金器，抵押款数80万元，期限1年，月息1分。"合同内规定，四十万元由十六个金钟（共重十一万一千四百三十九两）作押品，另四十万元的押品则是：包括八个皇太后在内的金宝十个，金册十三个，以及金宝箱、金印池、金宝塔、金盘、金壶等，计重一万零九百六十九两七钱九分六厘；不足十成的金器三十六件，计重八百八十三两八钱，嵌镶珍珠一千九百五十二颗，宝石一百八十四块。另外还有玛瑙碗等珍品四十五件。只这后一笔的四十万元抵押来说，就等于是把金宝金册等十成金的物件当作荒金折卖，其余的则完全白送。"③

对于清室拍卖珍宝一事，北京大学研究所国学门委员会1923年9月26日发布公函，表示坚决反对，并认为这些珍宝应由民国收回并保管："据理而言，故宫所有之古物，多系历代相传之宝器，国体变更以来，

---

① 见中国第一历史档案馆藏溥仪全宗档案1216号，转引自叶秀云：《逊清皇室抵押、拍卖宫中财宝述略》，《故宫博物院院刊》1983年第1期。

② 上揭。

③ 前揭《我的前半生》，第111页。

立合同 清室內務府 北京鹽業銀行 以下簡稱內務府 銀行 今因內務府需用款
項向銀行商訂條件如左
第一條 債額以北京通用銀圓捌拾萬元為限十足交款
不折不扣
第二條 利息每百元按月給息壹元
第三條 借期以壹年為期如能於期內提前陸續籌還利隨
本減照數計算
第四條 押品以金器等件存儲銀行作為此借款抵押另
開清單備查
第五條 此項債額到期如不能償還清以押品變售作價
抵還本利屆變售時由內務府會同銀行辦理如另
價有餘由銀行將款繳還設有不足由內務府負責
補償足數或另以他項物品交由銀行會同變價備抵
第六條 此項借款合同及押品清單繕寫二分由內務府銀行
各執一分為據
中華民國十三年五月三十一日 立

逊清内务府与北京盐业银行所立合同

金盒一件 重京平九兩一錢一分六厘 珠二顆
無射 重九百二十四兩
姑洗 重七百八十七兩
林鐘 重七百五十五兩
南呂 重八百七十四兩
蕤賓 重七百六十四兩
大呂 重五百八十七兩
夷則 重八百七十三兩
黃鐘 重六百十五兩
仲呂 重七百四十一兩
太簇 重六百八十一兩
夾鐘 重七百十四兩
應鐘 重八百八十八兩
倍應鐘 重五百三十兩
倍無射 重六百十兩
倍南呂 重五百三十六兩
倍夷則 重五百六十兩
以上十六件 共重一萬一千四百三十九兩
八成金鑲嵌瓜式盒 原來重量 十八兩
又荷葉盒 原來重量 十七兩五錢

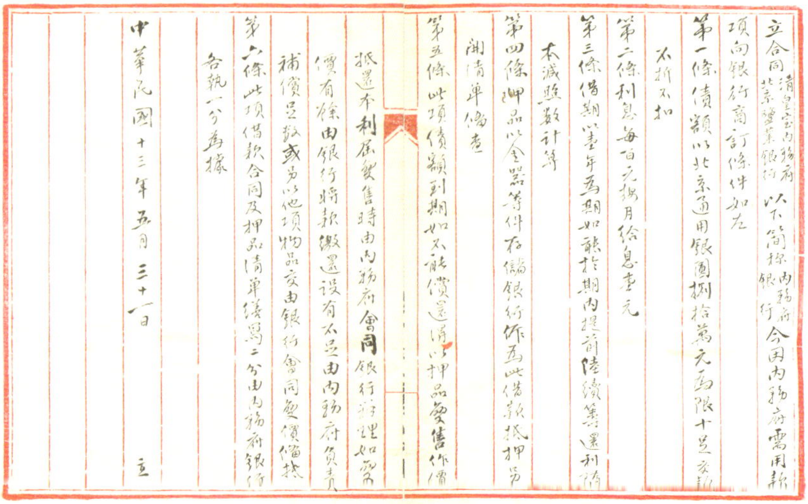

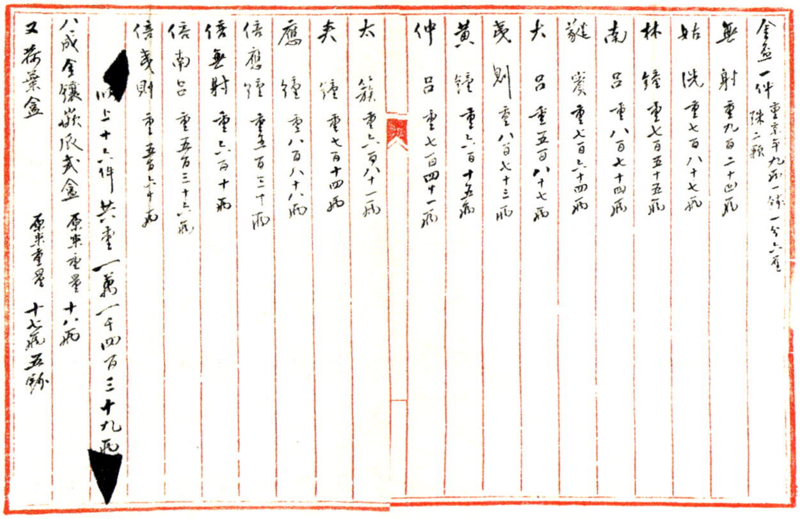

金编钟抵押合同

溥仪低押出的一套金编钟，抗日战争胜利后收回故宫

早应由民国收回，公开陈列，决非私家什物得以任意售卖者可比。且世界先进各国，对于本国古代之遗迹古物，莫不由国家定有保护之法律，由学者加以系统的研究，其成绩斐然，有裨于世界文化者甚大，而我国于此，尚不能脱离古董家玩好之习，私相授受，视为固然，其可耻孰甚。况日本经此次之大地震，遗迹古物之损失极多，我国于此担负保存，及整理关于东方考古学的材料之责任，亦因之愈加重大。北京大学对于此事，似不能坐视不问，为此函请将此事递交国务会议，派员彻底清察，务须将盗卖主名者，向法厅提起诉讼，科以应得之罪。"[1]湖北省教育会1923年11月12日致电内务部，要求制止清室出售古物，认为这些古物寄托着立国精神，不能散失："顷阅各报载有清室售卖古物一则，不胜骇异。夫我国与埃及、希腊、印度同为数千年前古国，其文明久为中西所称羡。清室之古物，尤为历代帝室递嬗相传之珍秘，并非一代一人所得私有。合全国五千年之文物，集于首都之清室，一涉疏忽，不徒散佚堪虞，即立国精神且将无从取征。清室以经费短绌，转售东邻，不啻将五千年立国精神捐弃一朝，言念及此，能勿痛心。……方今欧美各邦对于古物之保存，法有专条，诚知立国精神，舍此无所寄托。……敝会悯文献之失征，痛国粹之沦胥，不揣冒昧，吁恳大部设法妥为保存。并乞提交阁议，作为专案，妥筹善后办法，勿使数千年之文物失于一朝。国家幸甚！教育幸甚！"[2]

1923年6月27日故宫建福宫花园大火，敬胜斋、静怡轩、延春阁一带焚烧殆尽。此处许多殿堂库房都装满珍宝玩物，是当年乾隆皇帝的珍玩，乾隆去世后，嘉庆把所有宝物封存起来。有的库房至少100年未打开过。这里还有溥仪结婚时的礼品等。火灾的损失是巨大的。已有舆论指

北京大学研究所国学门委员会：《北大请禁清室盗卖古物》，《申报》1923年9月26日。

② 转引自中国第二历史档案馆编：《中华民国史档案资料汇编》第3辑，江苏古籍出版社，1991年，第222—223页。

出，所烧毁的是国家的财产，与民族历史有关："自清帝退位之日起，一切主权，已移于民国，则今番千万以上之损失，实民国国家所有之财产也。非但物质上横遭暴殄，而与历史有关之古物尽付一炬，则尤为堪痛也。因清室不肯遵行迁让之故，使民国所应保存者皆葬送于咸阳焦土之中，其责任应谁负之？此岂可以勿问哉。宜速将溥仪及其家族为适当之处置，以杜将来祸源，而正中外观听。"①

建福宫花园延春阁火后残迹，1923 年 6 月

对于清室珍藏的所有权争论，是与其所具有的特殊价值的认识联系在一起的。教育界、知识界有关机构呼吁这些清宫珍藏关乎中国历史文化，是历代相传之物，应属国有。一批国会议员又根据中华民国宪

---

① 《亡清故宫失火之责任问题》，《京报》1923 年 6 月 28 日。

《亡清故宫失火之责任问题》，《京报》，
1923 年 6 月 28 日

《清宫大火与中国美术品保管问题》，
《民国日报·觉悟》，1923 年 7 月 24 日

法①，要求具体立法并执行："查宪法第五章第二十四条第十三项，有
关文化之古籍古物及古迹之保存，则政府即应根据宪法，向清室将所有
悉数提出，交内务部派专员妥慎保存，或发交古物陈列所，以供人民观
览，而免消灭。此事关系国家文化甚巨，政府究以何法制止清室变卖，
及如何饬地方官厅侦查陈宝琛、郑孝胥等盗卖之处，谨依宪法第六十七
条提出质问，请于三日内明白答复，提出者李燮阳、王乃昌、牟琳等
六十六人。"②

---

① 1923 年制《中华民国宪法》（即曹锟宪法）第二十四条第十三项规定："关于文
化之古籍、古物，及古迹之保存由国家立法并执行，或令地方执行之。"
② 《李燮阳质问清室盗卖古物》，《申报》1924 年 3 月 15 日。

对于哪些属于清室私产，哪些应属于国有，也提到了议事日程。1924年5月3日，总统曹锟派冯玉祥、颜惠庆、程克等10人为保存国有古物委员，会同清室所派会员10人，共筹保管办法。5日在时任内务部总长程克的宅中召开保存国有古物讨论会，讨论保管办法，"其所决定者，为凡系我国历代相传之物，皆应属于国有，其无历史可言者之金银宝石等物件，则可作为私有。属国有者，即由保管人员议定保管条例，呈由政府批准颁布，即日实行。其属于私有者，则准其自由变卖，此项保管条例已在起草中，大约明后日即可提出讨论，俟通过后，即呈由政府颁布"[1]。

清室重视这些宝物，主要还是它的经济价值，既用它维持庞大的日常开支，又要满足复辟活动的经费。保护这些珍宝文物又与坚持居住在紫禁城内廷联系在一起。因为这些珍宝文物数量巨大，如果迁居颐和园，就难以完全带出。1924年春，金梁在当内务府大臣前两个月给溥仪上条陈："臣意今日要事，以密图恢复为第一。恢复大计，旋转乾坤，经纬万端，当先保护朝廷，以固根本；其次清理财产，以维财政。盖必有以自养，然后有以自保，能自养自保，然后可密图恢复，三者相连，本为一事，不能分也。"他提出应进行财产清理，其中的宝物，"各殿所藏，分别清检，佳者永保，次者变价，既免零星典售之损，亦杜盗窃散失之虞"[2]。1924年5月，溥仪曾去颐和园一游，这不仅使紫禁城溥仪身边的人大为震惊，甚至京、津一带的遗老也忧心如焚，5月26日，升允、袁大化、张人骏、陈毅、万绳栻、罗振玉等联名奏云："窃臣等闻前日圣驾巡幸颐和园，即日回跸，寻常游豫，本是细故，然臣等有不胜忧虑者……盖民国虽觊觎皇室宝物，尚未侵入禁御也，若圣驾遽行移驻，则民国求之十余年不可得，虽以袁世凯之穷凶极恶，尚未敢公然启请者，今乃于中无意得之。翠华一发，彼必据约为辞，禁中不可复回，

---

① 《清室古物仍难自由拍卖》，《申报》1924年5月8日。
② 前揭《我的前半生》，第113页。

宝物自归彼有。"①

　　《修正清室优待条件》第五款规定："清室私产归清室完全享有，民国政府当为特别保护，其一切公产应归民国政府所有。"应区分公产、私产，但怎么划分，以什么作标准是人们关注的。1924年11月5日溥仪出宫，《晨报》指出："溥仪之废帝迁出皇宫，此本不成问题，所足注意者，存在清室之一切物品，多为数千年历史之所遗留，而与文化有密切关系，溥仪既已离宫，则此不可以价值估计之宝物，当然应由接受保管者负其全责。……故此公产私产如何划分，划分之后，应由何人点收，何人保存，其标准方法皆不可不从速规定。"②《社会日报》则明确提出以"有无历史的价值及与文化有无关系为标准"③。对清室古物的处理意见，也有不同的声音。胡适赞同对清宝古物永久保存，收归国有，但他认为，此项古物属于清室私产，"民国对于此项宝物及其他清室财产，应公平估价，给与代价，指定的款，分年付与，以为清室养赡之资"④。胡适的观点受到了知识界的猛烈抨击。人们普遍认为，政治变革早已使帝制成为历史，因帝制而存在的皇室古物自然应归国有。对于清宫公私产的具体划分，在实际中并没那么复杂，例如，藏于库内的元宝银，共6 333斤，合101 328两，因该元宝均镌有福禄寿喜字样，每颗均重达10余斤，确系当时清帝用以为犒赏之用者，遂留数颗以为将来陈列展览所用，其余则悉数发还。⑤溥仪两次派人到养心殿取东西，曾要求带走乾隆瓷器及仇十洲《汉宫春晓图》，委员会未允许，唯取走不少衣物首饰，所带走的物品详账，已附记在《清宫物品点查报告》第3编第4册

---

① 《升允等谏阻移驻颐和园折》，《时报》1924 年 8 月 10 日。
② 《溥仪昨日迁出皇宫 可注意清室古物之保存》，《晨报》1924 年 11 月 6 日。
③ 《对废帝之善后》，《社会日报》1924 年 11 月 7 日。
④ 中国社科院近代史研究所中华民国史组编：《胡适来往书信选》，中华书局，1979 年，第 271 页。
⑤ 前揭《故宫博物院前后五年经过记》第 1 卷，第 15 页。

《养心殿报告》后。驱逐溥仪出宫时，即点收印玺，搜查他的行李，发现了藏在其中的《快雪时晴帖》，便扣留了下来，因为这是祖先遗留下来的珍贵艺术品，不能视为他的私人财产。

这一争论的过程，使社会在清宫珍藏上有了共识：其一，在价值上，这些珍藏反映着中华数千年文明，关乎中国历史文化，为立国精神的寄托，绝不是一般的古董珍玩；其二，在所有权上，这些珍藏为历代帝室递嬗相传，并非一代一人所得私有，因此是国家的财产；其三，在保护方式上，应该设图书馆与博物馆，集中保护。

故宫博物院的成立，使清宫旧藏的身份、性质发生了根本的变化，它们已不再是封建帝王权威和财富的象征，也不再是皇帝个人摩娑欣赏的珍玩，它们与中华民族的历史文化联系了起来，成为人民共享的文化财产，且被赋予中华文明血脉的意义。但是，这个认识的提高不是直线的、一帆风顺的，往往和重大的历史事件或激烈的争辩相伴随。换言之，并不是所有人对清宫旧藏以及紫禁城古建筑的价值都有客观的、正确的认识。

1928年，南京国民政府委员经亨颐关于"废除故宫博物院，分别拍卖或移置故宫一切物品"的提案很有代表性，这里略作介绍。是项提案，经亨颐提出了五项理由，其中之一：设故宫博物院，就要"研究宫内应如何设备，皇帝所用的物事应当如何办的，岂不是预备将来哪个要做皇帝，预先设立大典等处吗"？之二："皇宫物品为什么要重视？据我的理想，皇宫不过是天字第一号逆产就是了。逆产应当拍卖，将拍卖大宗款项，可以在首都造一所中央博物馆。"[1]故宫博物院同人向社会各界大力宣传："无论故宫文物为我国数千年历史所遗，万不能与逆产等量齐观。"[2]驳斥经亨颐提案之不当，请各界主持保全故宫博物院。而对

① 前揭《故宫博物院前后五年经过记》第 2 卷，第 31 页。
② 《故宫博物院开放三天 接收委员函请维持该院原案》，《申报》1924 年 7 月 14 日。

经氏提案进行全面深入批驳者，当为张继以"大学院古物保存委员会主席"名义向中央政治会议的呈文。

对于经氏的第一项理由，张继驳斥："是说诚荒唐之尤者。研究以前的历史，是完全学术之供应，而非为实行彼时之现象。"如医生研究病状，是为得治病之方法，而绝不是预备患此病也。"故宫博物院亦何不可作此观察？参观者见宫墙高且多，无异囹圄，见宫中生活之黑暗，一无乐趣，或可兴起其薄视天子重视平民之念乎？"对于"逆产应当拍卖"之说，张继反驳："逆产应否全数拍卖，已成问题。法国大革命，其雄伟之风，激昂之气，迈越往古，为后来各国革命者之先导。然方其拍卖法王室之产业也，亦有'与历史有关之建筑物物品等除外'之令。且故宫已收归国有，已成国产，更何逆产之足言？故宫建筑之宏大，藏品之雄富，世界有数之博物院也，保护故宫，系为世界文化史上尽力。"①

尤为重要的，张继文末以世界文化古迹及世界博物馆的宏大视野，指出故宫、故宫文物及故宫博物院的价值与意义："现欧洲各国，为供历史之参考，对于以前皇政王政时代物品，莫不收罗保存，唯恐落后。即苏俄在共产主义之下，亦知保护旧物，供学者之研究。……一代文化，每有一代之背景，背景之遗留，除文字以外，皆寄于残余文物之中，大者至于建筑，小者至于陈设，虽一物之微，莫不足供后人研究之价值。明清两代，海航初兴，西化传来，东风不变，结五千年之旧史，开未来之新局，故其文化，实有世界价值，而其所寄托者，除文字外，实结晶于故宫，及其所藏品。近来欧美人士，来游北平，莫不叹为大可列入世界博物院之数。即使我人不自惜文物，亦应为世界惜之。"②

经亨颐是个民主革命者、著名的教育家。他对故宫博物院及清宫

① 前揭《故宫博物院前后五年经过记》第 2 卷，第 35—36 页。
② 前揭《故宫博物院前后五年经过记》第 2 卷，第 35—36 页。

旧藏的认识是片面的，这既有以推翻帝制为职志的一些革命者的感情因素，同时也由于对故宫及故宫文物所承载的多重政治文化内涵解读的差异。应该看到，拥护故宫博物院、认识故宫文物价值的是多数，但持有经亨颐态度的人相信也不是个别的，这里试举蒋介石对故宫的印象。1928、1929年，蒋介石曾两次到故宫，日记中载有其观后之感受。1928年7月22日："上午记事：到太和殿对北平警察训话毕，游览太和、中和、保和三殿。殿宇之宏大不如门楼，保和殿（按：原文如此）则更大矣。游保和殿（按：似乎应为武英殿），古董甚多，玩具亦精，国家元首而以此为宝，则焉得而不亡也。"1929年6月27日："下午，到清宫参观几遍，只感宫殿生活为一变相之牢狱，其腐败、污秽、杂乱，不堪名状。观其历代帝王之像，以顺治为首，次则乾隆，其余无足观者也，只可作为遗迹而已。"6月28日："下午……游观雍和宫，污秽之处也，其拉马堪布之污浊，亦令人欲呕。"[①]对于封建帝制的残余物（紫禁城及其他皇家建筑和古物），时人的心理是十分复杂的。即是在当下，对故宫与故宫文物价值的认识，仍在不断地深入。

三

　　故宫及其藏品的特殊价值，决定了故宫博物院的使命与地位，也使故宫博物院的成立在中国博物馆事业上具有里程碑意义；而贯穿其中的"公"字精神，则是故宫博物院保持其生机与活力，亦即成为一个活故宫的保证。

　　如何管理故宫及清宫珍藏，在溥仪出宫的第三天即1924年11月7日，即发布了将清室宫禁充作博物馆的大总统令："修正清室优待条件业经

---

　　① 《蒋介石日记》，原件藏美国斯坦福大学胡佛研究所。

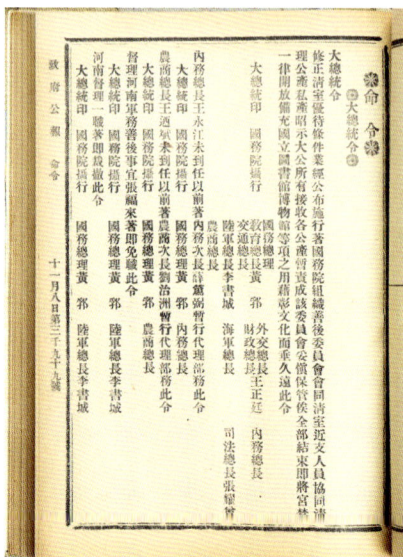

公布施行，着国务院组织善后委员会会同清室近支人员协同清理公产私产，昭示大众。所有接收各公产，暂责成该委员会妥善保管。俟全部结束，即将宫禁一律开放，备充国立图书馆、博物馆等项之用，借彰文化，而垂永远。"① 社会上这一呼声也很高。国立八校联席会议曾专门召开会议，集中讨论清室古物保管问题，并形成决议："清室古物，于文化上有极大关系……希望其成立一完全美满之图书馆与博物馆，由国家直接管理，并邀请各机关参加监视，期在公开保存，俾垂久远。"②

1848 年，西方的博物馆作为一种新事物被介绍到中国。1898 年维新运动期间，中国建立博物馆的条件已经基本成熟。1905 年，在江苏南通建立了第一个公共博物馆。中华民国建立，社会文化教育活动陆续有所兴办。1912 年在北京筹建国立历史博物馆，1914 年建立古物陈列所。

---

① 前揭《中华民国史档案资料汇编》第 3 辑，第 292—293 页。

② 《教育界与清室古物 无非希望公开保管 尚未达到具体办法之机会》，《顺天时报》1924 年 11 月 23 日。

1915年在南京明故宫旧址建立南京古物保存所，陈列明故宫遗物。1921年全国已有13所博物馆。[①] 在这样的背景下看故宫博物院的应运而生，是很自然的一件事。但故宫及其藏品，毕竟不同于一般的建筑物与一般的文物珍品，它的成立自有其特殊的意义。

这里需要谈谈古物陈列所与故宫博物院的关系。古物陈列所为民国政府内务部所设，其设立宗旨是："默察国民崇古之心理，搜集累世尊秘之宝藏，于都市之中辟古物陈列所一区，以为博物院之先导。"[②] 古物陈列所设在紫禁城前朝的武英、文华二殿，展品来自奉天（今沈阳）故宫及热河（今承德）行宫，也都是宫廷文物。此为中国第一个以帝王宫苑和皇室珍藏辟设的博物馆，也是近代民主革命的重要成果。尤其是在1914至1924年的十年间，在逊帝溥仪仍居后宫，封建复辟阴影几度笼罩下，有论者认为，古物陈列所犹如一面共和大旗，在封建堡垒的中心猎猎飘扬。[③] 也有人认为，古物陈列所代表了我国20世纪20年代博物馆的水平，也受到观众欢迎。[④] 但是，古物陈列所的不足是明显的，"陈列所"的定位使它在发挥博物馆功能上存在欠缺，展品陈列"始如骨董店耳"[⑤]，"纷若列市，器少说明，不适学术之研究"[⑥] 的批评不少。特别是北洋政府以各种名义提取古物陈列所文物，例如国务院秘书厅为"惠赠"友人，1918年9月11日与11月15日提取文物64件，1919年6月18日与8月16日两次又提走21件，主要是各种精美瓷器，还有珐琅器、古铜器

---

① 王宏钧主编：《中国博物馆学基础》，上海古籍出版社，2001年，第82页。
② 《内政部设立古物陈列所有关文件》，《中华民国史档案资料汇编》第3辑，第268—269页。
③ 段勇：《古物陈列所的兴衰及其历史地位述评》，《故宫博物院院刊》2004年第5期。
④ 前揭《中国博物馆学基础》，第81页。
⑤ 《鲁迅日记》1914年10月24日，《鲁迅全集》第15卷，人民文学出版社，2005年，第137页。
⑥ 《顾维钧等筹设中华博物院的有关文件》，《中华民国史档案资料汇编》第3辑，第286页。

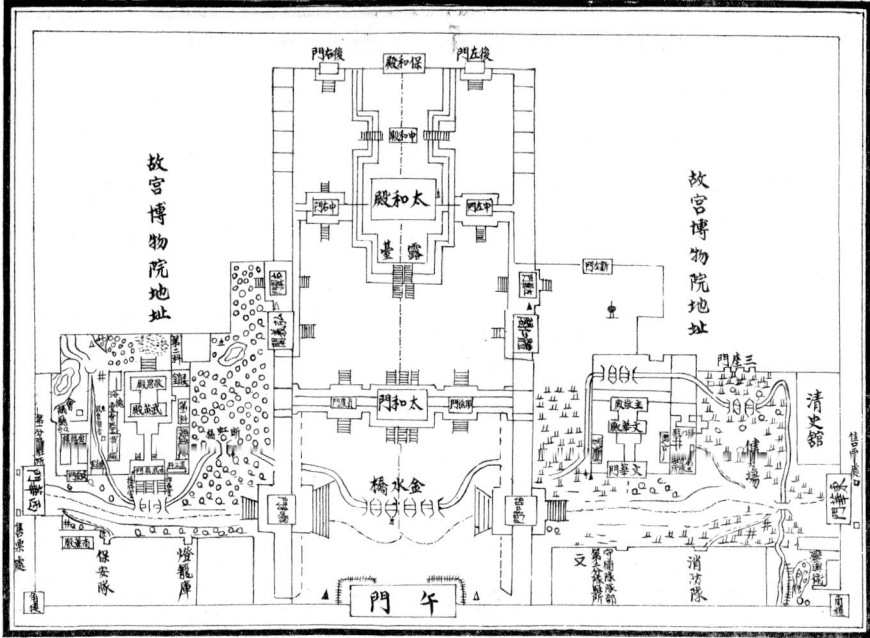

圖全所列陳物古平北部政內

故宮博物院地址

故宮博物院地址

保和殿

後右門 後左門

中左門 中右門

太和殿
露臺

中右門 中左門

後左門

昭德門

貞度門

清史館

太和門

文華殿
主敬殿

三座門

金水橋

消防隊

文

午門

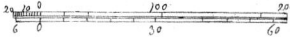
20 世纪 30 年代古物陈列所全图，原清宫外朝部分

北
西
南

等，乾隆款冬青釉中碗一件，估价仅1角钱。[1]当然这种状况后来得到纠正。1926年又设立鉴定委员会，分书画、金石、陶瓷、杂品四组，从社会上聘请了一批专家分任鉴定。业务建设也得到了发展。应该说，古物陈列所对于故宫博物院也起了一定的借鉴作用。1948年，古物陈列所正式合并到故宫博物院。

故宫博物院的成立，是中国博物馆发展中的一个里程碑。神秘的紫禁城内廷，无与伦比的文物瑰宝，曲折的成立经过，新型的管理体制，法律文件的保障，奋发向上的气象与卓著的工作成就，特别是与近现代中国社会、政治、文化的密切关系，都使故宫博物院具有了特殊的意义。正如马衡所说："吾国文化上之建设，图书馆方面规模粗有可观；而博物馆之设施，尚在萌芽。民国以前，无所谓博物馆，自民国二年政府将奉天、热河两行宫古物移运至北京，陈列于武英、文华二殿，设古物陈列所，始具博物馆之雏形，此外大规模之博物馆，尚无闻焉。有之，自故宫博物院始。"[2]故宫博物院的成立，标志着中国博物馆事业进入一个新阶段，同时促进了中国博物馆学科的形成。

故宫博物院的意义至今仍是学人研究、阐发的重要课题。有人认为，"它标志着博物馆在中国的社会化，也标志着博物馆的国家体制化。博物馆的社会化表现为博物馆塑造民族国家群体身份，吸引广大民众的参与。博物馆知识从少数精英扩大到更大的社会民众层面，使得原来局限于知识分子的文化民族主义大众化了"[3]。有人注意到了故宫博物院、故宫文物所具有的象征意义，以文物南迁为例，"在某种程度上，它所带有的象征意义尤为重大，在战时保存国家文化命脉，是免于民族沦亡的重要手段，也体现了民族文化生存的决心。在这个语境中，文化

---

① 《国务院秘书厅为"惠赠"友人提取古物陈列所古物清单》，《中华民国史档案资料汇编》第3辑，第220—222页。
② 马衡：《组织中国博物馆协会缘起》，《中国博物馆协会会报》1935年第1卷第1期。
③ 徐贲：《全球化、博物馆和民族国家》，《文艺研究》2005年第5期。

遗产所传达的意蕴，又一次超乎了遗产价值本身"①。还有人注意到故宫博物院的政治性，"极有意味的是，经由学术、知识和文化的包装，故宫及其文物由帝王私有财产转化为博物馆的公共空间和公有藏品，故宫博物院政治性并未因此削弱。相反的，故宫博物院与辛亥革命的联系，皇室文物公开与民主共和的想象，得到公开而深刻的阐述。自此之后，社会对故宫、故宫文物及故宫博物院的记录开始呈现出一种新的书写"②。

　　社会期望故宫博物院成为一个"完全美满"的文化机构，那么，故宫博物院应该具备一种什么精神，才能使它不负众望，永葆其生机与活力？1929年10月10日，是故宫博物院成立四周年，此时故宫博物院经过建院初期的曲折纷乱，已进入快速发展的好时期，作为故宫博物院的创始人与理事长，李煜瀛先生有个讲演，对此作了回答。他指出清故宫须成为活故宫，活故宫的精神在于坚持一个"公"字："希望故宫将不仅为中国历史上所遗留下的一个死的故宫，必为世界上几千万年一个活的故宫。以前之故宫，系为皇室私有，现已变为全国公物，或亦为世界公物，其精神全在一公字。余素主张，使故宫博物院不为官吏化，而必使为社会化，不使为少数官吏的机关，必为社会民众的机关，前在清室善后委员会时代，曾请助理员顾问数在百计，帮同点查，以示公开，即现在此工作人员，薪水微薄，因彼等目的，非为权利，实在牺牲，共谋发展。总之故宫同人，在此四年中，对于一公字，已经做到具体化。"③这种"公"，即公开、公共，面向公众，社会参与。故宫博物院从点查清宫物品、具体筹建以及成立后的业务工作多个方面，都充分体现了这种

---

① 郭长虹：《故宫图像：从紫禁城到公共遗产》，《国际博物馆》2008年第1—2期。
② 徐婉玲：《记忆与认同：故宫博物院1925—1949》未刊稿，中国艺术研究院博士学位论文，2011年，第53页。
③ 《清故宫须为活故宫》，《李石曾先生文集》下册，中国国民党中央委员会编辑出版，1980年，第241—242页。

"公"的精神。

1924年11月5日把溥仪赶出故宫，李煜瀛等人即与冯玉祥、黄郛商组"办理清室善后委员会"事。"二君欲由我委员长，由政府明令发表。吾允担任，但须多容纳几分社会乃公开性质，不作为官办。遂决定委员长与委员不用任命而用聘请，并多延揽学者专家，为学术公开张本，同时并言及博物院事。"[①]为了顺利进行清宫物品点查工作，清室善后委员会特制定了18条《点查清宫物件规则》，对于人员组成、点查程序、应注意事项等作了详细规定。溥仪出宫后，社会上出现了冯玉祥、鹿钟麟、张璧等人盗窃宫中珍宝的谣言，而且愈传愈广。制定如此严密的规定，就是为了有利监督，公开透明，取信于社会，也为了妥善地保护好这些文物珍宝。从1924年12月24日开始点查，至1930年3月基本上结束，为了让社会及时了解点查情况，清室善后委员会先后公开刊行《故宫物品点查报告》6编28册。

清室善後委員會點查清宮物件規則

清室善後委員會點查清宮物件規則（十三年十二月二十日議決）

第一條　點查事項以左列人員擔任之
甲　委員長或其指定之代表
乙　監察員（京師警察總監京師高等檢察廳廳長北京教育會會長及聘請員等
　　或其代表）
丙　各院部局委員
丁　委員會聘請之專門家及事務員
戊　守衛軍警

第二條　前清內務府人員，由委員會中代表清室者指定之
第三條　點查時分組並各組分爲執行及監視二部其職務之分配臨時定之
第四條　每組人數及組長由各組長當場指定之
第五條　每組應分若干組每組應做務之地點由委員長一日指定
第六條　有人應隸何組接各部各人自分配用抽籤法指定
第七條　登錄時每種物品上均詳點數點核並查核名並須佩戴徽章
第八條　點查物品時以不離開原地爲原則如必不得已須挪動地位
第九條　室內工作時得留存原物無論如何不得移至所在室之門外
第十條　室內工作時得祕要情形更務組員分爲一小組以免牽攤
第十一條　室內工作時監視人員分立於就行事務人員之間不得自由來往於
　　事務地點外
第十二條　工作時不得吸煙
第十三條　組員每日應將所監視之物報告於委員長及監察員處理之
第十四條　組員自逢音規則得藏之人員得報告委員長處理之
第十五條　各組組員既須勤於以簡勞逸核一處物品開始點查後即由某組
　　始終其事以昭責成故每處點查時間每日以最限三小時組員顧終月
　　在上午勤務可學明志點時附錄於上午勤務之兩組
第十六條　各組正署勤務組長無論已早太畢出呈現每次必須加以封鎖由本組會同
　　軍警簽字繪作別種隱符號於上點查未完之箱櫃亦照此辦理
第十七條　本令每日應繕點報表情形編出版告之
十第六條　本規則遇有必須修改時應由委員會閱會行之

清室善后委员会点查清宫物件规则

① 前揭《故宫博物院纪略》。

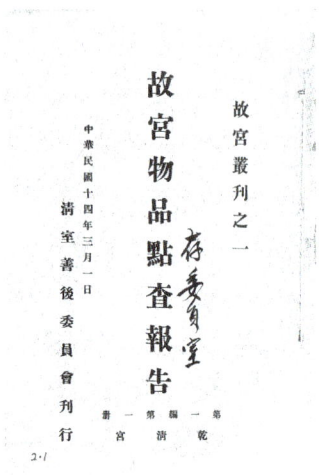

《故宫物品点查报告》

管理体制上采用了董事会、理事会形式。与当时国内所有博物馆的管理体制不一样，新生的故宫博物院采用了欧美博物馆普遍的管理方式，即董事会、理事会的形式。美国的博物馆，无论是公立还是私立，都有董事会或性质相同的委员会。对公立博物馆来说，董事会是体现博物馆属于"公共财产"的具体象征；对私立博物馆来说，董事会制度是"化私为公"的手段。董事会为博物馆的最高权力机构，博物馆的日常事务是由董事会挑选、任命的馆长全权负责。[①] 故宫博物院成立，制定了《故宫博物院临时组织大纲》，决定故宫博物院的组织为"临时董事会""临时理事会"。根据"大纲"，分别制定了临时董事会及临时理事会章程。《临时董事会章程》中，规定"本董事会协议全院重要事务，

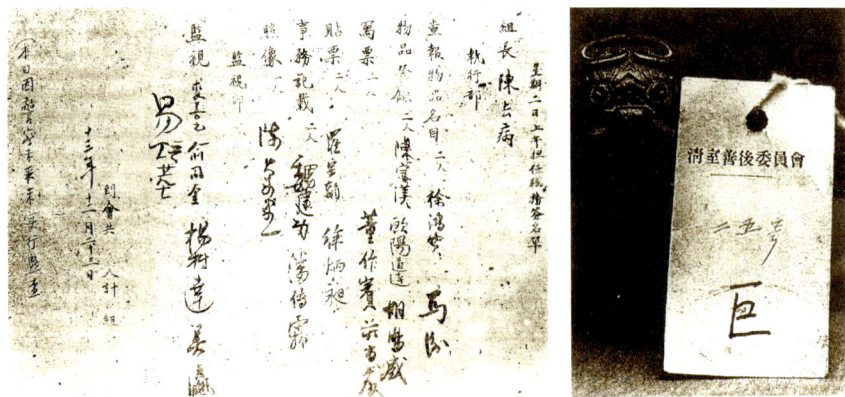

清室善后委员会第一次点查故宫物品出组单与签牌

---

① 段勇：《当代美国博物馆》，科学出版社，2003年，第30—34页。

以董事二十一人组织之",《临时理事会章程》规定"本理事会执行全院事务，以理事九人组织之"[1]。理事会实施具体管理，即通过理事所担任的具体行政职务来实现的。从21名董事看，包括了当时政界、军界、教育界、知识界等一批名流，具有代表性。李煜瀛为临时理事长。1928年南京国民政府接管故宫博物院后，公布了《故宫博物院组织法》与《故宫博物院理事会条例》，理事会相当于以前的董事会，以前的理事会承担的管理工作则改由院长负责。"本理事会为故宫博物院议事监督机关，决议及监督一切重要进行事项"，包括组织法的修改、院长副院长人选、预算决算、物品保管的监督等。此时故宫博物院"直隶于国民政府"，由国民政府任命的27名理事，包括了国家首脑及政、军、财、宗教、知识、教育等各方面的最有影响力的一批人物，理事们都很看重这一身份，蒋中正就曾以理事名义领衔向国民政府行政院提出完整故宫保护的计划。当然，这是特殊历史条件下的产物，因此它在中国博物馆史上是绝无仅有的。理事长先后由李煜瀛、蔡元培、孔祥熙等担任，1936至1949年不设理事长。选择这种领导体制，体现了对故宫这样一个重要的民族文化财产的慎重态度，反映了社会各界共同参与管理"公共财产"的理念，也是一个大胆的探索，它汇聚了多方面人才，有利于做出更好的决策，后来也保证了故宫博物院文物南迁任务的完成。

重视整理出版，让社会更多地了解故宫及其珍藏。故宫珍宝向为皇室私藏，外人难得一窥。故宫博物院通过陈列展览，特别是公开出版，让这些珍宝与公众见面，实现了共有共享的目的。故宫博物院成立后，特别是从1929至1933年这一段比较稳定的时期，古物、图书和文献三馆分别对古物、典籍和档案进行清点整理，同时注重向社会公布，供学术界研究。这一系列成果，集中刊载在一批资料性刊物上，并整理出版了一些档案专辑，在当时产生了广泛的社会影响，有些至今仍然具有重要的价值。

---

[1] 前揭《故宫博物院前后五年经过记》第 1 卷，第 54—56 页。

坚持社会性、开放性，故宫学研究有了良好的开端。故宫及其珍藏是一个巨大的文化宝库，也是一门待开发研究的学术沃土。故宫博物院的创始者敏锐地认识到了这一点。李煜瀛在商组"办理清室善后委员会"时，就明确提出要"多延揽学者专家，为学术公开张本"，后又提出，故宫"学术之发展，当与北平各文化机关协力进行"[①]。故宫博物院的学术研究，与20世纪20年代的国学热，具体说与北京大学国学门有很大关系。当时"整理国故"运动很有影响，1922年北京大学设立国学门，以新的原则和方法研究国学，而且国学研究范围扩大，在研究中也吸取了西方的理念和方法等。北大国学门的一批学人不仅参与了故宫博物院的创建工作，而且把北大的学术风气、研究经验带到了故宫。尤为难得的是故宫博物院为他们提供了更为广阔的发挥学术研究能力的舞台。故宫博物院坚持学术为公器的理念，非常重视社会力量的参与，设有专门委员会，又先后成立了书画、陶瓷、铜器、美术品、图书、史料、戏曲乐器、宗教经像法器、建筑物保存设计等9个专业委员会。专门委员分特约及通信两种。除本院人员，还聘请社会上颇有名望的专家学者，众多专家学者的参加，有力地指导了业务工作，产生了不少颇有分量的研究成果，可见故宫博物院的学术研究一开始起点就较高，并且具有开放性、社会性的特点。建院初期故宫学术研究的这些原则、方法以及成果，其实是故宫学的滥觞。

故宫博物院的成立，是中国现代社会革命、政治斗争、文化演变的深刻的反映，因而也具有多方面的标志性意义。走过86年历史风雨的故宫博物院，承袭了辛亥革命的宝贵遗产，又肩负着时代赋予的任务，在为传承、弘扬中华文化方面做出新的贡献的同时，也努力通过坚守公字精神使故宫永远成为一个充满生机的活故宫。

（原载《故宫博物院院刊》2011年第5期，收入郑欣森著《故宫与故宫学二集》，故宫出版社，2018年。）

---

① 前揭《故宫博物院纪略》。

任何一国之国民，对其本国以往历史，应该略有所知。尤必附随一种对其本国已往历史之温情与敬意。[①]中华民族有着悠久的珍视自己历史的传统，中华文化也因此得以穿过无垠的时空而延展与传承。对于以典守中华国宝、守护中华文化根脉为职志的故宫博物院来说，在85年的历史风云中积淀了具有恒久意义的文化与精神力量，故宫文物南迁就是其中永远值得追忆、回味的一页。

这是故宫博物院的一段峥嵘岁月。1933至1949年间，故宫博物院约1.3万箱文物精品为防日寇劫毁，自1933年2月起迁存于上海、南京，1937年11月后又疏散于西南后方，至1947年6月全部东归南京。时延十年，地迤万里，辗转颠沛，备尝苦辛，这批中华文明的重要瑰宝得以基本完整保存。今年，正值紫禁城建成590周年、故宫博物院成立85周年以及中国人

---

① 钱穆：《国史大纲》，商务印书馆，1996年，第1页。

民抗日战争胜利65周年，为铭记这段不平凡的历史，北京故宫博物院与台北故宫博物院共同组织"温故知新：重走故宫文物南迁路"考察活动，追寻先辈足迹，传承典守精神，探索南迁①的意义与价值。

一

保护本国、本民族文化遗产是反法西斯战争中的一项任务。从世界反法西斯战争的全局看，故宫文物南迁的壮举和成就，是保护人类文化遗产的伟大贡献

文化遗产是一个国家和民族文明历程的积淀和载体，也是全人类的文明成果。对任何民族文化遗产的损害即是对全人类文化遗产的损害，因为每一民族对世界文化皆有其贡献。第二次世界大战是德、意、日法西斯国家发动的人类历史上空前规模的世界战争。中国人民抗日战争是

---

① 关于"南迁"的概念，尚有几点需要说明。据档案文献记载，南迁当事人将1933年故宫文物运往上海、南京，称之为"南迁"，将1937年文物自南京向西南诸省迁徙称之为"西迁（或疏散）"，以地理空间对应历史事件。例如欧阳道达《故宫文物避寇记》，以南迁、西迁、东归分述1933至1949年间故宫文物迁徙历程，那志良《故宫博物院三十年之经过》，以南迁、疏散、复员、迁台等细述文物迁徙路线，杭立武《中华文物播迁记》以南迁首都、疏散西南、复员还都、迁运台湾等分章论述。关于整个历史事件的统称，大陆学者通常采用"南迁"一词，台湾学者较多选择"播迁"一词。近来，关于"故宫文物南迁"所包含的时空范畴，又有新认识。2010年6月3日至18日，两岸"重走故宫文物南迁路"考察活动期间，与会的学者专家指出，故宫文物南迁历程应该包括1933至1958年的南迁、西迁、东归、留京、迁台、北返六个阶段；更有学者指出，故宫部分文物迁台后，曾在杨梅、北沟等地短暂停留近15年，直至1965年台北故宫博物院在外双溪建成，北沟文物才陆续迁运新馆，结束了颠沛流离的迁徙，因此认为故宫文物结束迁徙之旅的时间当定在1965年。说明学术界对于故宫文物南迁这段历史的认识正在不断加深。本文研究侧重于回顾1933至1949年这段历史，题目采用"南迁"统称文物迁徙过程，而在具体论述过程中，则以南迁、西迁等对应不同历史时空下的文物迁徙。

　　　　　　　　　　　　　　　　　　　　　　　　　故宫论学

这场世界反法西斯战争的重要组成部分。中国人民为世界反法西斯战争的胜利做出了巨大的民族牺牲和重要的历史贡献。故宫文物南迁及其基本完整保存，是中国人民在民族危急关头保护民族文化遗产的伟大壮举，也是对保护人类文化遗产的重大贡献。

战争不仅会造成人民生命财产的损失，也必然对文化遗产带来破坏，特别是大规模武装冲突更是如此。鉴于此，1899年和1907年两次海牙和平会议通过的公约就提出："在包围和袭击中，应采取一切必要的措施，尽可能保全用于宗教、艺术、科学和慈善事业的建筑物、历史纪念物，以及医院和病者、伤员的集中场所，但以当时不作军事用途为条件。"[1]并且明确规定"对这些机构、历史性建筑物、艺术和科学作品的任何没收、毁灭和有意的损害均应予以禁止并受法律追究"[2]。1935年4月15日的《华盛顿条约》规定："历史性纪念物，博物馆，科学、艺术、教育和文化机构应视为中立，依此受交战国尊重与保护。"[3]也正由于第二次世界大战中文化遗产所遭受的极其严重的掠夺和毁坏，催生了1954年的《海牙公约》，它系统地规定了武装冲突情况下文化遗产保护的原则、范围、缔约国的义务、特别保护制度、标记和运输、执行措施等内容，对于文化遗产的国际保护具有里程碑式的意义。

德、意、日法西斯出于其反人类反文明的本质，悍然发动侵略战争，用各种残暴的手段，屠杀无辜的民众，在被占领地区施虐，而且大肆抢劫和破坏各国的文化遗产。反对法西斯的中国及欧美各国，都在保护自己国家和民族的文化遗产上做出了巨大的努力，其中普遍采取的保护办法，就是把文物珍品转移到比较安全偏僻的地方存放，防止敌人的洗劫或空袭。

---

① 《陆战法和惯例公约》，即《海牙第二公约》，1899年，第27条。
② 上揭《陆战法和惯例公约》，第56条。
③ 《华盛顿条约》，第1条。

当德军的侵略气焰方炽时，西班牙爆发了内战，内战中文物受毁以及抢救保护文物的行动震惊了欧洲。1936至1939年的西班牙内战，使西班牙成了内战双方外部支持者所研制的最新式炸弹的试验场。在大批的轰炸机群和新型燃烧弹的威力面前，普拉多博物馆决定把最重要的绘画运到瓦伦西亚。当内战在巴塞罗那周围激烈展开之际，存放在普拉多博物馆的艺术品被多次转场，一次比一次更为偏远。当博物馆艺术品再次被夹在交战战场之中的一处采石场里时，藏品守护人员设法向英、法两国文博同行发出吁请，要求声援。后来佛朗哥将军同意暂停轰炸，让这些绘画安全撤出。抢救西班牙艺术珍宝委员会联合民族联盟以及法国和英国的文化机构用一项24小时之内在欧洲筹集到的捐款，组织车队将收藏品运到法国。在法国，这些箱子又装上挂有22节、上可停放汽车的特别专列开往瑞士日内瓦，终于找到了一处安全的栖身之处。①

英法等国博物馆界从西班牙普拉多博物馆保护文物实践中受到启发：为了防止敌人的空袭、劫掠，最可靠的办法是把文物珍品转移存藏到偏远安全的地方。第一次世界大战后期，卢浮宫藏品就曾匆忙转往图卢兹存藏。1937年，当巴黎即将遭受侵略时，法国立刻进行仔细的准备：详细罗列了巴黎和各个省份的博物馆里所有重要的收藏品清单，积极搜寻国内每一处适合隐匿藏品的古堡、修道院和教堂，周密安排抢救路线。1939年战争爆发前后，卢浮宫等一批博物馆的艺术珍宝，包括1.8万平方米的巴黎教堂的彩色玻璃窗，都被运至卢瓦尔河谷地区最大的城堡尚博尔，后又分藏到附近的11处古堡。英国伦敦博物馆的艺术珍品主要被转移到西北部的威尔士。1941年6月22日凌晨德军向苏联发动进攻后，列宁格勒的艾米塔什博物馆开始抓紧文物的包装，两次把120万件文物运到了西伯利亚城，后因德军切断东运的铁路运输线并开始轰炸该城

---

① ［美］L.H.尼古拉斯：《欧洲的掠夺——西方艺术品二战蒙难记》，江苏人民出版社，2000年，第61—64页。

市，文物再没有运出去。①

随着第二次世界大战的进展，美国由罗斯福总统组建备战的国家资源委员会在1941年3月就特设了一个文化资源保护委员会，负责"为保护美国的文化资源收集情报、准备计划和采取措施"。是年12月7日，日本未经宣战，偷袭珍珠港美国海空军基地，次日美对日宣战，太平洋战争爆发。保护艺术品的任务急迫地摆到了美国面前。在对英国和欧洲其他国家的实践做了研究之后，他们决定最好的保护方案是把国家艺术品收藏转移到偏远地区的防弹建筑中。国家美术馆最重要的艺术品运到北卡罗来纳州阿什维尔的比尔特摩宫；纽约大都会博物馆的约1.5万件藏品用了90节车皮转运到了费城没有人烟的郊外；波士顿美术博物馆的珍品转运到马萨诸塞州西部的三座建筑物里；在其他一些地方，艺术品收藏搬家的工作也持续了数月之久。此外，仅华盛顿就有4万立方英尺的书籍、手稿、印刷品和绘画，加上第一面星条旗，这些不可替代的反映美国历史进程的档案被送往"内陆腹地的三处教育机构"，《独立宣言》则送往诺克斯堡保存。②

当然，安全转移的只能是一些最重要的艺术瑰宝，被侵略者抢劫去的仍然相当多。希特勒的纳粹军队对占领国的文化遗产进行了大规模的掠夺。战时每月从波罗的海国家和苏联送往德国的艺术珍品达40到50卡车。③在法国，从1941年4月到1944年7月，德国侵略者就把至少装有2.2万件艺术品的4 174个箱子，装满了138节车皮运往德国。④为了完成希特勒的"林茨特别任务"，纳粹主要通过掠夺方式从欧洲搜罗到数千幅绘画。但是各国保护文化遗产的行动毕竟是反法西斯战争史上不可或缺的一页。

---

① 上揭《欧洲的掠夺——西方艺术品二战蒙难记》，第62—69页、第109页。
② 前揭《欧洲的掠夺——西方艺术品二战蒙难记》，第264—271页。
③ 唐海清：《论1954年〈海牙公约〉对于文化遗产的国际保护》，《湖南行政学院学报》2010年第1期，第92—94页。
④ 前揭《欧洲的掠夺——西方艺术品二战蒙难记》，第174页。

与"二战"中欧美等国的文物保护比较，同样是转移保存，故宫文物南迁有以下四个特点：

其一，在时间上，动手早，持续长。第二次世界大战是以纳粹德国于1939年9月1日入侵波兰而正式爆发的。欧洲各国博物馆一般是在此期间进行文物转移的，也有的在一二年前就做了包装的准备。美国、苏联是在1941年受到德军、日军攻击后才着手文物档案等的安全转移，而随着欧洲战场的结束，保卫文物的任务也告结束。故宫文物动迁的准备，则在1931年日本发动"九一八"事变后即着手进行，五批文物于1933年2月至5月运离北平，先后存储于上海临时库房与南京的"国立北平故宫博物院南京分院"。1937年"七七"事变成为世界反法西斯战争在东方的爆发点，中国的全民族抗战开辟了世界第一个大规模反法西斯战场。南京分院文物又分三路疏散到西南川黔诸省。1945年9月2日日本正式签署投降书，宣告了世界反法西斯战争的最后胜利。抗战胜利后，三路故宫文物先后集中于重庆，1947年返回南京；1948年底至1949年初，2 972箱文物运往台湾；1950年、1953年与1958年这批文物中的6 254箱分三批运回北京紫禁城。至此，距离文物最初迁出故宫已逾20年。目前，仍有2 000余箱、约10万件文物暂存当年所修的南京朝天宫库房，即南京分院。

其二，在空间上，文物多次转迁，涉及区域广。欧洲各国面积都较小，文物藏品一般离首都不远，且存放地比较集中。中国幅员辽阔，故宫文物穿越南北，横跨东西，播迁不断。文物迁徙期间，曾先后储存过文物的省市有上海、江苏、湖南、贵州、陕西、四川、重庆，曾迁运经过的省有当时的河北、湖北、平原、山东、江西、西康、安徽、广西、河南等。且运输文物事宜涉及海（河）陆空交通：以火车装载，经平汉、陇海、津浦、京沪等铁路要线；以汽车装载，经湘桂、黔桂、川陕、川黔等公路要道；以轮船装载，溯长江，导岷江。此外，赴英展览，乘军舰、邮轮跨各大洋抵伦敦；赴苏展览，乘飞机越祁连山抵莫斯科。如此纵横辗转，洵为奇观。

图例：
文物運臺　文物北返　文物運往南京　文物西遷南路　文物西遷中路　文物西遷北路　文物南遷

一九五五年一月　部分文物由南京運返北京

一九三三年文物南運

一九三三年由南京運滬過江

一九三七年南京分批水路運滬

一九五三年轉南京健存文物運返北京

一九三七年由南京運滬遷入水路運往

一九三三年經滬運至南京

一九三七年十二月二十四日由南京水路至漢口，二十二月十三日，轉分二批運往宜昌

一九三七年十一月由南京遷漢口

一九三七年水路經漢口轉漢運抵宜昌

一九三七年由南京水路運往長沙

一九三九年滬運由南京分駛運滬保存存放於上海

一九四八年十二月二十四日，一九四九年二月二十二日，二十三日分三批運至臺灣

一九五六年運往山洞，運往陝西由中山公路移運

一九四六年寶鷄由公路運滬轉運抵重慶

一九四三年由公路向前移運

一九四○年由綦江轉川公陸運抵

一九三九年由重慶經由公路移運內經外轉由水路南下

一九三七年由鄭運至漢縣

第二批西遷文物運至寶鷄　一九三八年由寶鷄運往漢中

一九三八年寶鷄運漢中

一九三七年由南京遷漢口

由南京遷首都　一九三八年由公路前即移運　一九三九年由公路經廣運底移運

宜昌經巫峽運往重慶

一九三八年由宜昌運往重慶

第三批西遷文物運往峨眉　一九三八年由漢口運往宜昌

一九四七年峨眉由重慶中運回　文物移運南京外轉由公路移運外轉於水運送下

一九四六年宜賓遷巴縣存　一九三六年運往巴縣存

一九三九年移峨眉存　一九三八年移運樂山存

一九三九年移宜賓存　一九三七年由長沙運往貴陽

一九三九年峨眉計遷存　建庫峨眉存

一九三八年三月由重慶運至貴陽　一九三七年十一月由長沙運貴陽

一九三九年二月郵移運至安順　一九四一年運至安順洞中儲存

一九三九年四月由遷貴陽存　一九三七年一月即向貴陽移運存

一九三九年由貴陽移運安順存　一九四四年由貴陽遷至四川巴縣存

《文物播遷經過路線圖》
此地圖引用於一九五五年《遷京文物特展》
二〇一〇年故宮博物院前 展覽部設計室 整理

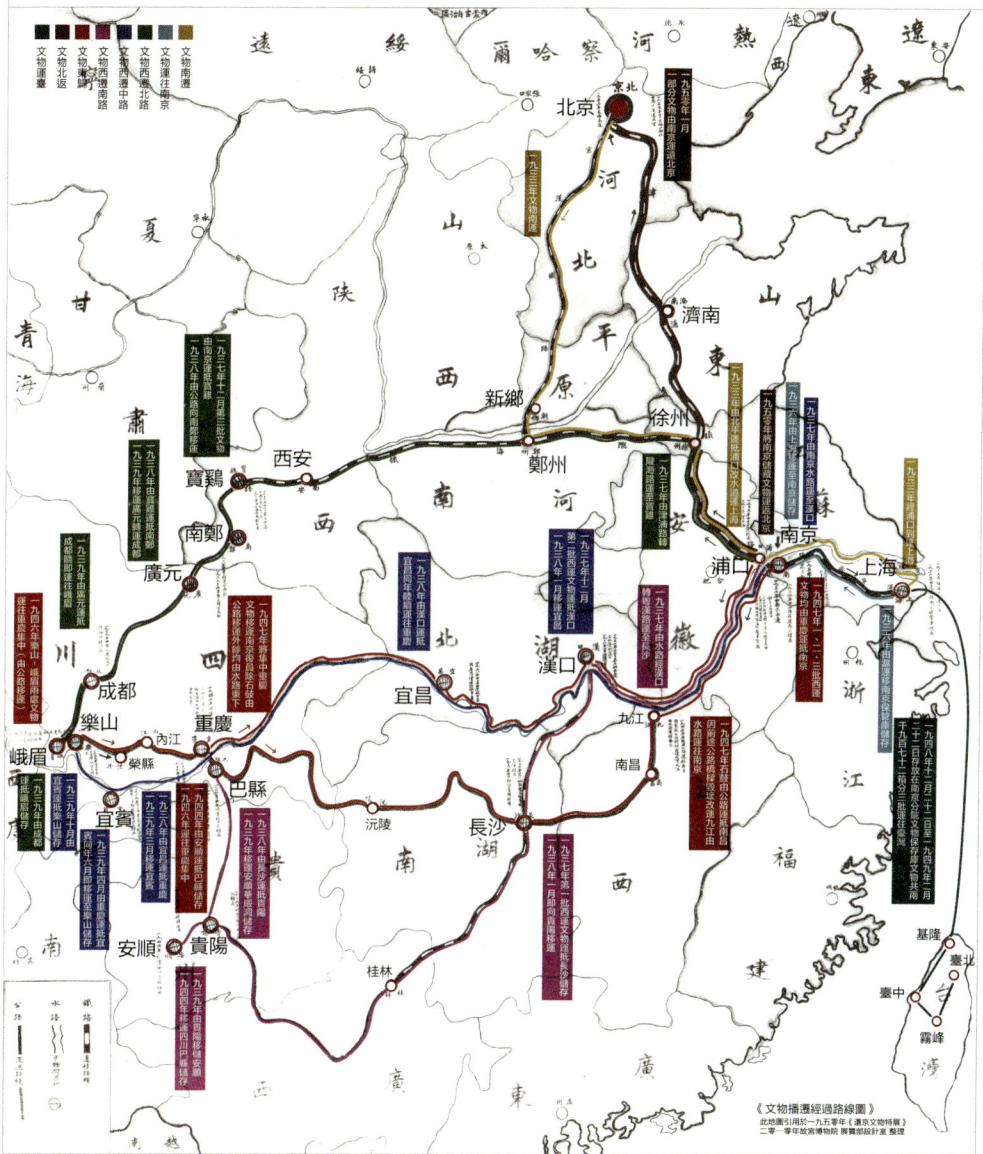

故宫文物迁运路线图

其三，在保护任务上，数量众多。欧洲各国的文物转移，其文物数量与保护中的难度，都与故宫文物南迁不可同日而语。故宫南迁文物为挑选的院藏精品，因门类众多，形体不一，包装、运输难度都很大。故宫南迁文物共13 427箱又64包，此外，还附运了古物陈列所、颐和园、国子监的文物珍品6 065箱又8包8件。合计达19 492箱72包8件。西迁时，三路文物都是多次转迁，不断装卸，加上气候、道路及交通工具的影响和限制，更是险阻重重。凭着故宫同人的努力与各有关方面的支持，终于克服了各种困难，完成了文物保护任务。

五批运出的故宫一处三馆文物列表

批数	秘书处	古物馆	图书馆	文献馆	总数
第一批		452箱	602箱	1 064箱	2 118箱
第二批	426箱	384箱	44箱	436箱	1 290箱
第三批	1 013箱62包	242箱	477箱	1 240箱	2 972箱62包
第四批	2 635箱2包	829箱	138箱	1 033箱	4 635箱2包
第五批	1 534箱	724箱	154箱		2 412箱
总计	5 608箱64包	2 631箱	1 415箱	3 773箱	13 427箱64包

随故宫文物南迁的其他单位文物列表

	古物陈列所	中央研究院	颐和园	内政部	国子监	先农坛
第二批	200箱	37箱				
第三批	814箱		74箱	档案4箱		
第四批	1 400箱		224箱		石鼓10件碑1件	
第五批	3 000箱		343箱又8件			88箱

其四，在保护力量上，投入巨大。故宫南迁文物，数量大，历时长久又多处转迁，需要大量的财力、人力和物力。文物的运输、保卫、保管等

工作以及管理人员的开支，都需要资金，政府给予了支持。现在尚无法准确统计整个南迁期间所花费用，从所存藏档案看，投入是不少的，如1933年2月至5月，铁道部奉行政院令"以半价计"，5批故宫文物铁路运费共计473 210.85元（不包括古物陈列所文物南迁的铁路运费）[1]，租用上海库房每月支付租金5 244.76元[2]，再有南京朝天宫保存库工程款及办公用费共计49 723.32元（截至1937年度）[3]，等等。1937年11月存于南京库房文物的第二次、第三次西迁，故宫原无预算，则由管理中央庚款董事会资助，解决了燃眉之急。在人力方面，则有军民力量的大量投入。在文物的整个迁运以及存放过程中，都有一定的军警力量予以保护，各存放地政府和民众为文物提供场所，给予大力支持，有些民众还参与了文物的维护管理。这些投入都是欧洲文物迁移保存所无法比拟的。

此外，还应看到，欧洲各大博物馆，虽然藏品丰富，有些也极为珍贵，但多来自于其他文明古国，与占有这些藏品的国家的历史文化并无多大关系。当然也有一些文物，如波兰的维特·斯陶斯圣坛、比利时的根特祭坛、奥地利的王冠珠宝等，它们与这些国家、民族的历史文化有关，有其特殊意义，但这都难以同故宫文物与中华文明的关系相比拟。故宫文物为清宫旧藏，是中国历代皇室收藏的延续与仅存硕果，它们以其宏富的古代器物、图书典籍、档案文献以及壮伟无比的紫禁城宫殿，成为中华文明最重要的成就和代表。故宫文物的最大特点是它们是中华民族创造的，是民族智慧和创造力的体现，反映了中华文明五千年来一脉相承的辉煌历程。这就是故宫文物所具有的特殊的不可替代的价值，也由此可见中国人民对其竭尽全力保护的特殊意义。

---

[1] 《行政院训令（字2476号）》，1933年6月2日，现存故宫博物院档案室。
[2] 《国立北平故宫博物院南京分院函（收文第555号）》，1937年7月10日，现存故宫博物院档案室。
[3] 李宗侗：《从九一八说到故宫文物的南迁》，《传记文学》1971年第19卷第3期，第43—44页。

二

故宫文物南迁是中国抗日战争的有机组成部分，完整
保留这批文物是抗战胜利的成果，其播迁历程也赋予
故宫文物特殊的价值

1931年，日本策动"九一八"事变并占领我东北三省。社会各界对
于故宫博物院的前途及其文物甚为关注。为社会安定起见，易培基（时
任故宫博物院院长）与汪申（时任北平市工务局局长）等商议以修建故
宫库房为名，着手集中文物装箱，不敢对外明说南迁。① 后来，为保文
物安全，江瀚、刘复、徐炳昶、马衡等三十多位北平文教界人士认为北
平各文化机关所藏的许多珍贵文物是"表扬国光，寄附着国家命脉、国
民精神"，"是断断不可以牺牲的"，为此他们上书国民政府，建议从
北平撤出军备，使其成为一个不设防的文化区域。② 不久，由于战局变
化，故宫即开始文物南迁的动议及筹办。经院理事会讨论决定，并报
国民政府同意，选择院藏文物中的精品，最后决定南迁上海储存。对这
一决策的形成，在1932年故宫博物院的一份文稿中有明确陈述：

> 查故宫博物院，文物渊薮，甲于世界，而又为清室曩日窃
> 据之地，满逆日寇，咸所瞩目。际兹日犯热河，榆关吃紧，平
> 津地区当然在可危之列。则以故宫物品之繁重宝贵，设非未雨
> 绸缪，万一仓卒变生，势必束手无方，非沦敌手，即遭摧毁。
> 用是预定计划，及时妥筹安顿之策，实为必要。现在本院新库
> 方告落成，正集中新库。择其最要数千箱，佥议必要时期分别

---

① 上揭《从九一八说到故宫文物的南迁》，第43—44页。
② 《拟向政府建议请明定北平为文化城撤除军备意见书》，《世界日报》1932年10
月6日第4版。

装送北平（东）交民巷及天津、上海租界区域，暂为安顿，再策万全。唯兹事体既大，责任綦重，自非本院所能擅专，应请行政院迅予核准备案并派大员就近会同办理。①

　　故宫文物南迁准备工作从1932年秋天开始，主要是选择精品及装箱。日寇于1933年1月3日攻陷山海关，26日又大举进攻热河，故宫文物遂决定于1月31日南运，但因受到阻挠，2月5日才正式起运。在故宫文物南迁消息见诸报端后，舆论哗然，形成反对和支持两种声音，持续达半年之久。反对者有社会团体，有文化名流，反对的原因主要有三种：

　　其一，认为大敌当前，政府应首先要保护土地和人民，现在政府却如此重视故宫古物，因为故宫古物是古董、值钱，才要搬迁。鲁迅的议论很有代表性。就在1933年2月6日，故宫第一批文物运出北平的当天，鲁迅以笔名在《申报》上发表文章，载："倘说，因为古物古得很，有一无二，所以是宝贝，应该赶快搬走的罢。这诚然也说得通的。但我们也没有两个北平，而且那地方也比一切现存的古物还要古。……为什么倒撇下不管，单搬古物呢？说一句老实话，那就是并非因为古物的古，倒是为了它在失掉北平之后，还可以随身带着，随时卖出铜钱来。"②"寂寞空城在，仓皇古董迁"，他嗟叹政府不顾大学生死活，却要迁移团城玉佛："所嗟非玉佛，不值一文钱。"③此时，马彦祥（马衡之子）也化名在天津《益世报》发表了多篇反对南迁的文章，他说："因古物之值钱，结果弄得举国上下，人心惶惶，束手无策，这种现象，想起来实在有点好笑。……要抵

① 此件存故宫博物院档案室。
② 鲁迅：《崇实》，该文最初发表于1933年2月6日《申报·自由谈》第18版，署名何家干，收入鲁迅《伪自由书》，人民文学出版社，2006年，第12—14页。
③ 鲁迅：《学生与玉佛》，该文最初发表于1933年2月16日《论语》第11册，署名动轩，收入鲁迅《南腔北调集》，人民文学出版社，2006年，第70—71页。

抗吗？先从具有牺牲古物的决心做起！"①

其二，认为日寇入侵，将文物运出北平，会影响人心，引起社会不安。严智怡（时任河北第一博物院院长）上书中央政府，并致函故宫博物院，严正指出："北平文化精神寄予古物，一旦迁移，则故宫建筑，躯壳仅存，不唯丧失文化中心资格，不久且将沦为芜城。"②"况值此国家危难之时，敌忾同心，正宜示镇定坚决之心，励一往无前之气。已经迁洛之政府，近且回京，何以独于敌氛未及之北平，岌岌若不克保，又专措意于古物？政府统筹全局，寸土一民，不能置之度外。窃谓不宜以此寒国人之噩望，逞强敌之觊觎，危累世之蓄积，散仅存之文物。为此电达，备祈转请中央收回成命，文化前途幸甚！"③

其三，认为故宫文物与其建筑以及北平市有着不可分离的关系，不应单独迁出。严智怡指出："北平为累代文化中心，一切古物与建筑、文献、图书互相辉映，息息相关，势不能划出一部分可以取携之物，谓之国宝，而其余概置不问。"④周肇祥则强烈反对古物迁移，认为："古物与地方繁荣有关，而历代文化之品，一散不可复合。"⑤北平市各自治区向故宫博物院发出公函，声称："故宫古物为建设文化区域之要素，北平全市人民生命所系，学术研究所关，断难坐视运徙！"⑥

支持故宫文物南迁者认为，日本侵略野心不会终止，如继续南下，平津就可能成为战场，必须未雨绸缪，采取果断措施，把文物运到安全地带。多齐云的言论很有代表性。他说：

---

① 马彦祥：《旧事重提说古物》，《马彦祥文集·话剧论文杂文卷》，文化艺术出版社，1997年，第615—616页。
② 《故宫古物将迁未迁　一部分装箱尚待中央后命　严智怡主就地慎重保存》，《大公报》（天津）1933年1月27日第4版。
③ 《严智怡函》，1933年1月16日，现存故宫博物院档案室。
④ 上揭《严智怡函》。
⑤ 周肇祥：《力争古物南迁被逮记》，《中和月刊》1943年第4卷第2期，第66—68页。
⑥ 《北平市各自治区公所函》，1932年11月26日，现存故宫博物院档案室。

夫故宫博物院、古物陈列所，所藏古物，咸为希世之珍。
为本国之文化计，为世界文化计，均宜早为之所，妥为保存，
纵不能一举迁避，亦宜先后施行，……深愿贵会诸公刚果毅
断，一洒因循敷衍之积弊，速行有效之处置；古物得免于难，
文化不再遭劫，则中华文化幸甚，世界文化幸甚！为功为罪，
自取之耳！①

故宫文物该不该南迁，争论虽然激烈，但其实质是如何看待故宫文物，即这些文物是一般所谓值钱的"古物""古董"，还是其有特殊的不可代替的价值？这也是从故宫博物院成立以来就存在的争议。1928年，南京国民政府接管故宫博物院后，就有国府委员提出"废除故宫博物院，分别拍卖或移置故宫一切物品"的议案，理由是故宫的文物是"逆产"，通过争论，此议案被否决，社会上对保护故宫及故宫文物的重要意义有了深刻认识。就在此次故宫文物南迁准备中，"北平政务会议"却于1932年8月3日做出决定："呈请中央拍卖故宫文物，购飞机500架。"② 易培基"不胜骇异"，即多方努力，劝阻拍卖行动，终于制止了这一荒唐决定。故宫文物虽然来自清宫，曾为皇帝个人所有，但"为我国数千年文化艺术之结晶，尤于学术方面关系非浅，即在世界文化上亦占重要之地位"③。故宫文物不是一般的"古物""古董"，而是国宝，是民族的历史文化遗产，它的价值是不可用币值衡量的，这已成为许多人的共识。故宫文物南迁保护是基于敌强我弱、抗日战争将是一个持久长期过程所做出的决策。

---

① 《多齐云致故宫博物院、古物保管委员会函》，1932年8月8日，现存故宫博物院档案室。
② 《俞同奎致易培基密电》，云"今早政会召集讨论保存故宫古物办法……议决，各委员签字，呈请中央拍卖故宫古物购飞机"，1932年，现存故宫博物院档案室。
③ 《北平学生抗日救国会致故宫博物院函》，1932年8月16日，现存故宫博物院档案室。

政府方面认为，敌人入侵，失掉土地还有收复的可能，唯有文物留在原地不动，只有受毁损的危险，于是不顾一些人的反对，仍然坚持进行迁运。

随着抗日战争的全面爆发以及故宫文物的西迁，人们关注的已是故宫文物的安危。八年之中，这批文物万里间关，多次险遭灭顶之灾，例如9 000箱文物由重庆运往乐山而暂寄存宜宾沿江

行政院关于南迁文物起运的密令

码头时，上游乐山及下游泸县皆受到敌人狂轰滥炸，独有处于中间地带的宜宾幸免；长沙湖南大学图书馆，自文物搬出后不到4个月即被炸毁；重庆的几个仓库，在文物搬出不到1个月，空房也被炸掉；从陕西南郑运往成都时，将存在南郑文庙的文物抢运出才12天，那文庙就被敌机投下的7颗炸弹夷平。像这一类的奇迹，简直没有办法解释，只有归功于国家的福命了。[1]文物搬迁途中发生多次翻车事件，所幸都是有惊无险，文物未有损失，以至于大家觉得"古物有灵，炸不到，摔不碎"[2]。

抗日战争是中华民族走向振兴的伟大转折，促进了中华民族的觉醒，极大地改变了中华民族的精神面貌。故宫文物是源远流长且从未中断的中华文明的载体与见证，是中华民族重要的文化根脉。所谓"国家的福命""古物有灵"，就是把故宫文物与中华民族的命运连在了一

---

① 马衡：《抗战期间故宫文物之保管》，1948年9月3日，现存故宫博物院图书馆。
② 那志良：《典守故宫国宝七十年》，紫禁城出版社，2004年，第10页。另那志良：《古物有灵——谈抗战时期搬迁故宫博物院文物的惊险》，（台北）《"中央"月刊》1982年第15卷第1期，第111—115页。

起，与民族独立、民族尊严连在了一起，其中倾注了深沉的民族感情。故宫文物的保护过程，对于抗战精神的形成、民族认同感的增强起到了积极的作用。同样地，伟大壮烈的抗日战争也为这些珍贵的皇家收藏赋予了不同寻常的意义。

1945年10月10日，日军华北方面投降受降仪式在庄严的太和殿前举行，第11战区司令长官孙连仲代表受降一方，日军华北方面司令官根本博代表投降方在投降书上签字，是日10余万人目睹了这一壮观的历史场面。这一天又恰逢故宫博物院建院20周年纪念日，古老的皇宫、新生的博物院与中华民族的伟大独立解放事业如此休戚与共，大约也是冥冥之中的安排！

抗日战争的长期性、艰巨性，日本侵略者的野蛮残暴，证明当年故宫文物南迁是正确的选择。虽然故宫南迁文物得以保全，但日本侵略者

1945年10月10日华北战区受降仪式在太和殿前公开举行。第11战区司令长官孙连仲代表受降一方，日军华北方面司令官根本博代表投降一方在投降书上签字。是日10余万人目睹了这一壮观的历史场面

仍然破坏与劫掠了相当多的中国珍贵文物，据有关研究，文物损失至少在1 000万件以上。①在沦陷区的北平故宫，就有一批铜缸、铜灯亭被日军强行劫走。抗日战争更使中国人民认识到保护本国历史文化遗产的重要性。抗日战争是近代以来中国人民反对外敌入侵第一次取得完全胜利的民族解放战争，它彻底粉碎了日本军国主义灭亡中国的企图，捍卫了中华民族数千年发展的文明成果。早在1945年4月，即日本投降前的四个月，为保存战区文物，国民政府教育部就成立了"战区文物保存委员会"，主要任务是在军事情况许可的范围内，竭力减少战区内文物的损失。其所做的一项主要工作，是与军方及盟军联系，编制战区内古迹文物的目

被日军强行劫走的故宫的铜缸、铜灯亭

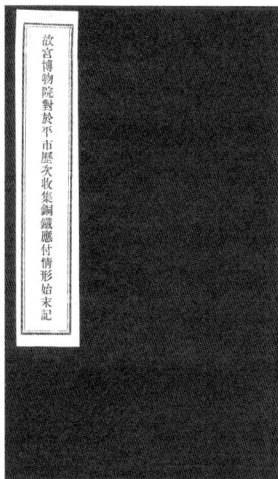

故宫铜缸、铜灯亭等被日本劫掠的情况报告

录、地图及照片，以防止轰炸时的不必要损失。曾编制中英文对照的10省市重要建筑目录99页399项，照片176张，地图106幅。日本投降后，该机构改名为"清理战时文物损失委员会"，调查文物损失、清理敌伪

① 戴维：《抗战时期中国文物损失概况》，《民国档案》2003年第2期，第84—90页。

文物、估计文物损失价值等，特别是编制了《甲午以来流入日本之文物目录》。该会曾请外交部向远东顾问委员会及盟军驻日总部提出追偿我国文物意见书一种，其中主要要求，为自甲午以来凡为日本掠夺或未经我国政府许可擅自发掘之一切文物均须由日本交还，而在此期间，凡为日本破坏，或因日本军事行动损失之文物，则必须责令以同类或同等价值之实物赔偿。此项目录由故宫博物院古物馆馆长徐森玉主编，历时九个月，引用日本历年出版之参考书目122种，计内列珍物15 245件，并将战事期间日人历次在我国之发掘编为附录。此时，驻罗马教廷公使还受命调查过庚子年意大利劫掠我国文化艺术品及其他古物的情况等。[①]虽然日本归还的文物远未达到这个要求，但从中国人民的主动追索及把追索时限定在甲午以来，就可见抗战胜利对中华民族解放与复兴的意义，可见文物与民族自尊心、自豪感、自信心的关系。

三

故宫文物南迁是抗战时期文化、教育西迁的组成部分，故宫文物的有效保护是社会各界共同努力的结果，是全民抗战的体现

抗日战争不单纯是一场军事力量的较量，还是一场社会动员力的较量，需要全民的参与。因此伟大的抗战自然对中国政治的进步和经济的发展提出了新的要求。抗战初期，各行各业的人们积极投入抗战，形成全民抗战的局面。沿海的工厂辗转内迁，为大后方经济发展注入新的活力，国民经济实现了向战时经济的转轨。与此同时，高校及文化机构的内迁则使

---

① 中国第二历史档案馆：《中华民国史档案资料汇编》第5辑，江苏古籍出版社，1999年，第451—453页。

文化、教育事业得以在战火中延续和发展。对于故宫文物南迁的意义，放在抗日战争时期中国文化、教育西迁的大背景下审视，当会有新的认识。

抗战爆发前，中国高等院校、文化机构，大多分布于东南沿海沿江地区，上海、北平、南京等大城市，汇聚着大批当时重要教育、文化机构及著名文化人士。抗日战争爆发，这些地区首当其冲地遭受了严重摧毁与破坏。大批文化机构纷纷西迁，改变了旧的文化分布结构。抗战时期，中国的文化力量大致经历了两次大迁徙。一次是1937至1938年期间，随着战火的蔓延，中国的大批文化名人和文化机构数度西移，先到武汉，继而又转至重庆。故宫博物院、古物陈列所、颐和园、国子监等文物精品长期存放于四川、贵州等地，亦是整个文化西迁的一个部分。故宫博物院还在此代管过国立中央图书馆、国立中央博物院筹备处以及安徽省立图书馆的部分文物。另一次是太平洋战争爆发后，由于日军迅速占领了上海的英、法租界和香港，一度栖身于这些地方的文化人士和文化机构纷纷转移到西南地区，特别是重庆，集中了当时文化界的大批知名人士。重庆不仅是当时的全国政治、军事、经济中心，而且成为全国文化中心。云南的昆明、广西的桂林也是抗战时的文化中心之一。[①]

同样，抗战之前，中国高校也主要分布在沿海沿江地区，尤以北平、上海、南京、天津等大城市最为集中。抗战爆发后，国民政府决定将沿海沿江的各高校西迁，在西南和西北地区建立新的教育基地。高校内迁形成了一场影响深远的教育中心的大迁移活动。从1937至1939年，中国东部地区的高校除了一些教会学校保持中立未作迁移及上海交大等校迁入租界外，其余学校或迁往西南西北，或就近迁入山东。随着战局的变化，有的高校一迁再迁，如国立北京大学、国立清华大学、私立南开大学三校奉教育部令迁往长沙，于1937年10月联合成立长沙临时大

---

① 军事科学院军事历史研究部：《第二次世界大战史》第3卷，军事科学出版社，2005年，第533—534页。

学；1938年春，因长沙屡遭轰炸，该校又迁往昆明，改为"国立西南联合大学"。而北洋工学院、北平师范大学、北平大学则组成国立西北联合大学。在各界的共同努力下，中国的高等教育在西部地区存在、恢复和发展起来，弦歌得以再续，薪火得以相传。[①]

抗战时期文化、教育的西迁，是坚持长久抗战、培养未来人才、事关国家前途的大事，对西部地区文化教育事业的发展，起到了积极的促进作用，产生了深远影响。例如抗战期间，同济大学，中央研究院的历史语言研究所、社会科学研究所、体质人类学研究所，中央博物院筹备处，中国营造学社，北京大学文科研究所和金陵大学文科研究所等高校和科研机构都内迁到四川宜宾县李庄，当时这个约有3 000人的小镇就接纳了约1.2万文化人，成为一大盛事，至今为人乐道。1939至1946年间，故宫9 000余箱文物在乐山安谷乡存放近8年，时值国学大师马一浮在乐山乌尤寺创设复性书院以及武汉大学西迁乐山，这三个教育文化机构之间及其与乐山地方又多有互动。故宫文物迁于乐山后，按照要求，应会同当地最高文化机关清点造册，而当时当地最高文化机关就是武汉大学，于是武汉大学就参与了这一工作。武大校长为王星拱，"王校长以本院南迁文物品件曾由本院在上海、南京相继开箱，逐一点查，历时一年有半，并有教育部派员莅场监点，编造清册，有案可稽，西迁会点，应毋庸再行开箱，只需按照迁储各库文物会点箱件数目，随加抽对箱件字号"[②]。乐山地方人士为刊刻乡贤专集，搜求善本校抄，曾派员赴故宫驻乐山办事处就抄。自1944年11月14日迄同月19日，计抄成四库子部《武编》、集部《眉庵集》《颐山诗话》《荆川集》《李文公集》五种。复性书院"感于寇乱，经籍缺乏，各省官、私版本多遭焚荡，学者苦于无处求书，爰事裒集，凡四部主要诸书

---

① 王建朗、曾景忠：《中国近代通史》第9卷，江苏人民出版社，2009年，第156—160页。
② 欧阳道达：《故宫文物避寇记》，紫禁城出版社，2010年，第74页。

马一浮（中排右四）、王星贤（中排右二）、丁敬涵（中排右一）与复性书院
师生以及家人和工作人员合影，1942年（乐山市档案馆供图）

武汉大学乐山校本部，乐山文庙

为学人所必读者，皆谋渐次刊行"。书院遂派人就抄存放乐山的文渊阁四库书，自1945年7月2日迄翌年1月28日，历时193日，计抄成经部易类、诗类、四书类、史部政书类、传记类、目录类、子部儒家类、术数类，集部别集等共22种，又校抄四库集部别集一种。[①]故宫国宝西迁、武汉大学西迁和复性书院设立，成为抗战时期乐山文化教育三大盛事，其间的交流大有益于乐山的文风。

故宫文物南迁具有保护民族文化命脉的意义，对它的保护是社会各有关方面共同努力的结果。故宫文物南迁，具体的筹划、组织、协调是故宫院长马衡等领导人所承担，押运及具体管理是故宫同人，但是仅凭故宫上下，要完成如此旷日持久、组织缜密、复杂多变的迁徙行动，显然无法实现；离开了应有的支持和帮助，甚至寸步难行。抗日战争是全民抗战，作为抗日战争组成部分的故宫文物南迁，同样体现了全民抗战的特点。在整个南迁、西迁中，有三个方面起了重要的作用：

其一，得到国民政府以及有关省市军政领导和铁道、公路等有关部门的支持。1933年初文物开始南迁，分5批运输，政府都有明确指示，并在经费及运输工具上给予保证。当时有人企图暴力阻止，行政院代院长宋子文即密电北平市政府，要求果断采取必要措施，保证南运顺利进行。在文物存放地点发生分歧后，易培基院长曾致电委员长蒋介石，请求中枢维持原定方案。西迁时分三路，又多次转迁，每次转迁的命令都是行政院下达的。在文物途经或存放有关省市时，都得到当地军政负责人及有关机关的支持。1938年2月，存放陕西宝鸡的文物奉命运存汉中，要翻秦岭，又值隆冬，只能车辆载运，行程885华里，且限当日到达，不得在中道停留。1938年2月22日至4月10日，7 000余箱文物，装载305车次，经48天抢运，按时运抵汉中。[②]在抗战期间，车辆缺乏且多半老旧，

---

① 上揭《故宫文物避寇记》，第80—81页。
② 《故宫文物由宝鸡运往汉中运输情形表》，杭立武：《中华文物播迁记》，台北商务印书馆，1980年，第76页。

长途公路运输确是一个问题。那时西安行营统管所有陕甘军公商车，他们规定这些车辆以运军火为第一，运古物为第二，终于解决了问题。

其二，在文物迁移途中与存放地，都有军人押送和守卫，起了安全保障作用。文物开始南运时，以宪兵押送，火车上架着机枪，吓退了企图抢劫的土匪。在南京浦口火车站停留期间，南京方面加派500名军警保护。各个存藏地都有军人担任警卫看守。存放四川乐山安谷文物达9 331箱，几占南迁总数的一半，护送这批文物入川直至驻守安谷库房的部队是国民革命军独立第29师某营，1941年春由军事委员会直属特务团二营接防，其中第五连驻安谷，第六连驻峨眉，他们在执行保卫工作的同时还修筑公路、开辟操场晒坝，打扫街道，制作墙报宣传抗日。第五连连长因在安谷时间长了，就和当地一位姑娘结了婚。①

其三，得到文物存藏地民众的大力支持。故宫南迁文物，既有一些存放时间较短的场所，也有存藏很长的地点。开始在上海存了4年，又西迁内地，转迁多处，后主要集中在三个地方：安顺华严洞6年，安

峨眉办事处同人。前排左起吴玉璋、那志良，右二梁匡忠

① "故宫文物南迁乐山史料陈列馆"解说词，内部文稿。

谷7年，峨眉7年。漫长的时间，艰苦的条件，如果没有当地民众的配合和支持，要保护好故宫国宝是不可能的。文物决定存放乐山安谷乡的一寺（古佛寺）六祠（朱潘刘三氏祠、宋祠、赵祠、易祠、陈祠、梁祠）后，安谷乡长刘钊多次召集各保长、执事宗族族长商议迎接国宝事宜，并积极宣传文物迁移安谷的意义。被选作文物库房的各宗庙祠堂，将各自宗牌收藏，腾出庙堂以备文物存放。安谷人杨宗友将自家田地5亩无偿供给驻军。当时，各库房除过故宫及中央博物馆筹备处30名职员外，还在安谷临时雇用了21名人员；在宋祠库房，故宫人员4名，雇员则多达6人。这些安谷雇员在家食宿，早去晚归，按时到各库房工作，有木工、泥水工、搬运工、勤杂工，有的当炊事员，还有的协助搞文物登记，有一位叫易泰安的安谷人还随文物东归重庆，服务长达八年。[1]1946年，为奖励乐山县安谷乡协助故宫存放文物事，故宫博物院呈请国民政府题颁"功侔鲁壁"[2]匾额7块分赠安谷乡储存文物各祠寺。其实，不仅安谷各祠寺，在各个文物存放地，广大民众在保护故宫文物中都做出了极大贡献，都"功侔鲁壁"。

马衡院长为乐山守护过国宝的祠寺题写的"功侔鲁壁"匾额

---

① 上揭"故宫文物南迁乐山史料陈列馆"解说词。

② "功侔鲁壁"为一典故：鲁壁为孔子故宅之壁，在鲁之曲阜。史载，汉鲁恭王好治宫室，尝坏孔子旧宅，以广其宫，于壁中得古文经传。匾额题词意为，安谷民众在保护西迁文物方面所做出的贡献可与当年孔子后裔将典籍深藏鲁壁之功媲美。

国立北平故宫博物院就寺中僧人应遵守事项给四川省政府的函及附件

四

故宫文物南迁是故宫博物院发展的特殊时期，特殊的任务、艰苦的环境，培育和形成了以"视国宝为生命"为核心的典守精神

文物南迁打破了故宫博物院正常发展秩序，特别是从1937年底西迁后，主要是迁运及保护文物的完整安全，工作性质发生了重要的转变。时任故宫博物院理事的李济，受管理中英庚款董事会委托，曾调查抗战时期故宫文物搬运存放情形，他在报告书中说：

> 谨案自抗战以来，敌人对于我国文化品之加倍摧残或尽量劫夺，为极显著之事实，政府对于故宫文物必须尽力保管，亦为朝野所公认。在此大前提之下，所最成为问题者，为故宫博物院之原有组织是否能负此时期之非常责任。查原有之故宫组织，为一纯粹的学术性质，其行政机构亦偏重于此类功能。自战事发生以来，其原有之功能已无运用之机会，所需要者远超

平原有工作之范围。济自视察以来，深感此问题之迫切。①

　　李济的调查进行于1938年9、10月间。这时候故宫文物西迁离开南京已近一年，他所检查过的包括由中路运出的存放于重庆的文物以及由北路运出的存放于陕西汉中的文物，其时，正奉命把存于汉中的文物运往成都，在他检查时尚未运完。李济看到文物保存状况尚好，但也感到存在问题，主要是近一年来故宫文物不断转徙，往往是未及安顿又要迁往新的地方，在运送力量以及经费上都需要"外界有特别之推动力"。对故宫博物院来说，则要从"纯粹的学术性质"转变到适应战时需要，负起"普通保管之事及运输中安全之责任"。其实，近一年来种种艰辛，是故宫适应变故的过程。事实证明，故宫很好地完成了工作任务、工作方式的转变。从1939年底开始，以故宫为主的南迁文物分别存放于贵州安顺（1944年迁往四川巴县）及四川峨眉、乐山等三处，故宫人开始了长达六七年的相对稳定的文物保管时期。

　　波澜壮阔的抗日战争是一次伟大的民族洗礼。中华民族在救亡图存中形成的以爱国主义为核心的民族精神，进一步凝聚了中华民族的意志和力量，促进了全民族空前的觉醒和团结。故宫同人在这一抗日洪流中，在保护国宝的实际工作中，在本院已有精神资源的基础上，也形成了具有鲜明特色的故宫精神。故宫精神是伟大的中华民族精神的一个部分。

　　故宫精神的核心是视国宝为生命的典守精神。这是从故宫博物院成立以来逐渐树立、在文物南迁中不断强化的观念。这是源于对自己所保护的珍贵文物的重大意义以及自己所担当的神圣责任的深刻认识，是故宫同人的价值取向。正如马衡院长所说："本院西迁以来，对于文物安

---

① 李济：《受管理中央庚款董事会委托调查抗战时期故宫古物搬运存放情形报告书》，1938年11月10日，原稿存台北"中央研究院"历史语言研究所，本资料为李济先生公子李光谟先生提供。

危原无时不在慎微戒惧、悉力保护之中，诚以此仅存劫后之文献，俱为吾国五千年先民贻留之珍品、历史之渊源，秘籍艺事，莫不尽粹于是，故未止视为方物珍异而已矣。"[1] 这种认识的体现就是"典守"的践行。[2] 他们是一群"典守者"。台静农1946年曾有一首和申若侠及庄尚严的自况诗："羡尔公牡俩，深山好养真。皮藏可敌国，贫乃到柴薪。小饮三杯满，流亡百劫身。明年出巴峡，依旧老宫人。"[3] 这首诗形象地刻画了这群"老宫人"即"典守者"的情操与风范。

在这一漫长的典守过程中，故宫同人以储藏整理、保护文物完整为首务，尽管备尝艰难，险象环生，有的工作人员还付出了自己的生命，但人们无怨无悔，忠于职守。这种对国宝价值的认识，这种强烈的责任感、使命感，使得故宫同人在保护好故宫文物藏品的同时，也认认真真地做好代管文物的保管工作。

遵奉行政院令，故宫文物南迁还附运了古物陈列所5 414箱，加上颐和园、国子监、先农坛的文物，达到6 000余箱，几乎占到故宫南迁文物总数的一半。这些机构都没有派人，全由故宫人员搬运、看护。

最难搬运的是存放在国子监的10个石鼓，还是故宫人帮助装箱的。这些石鼓为著名的国之重器，每个约1吨重，鼓上的字在石皮上，但石皮与鼓身已分离，稍有不慎，石皮就可能脱落下来。故宫人经过反复商量，使用浸湿的高丽纸覆在石鼓面上，用棉花轻捺，使纸张接近石身，干了后就固定在那里，即把石皮上的字紧贴于鼓身上；然后每个石鼓包上两层棉被，棉被外又用麻打成辫子，缠紧棉被；再把石鼓放在厚木板做的大箱子中，箱内用稻草塞严实，箱外包上铁皮条。这样的包装，翻山渡水，甚至经过翻车事故，石鼓都没有出现问题。故宫同人在西迁期

---

① 《国立北平故宫博物院理事会1940年度会议纪录》，现存中国第二历史档案馆。
② 《论语·季氏》："虎兕出于柙，龟玉毁于椟中，是谁之过与？"朱熹《论语集注》："言在柙而逸，在椟而毁，典守者不得辞其过。"
③ 此诗为庄尚严先生四公子庄灵提供。

间还代管过有的省图书馆、博物馆的文物藏品，都一视同仁，尽心尽力，照管得很好。

严格的制度，细致的管理，是故宫精神在文物管理上的体现。为了确保文物安全，在西迁期间的存藏中，都有一定的工作程序，坚持有关规则制度。一般来说，文物迁定某库后，即应清点造册，或组织视察抽查。入库箱件，要按行列排比，同时绘成方位简图，编定方位表及方位索引，以利检提而便稽查。文物箱件经会点后，接着开展典守业务。为使工作有所遵循，故宫于1939年岁暮公布各项章则，如本院附属办事处办事细则、库房管理暂行规则、开箱工作暂行办法、库房警卫暂行规则、接受委托保管及寄存公私文物暂行办法、库房招待参观暂行规则等，又于1940年4月制定南迁文物点收清册记载订误暂行办法。关于文物的防护设备，则有防潮、防蛀、防险三项。①

四川潮湿多雨，为防止文物受潮霉损，每逢晴天常常出库翻晒，称之为"出组"。"出组"是在清室善后委员会清点清宫物品时形成的制度，一直沿用下来。每次出组，一般五六人，有组长、组员、工友等。程序是：上午10点启封进库，提箱开箱，按档案清册逐件核对后，出库摊放在场坝上，卫兵持枪环立，外人可远观不能近看；下午两点收摊，对照清册，由出组成员会同核对无误才装箱，钉牢，签封，搬存原处；如开箱发现虫蛀霉损，须据实登记，并在开箱记录表中载明"出组"的时间、地点、参加者和文物状况等，然后签名存库。②正由于有了如此严密的制度、严谨的作风以及严格地执行，才保证了以故宫为主的南迁文物的安全保护，也不断强化着故宫人认真细致、一丝不苟的工作作风。

故宫精神的又一体现，就是不忘博物馆的职责，在可能情况下，努力办好文物珍品展览，以弘扬中华文化艺术，发挥博物院的教育职能。

---

① 前揭《故宫文物避寇记》，第74—75页。
② 前揭"故宫文物南迁乐山史料陈列馆"解说词。

故宫博物院成立后注重陈列展览，在社会上有相当影响。在文物南迁、西迁中，利用存藏的文物，故宫在国内外举办过多次文物展，收到了良好的效果。1935年12月到1936年3月，故宫的735件精美文物赴英国参加"伦敦中国艺术国际展览会"。这是故宫文物第一次远赴重洋出国展览，是一次意义深远的活动，观众达42万人次，为英国人民了解中国悠久的历史和璀璨的文化打开了大门，在英国甚至欧洲掀起了一股"中国热"。①这次展览，准备充分，出国前先在上海举办预展，以飨民众，回国后又在南京举办展览会，以昭明信。②1940年故宫100件文物又赴莫斯科、列宁格勒展出。

在国内，西迁前夕，故宫选送510件文物参加在南京国立艺术陈列馆举办的教育部第二次全国美术展览会。西迁以后，存放于安顺华严洞的部分文物精品先后参加了教育部第三次全国美术展览会以及故宫博物院举办的重庆书画展、贵阳书画展、成都特展等。几次展览，共同特点是精心选择展品，认真布置展场，注重讲解宣传，在播迁中不间断地传扬中华文化，借此振奋民族精神，对当时当地的文化产生了深刻影响。抗战胜利前夕的故宫西迁书画告别西南父老展览，就很有代表性。为了报答西南父老协助运输、保卫之劳，以使饱览祖国文化瑰宝，故宫博物院马衡院长特呈准行政院，在陪都重庆举办了一次西迁书画告别展览会。所选展品共计142件，为晋唐宋元明清名家之作，至于宋高宗《赐岳飞敕》、李公麟《免胄图》、黄道周诗翰等关于民族意识，和有关西南人物或地区文献者，如赵昌、黄居寀、文同、苏氏父子、王守仁、杨文骢等和诸葛亮像

---

① 庄尚严：《赴英参加伦敦中国艺术国际展览会记》及傅振伦：《中国艺术国际展览会参观记》，《国立北平故宫博物院年刊》，1936年，第113—136页、第137—168页。

② 《伦敦中国艺术国际展览会筹备委员会专门委员会第二次会议录》，1934年12月6日，现存故宫博物院档案室。

伦敦中国艺术国际展览会故宫文
物到达英国皇家艺术学院开箱情
形，1935 年 9 月 17 日

莫斯科中国艺术国际展览会会场

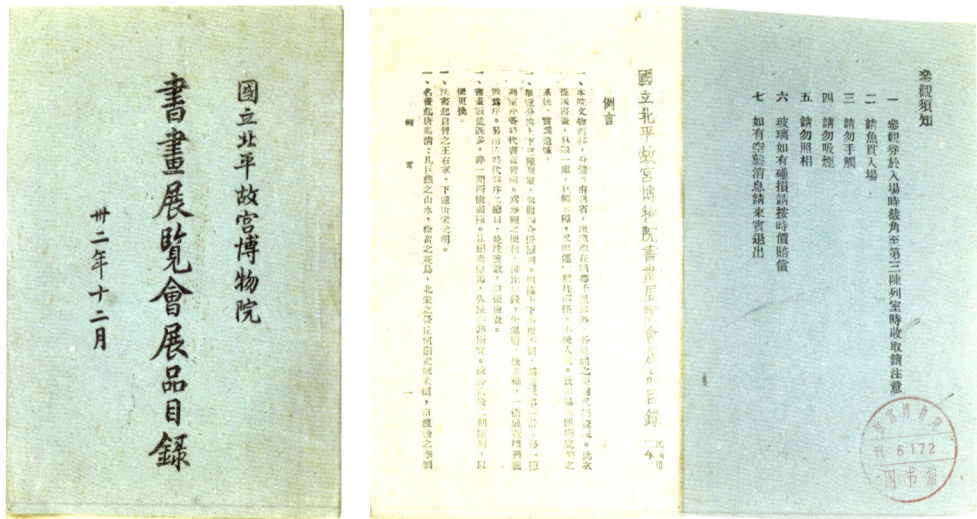

故宫书画在重庆展览的参观须知及目录

与大理国梵像，也是重点选出了参加陈列。①展览会当场发送《本院举行书画展览会经过》及《书画展览会展品目录》。在《展品目录》之首，印有7条"参观须知"，第7条为"如有空袭消息请来宾退出"②。这是故宫文物在抗战后方唯一的一次公开展览。这一系列国内外展览，正如马衡所说："结果不独在阐扬学术与国际声誉方面，已有相当收获，即于启发民智，增进一般民族意识，亦已有影响，成效颇彰。"③

南迁文物保护是责任极为重大的任务，需要保护者的无私奉献，全身心的投入，也要耐得住寂寞，并习惯那每天都要重复的近乎单调的工作。而且当时人员经费大量削减，"左支右绌，久苦不克，时有顾此失彼之虞"④。在一些人的印象里，这些守护者似乎始终处在一种紧张、严

---

① 傅振伦：《追记故宫西迁书画告别西南父老展览》，《紫禁城》1990年第5期，第8页、第40页。

② 《国立北平故宫博物院书画展览会展品目录》，1943年，现存故宫博物院图书馆。

③ 《国立北平故宫博物院1944年度业务检讨报告》，现存中国第二历史档案馆。

④ 上揭《国立北平故宫博物院1944年度业务检讨报告》。

欧阳道达楷书元代曹伯启
《南乡子》词轴

肃甚至愁苦的状态中。其实不然。这些守护者的多数人，特别是各办事处负责人差不多都参与过博物院的建立，有着良好的文化艺术修养，他们在做好工作的同时发挥着自己的爱好，或吟诗作画，或访古览胜，或从事研究，有的还兼任当地中学英文教员。他们达观、从容、淡定，认真而不刻板，严肃却不枯寂，勇于吃苦又善于苦中寻乐，始终对人生、对未来充满希望，遂使得穷乡僻壤的生活充满情趣。这无疑也是故宫精神中不可或缺的一面。曾任峨眉办事处主任的那志良，在记述文物由汉中运成都时，他的感受竟如此浪漫：

　　运输的事虽然很苦，若把押车当作旅行，却是极饶兴趣的事。这一路古迹极多，我们走到剑阁的时候，万树丛中，远远望到栈道旧迹，顿时想起唐明皇避难到四川的事来，又想到前人曹伯启的《南乡子》词来了。我最爱他这首词，……他所说的"应被旁人画里看"与"到晚才知身是我"描写得真是好极了，我托好友欧阳道达先生替我写了一幅中堂，他的字又写得十分好，我把它好好保留起来了。①

　　先后担任过安顺、巴县办事处主任的庄尚严，曾在友人所绘当年存放故宫文物的华严洞图上有一跋文，记载自己在此的一些活动，我们感受的是那一代人的风雅轶事：

　　读书山三大字洪北江书，木刻鬃漆，悬于庙内前厅，年久失修，余与森老（按：即故宫古物馆馆长徐森玉）曾

————————

① 前揭《典守故宫国宝七十年》，第100页。

解私囊为之重漆贴金，并纪年月于后。居安顺时余好题名，每一登临必有爪痕，华严洞附近诸山尤多，独于是洞不着一字，人以洞主呼我，我亦暂以洞主自居，遂两忘也。今事过境迁，岂可再得乎？卅二年叔平师因事至安小住月余，一日酒后忽发逸想，老头子（按：指故宫院长马衡）竟攀梯登三丈许，丞崖大书百余字，可作纪念。①

任过南京分院主任、乐山办事处主任的欧阳道达，他的《蜀江夜泊思家》的诗我们未见到，但马衡《邦华（按：欧阳道达字邦华）于役雅安，用其〈蜀江夜泊思家〉韵寄诗四首，以代书简》之一："君昔蜚声翰墨林，久忘结习废哦吟。于今无限兴亡感，聊复濡豪吐寸心。"②可见欧阳道达在书法诗歌上都有很高造诣。

马衡院长是著名的金石学家，他存留至今的87首诗歌，完全写于1938至1945年故宫文物西迁期间，第一首《答方鹤老》："劫余文物在人间，客里豪情已渐删。强寇即今成弩末，征人何日唱刀环。关河累我风尘老，诗酒输君岁月闲。多感殷勤珍护意，举杯相嘱看岷山。"感时抒怀，慷慨悲歌。正如沈尹默1946年在诗稿抄本上题跋中所说："叔平四兄能为诗而不常为。违难入川，感时兴怀，遂斐然有此。其间与亲故往还之什尤款款见至性。"③这些诗作，使我们进一步认识了诗人的才情和心绪，看到了他朴茂笃实性格的另一面。

---

① 庄灵：《故宫南迁时代忆往·安顺读书山华严洞图（二）》，《紫禁城》2010 年第 7 期，第 106—109 页。

② 马衡：《马衡日记附诗钞》，紫禁城出版社，2006 年，第 25 页。

③ 上揭《马衡日记附诗钞》，第 241 页、第 247 页。

部分南迁文物运台形成一个故宫、两个博物院的局面，两个博物院都坚持弘扬中华文化的职志，重走南迁路，更加认识到历史所赋予的责任

避寇西迁文物，历经千磨百折，终于1947年6月全部回到重庆，一朝相聚，其乐可知！1948年5月29日至6月8日，故宫博物院与中央博物院筹备处在南京联合举办文物联展，参展文物共计1 400余件，故宫出历代名画、名窑珍瓷，中央博物院出殷周铜器、汉代文物等，规模宏大，观众踊跃，可谓盛况空前。①可谁又能想到，此后不到半年，这批历经劫难的文物又要遭受离别之苦。

1948年9月下旬，中国人民解放军发动的辽沈战役将解放东北全境，全国战局发生根本变化，南京国民政府准备撤往台湾。11月10日，国民政府行政院长兼故宫博物院理事长翁文灏，邀集理事王世杰、朱家骅、杭立武、傅斯年、李济，以及故宫古物馆馆长徐森玉，以谈话会的方式密议南迁文物运台，决定选运精品，以600箱为范围运去。②12月4日，经常务理事会议决："先提选精品贰百箱运存台湾，其余应尽交通可能陆续移运，其不能运出者仍在原库妥为存放。"③就是说，只要条件许可，尽可能都要运去。1948年12月21日、1949年1月6日与29日，南迁文物分三批运台：第一批文物由海军部中鼎轮载运，共计320箱（原定200箱，

---

① 《国立北平故宫博物院、中央博物院筹备处联合展览会特刊》，《和平日报》1948年5月29日第6版。《一千余箱故宫古物今起在京展览一周 几经辗转搬移 幸得玉全 历代书画瓷器美不胜收》，《和平日报》1948年5月30日第4版。胡小石：《观古铜器记》，《中央日报》1948年6月8日第4版。

② 《故宫博物院、中央博物院两院理事谈话会纪录》（1950年），杭立武：《中华文物播迁记》，台北商务印书馆，1980年，第121—122页。

③ 《国立北平故宫博物院存京文物迁存台湾经过情形略述》，1949年，现存故宫博物院档案室。

因舱位有余裕，临时增加）；第二批为招商局的海沪轮载运，共计1 680箱；第三批由海军部昆仑号运输舰载运，由于舱位有限加之军舰停留时间短等原因，已装箱的1 700箱文物，仅运走972箱。[①]

为什么迁台文物只运了三次？主持迁运的杭立武（时任故宫博物院理事会秘书、南京政府教育部政务次长）说："第三批文物运出后，局势紧张，遂告停止。"[②]局势确实紧张，三大战役，国民党军队节节败退，国民党统治行将崩溃。翁文灏虽于11月10日与故宫有关理事商定文物运台，但因金圆券改革失败，其于11月3日已提出内阁总辞职，蒋介石则于11月26日批准翁辞去行政院长职务。第三批文物还未运出，蒋介石就于次年1月21日发表文

故宫运台文物统计表

告，"决定身先引退"。随后，没有总统身份的他回到浙江奉化溪口老家，从此再没有回到南京。当了代总统的李宗仁则下令停止文物运台。故宫文物运台也受到很多人反对。马衡院长致信杭立武，以病后健康未复婉拒乘南京政府派来北平接运文教界名流的专机，又望停止迁运文物赴台，并以第三批作为结束：

运台文物已有三批菁华大致移运。闻第一批书画受雨淋湿者已达二十一箱。不急晾晒即将毁灭。现在正由基隆运新竹，

① 《运台文物分类统计表》，1949年9月1日，现存故宫博物院档案室。
② 杭立武：《中华文物播迁记》，台北商务印书馆，1980年，第30页。

又由新竹运台中。既未获定所，晾晒当然未即举行；时间已逾二星期，几能不有损失。若再有移运箱件则晾晒更将延期。窃恐爱护文物之初心转增损失之程度。前得分院来电谓三批即末批，闻之稍慰。今闻又将有四批不知是否确定。弟所希望者三批即末批，以后不再续运。[①]

故宫运台文物 2 972 箱，约占故宫南迁文物总数的 1/4，开始登记总数为 231 910 件又 27 张 692 页，后对文献档案重新仔细计算统计，总数变为 597 423 件，主要是文物计算方式的变化。文物运台开始存放台中糖厂，1950 年迁往台中雾峰乡北沟，1965 年台北近郊外双溪修成新馆，台北故宫博物院遂于是年 11 月 12 日在新址举行开幕典礼。中央博物院筹备处迁台文物 11 562 件，一直与故宫文物一起保存，现在台北故宫博物院的文物藏品，包括这两个机构的藏品。其中中央博物院筹备处的文物，主要为当年古物陈列所的南迁文物，而古物陈列所的文物又来自清沈阳故宫及热河避暑山庄，因此也属于宫廷文物。截至 2007 年，运台文物加上到台湾后征集的各类文物，台北故宫博物院典藏文物总数为 655 687 件。[②]

部分南迁文物运台，形成了今天一个故宫、两个博物院的局面；也正由于"南迁"的原因，虽然分隔两岸，但同根同源的两个博物院的联系却难以割断：首先，两个故宫博物院的藏品都主要来自清宫旧藏，收藏的都是中华民族文化的遗产且都具有世界影响，又都在弘扬着中华文化。台北故宫博物院的清宫文物占 92%，北京故宫的 150 万件文物，来自清宫的达到 85%。两岸故宫博物院藏品有着很强的互补性，既各有千秋，又不可能孤立存在。例如许多互有关联的书画分藏两岸故宫博物院，甚至台北故宫博物院有些文物如唐代怀素的《自叙帖》等精美的原

---

① 《故宫跨世纪大事录要：肇始　播迁　复院》，台北故宫博物院，2000 年，第 200 页。
② 《故宫博物院巡礼》，台北故宫博物院，2001 年，第 16 页。

包装盒则留在北京故宫，珠椟相分，令人感慨。其次，两个博物院都拥有从1925至1948年这一长达24年的共同院史，而这24年中，又有16年是文物南迁时期。其三，两个博物院的一批元老级人物，都曾是国宝播迁中相濡以沫的同事和战友，都曾有过深厚的情谊。在地覆天翻的历史转折关头，个人的作用总是微弱的，故宫同人在去与留的抉择中，道路不同，信念却依然相同，那就是"和文物在一起"。欧阳道达组织人力用混凝土封闭了文物库房，迎来了新的政权；庄尚严、那志良、梁廷炜和吴玉璋奉命押运文物去了台湾。有的家庭因国宝的分离而父子、兄弟天各一方。故宫职员梁廷炜，其祖辈两代为清宫画师，他带着两个儿子梁匡忠、梁匡启伴随文物辗转到乐山。他的长子梁匡忠，在峨眉办事处参加管库工作，并与当地一姑娘结婚。梁匡忠的儿女都以出生地命名：峨眉出生的儿子叫峨生，乐山出生的女儿叫嘉生（乐山古称嘉定），抗战胜利返回南京后所生的两个儿子分别叫金生、宁生。梁廷炜的次子梁匡启，1945年底也成为乐山办事处的临时佐理员。梁氏一家人在乐山守护国宝中度过了近8年时光。1949年1月第二批故宫文物运台，梁廷炜奉命

赴台故宫同人。吴玉璋、黄居祥、朱仁堂、那志良、梁廷炜、王振楷（后排左起）。申若侠、吴凤培、庄尚严、刘奉璋、王世华（前排左起）。引自罗启伦《庄严：故宫半世纪》，（台北）羲之堂出版公司，2019年，第74页

故宫论学

押运文物，大约是出于一种预感，他带走了老妻、二儿子匡启以及长孙峨生，梁匡忠则与女儿嘉生及儿子金生、宁生留在大陆。一家人从此分隔两岸。当后来供职于北京故宫的梁金生与台北故宫博物院有了联系，才知爷爷梁廷炜早已离开人世，此类故事，令人唏嘘！

时代的潮流终究是阻挡不住的。2009年，两岸故宫博物院打破60年阻隔，实现了正常交往。台北故宫博物院举办"雍正——清世宗文物大展"，展览主题是"为君难"，向北京故宫借37件（套）有关文物，其中包括雍正帝"为君难"玉玺；文渊阁四库全书运到了台湾，台北故宫博物院周功鑫院长提出要进文渊阁，当她看到当年珍藏四库全书的柜子仍完整放置时，大有感叹；清宫有两套《龙藏经》（即藏文《甘珠尔》），康熙时期的在台北故宫，乾隆时期的108函，台北藏36函，北京藏72函，台北故宫博物院要出版康熙时期的《龙藏经》，但因为时经340年之久，其中一函无法揭开，便请北京故宫协助，解决了问题，等等。这些还只是文物上的联系，更重要的是两岸故宫博物院都坚守着故宫的基本精神。故宫人对故宫的特殊情感，以及早期特别是南迁时期形成的理念、精神甚至规章制度，在两岸故宫博物院延续至今。1935年清点南迁到上海的文物，留下127册《存沪文物清册》，两岸故宫博物院至今仍然保存，这是故宫文物的重要档案。为祖宗和子孙后代守护"国宝"，是两岸故宫博物院的共同使命，也是故宫博物院人的共识。

"温故知新：重走故宫文物南迁路"，是通过"重走"这一形式，亲身追寻与体味故宫前辈迁运文物的艰难历程，进一步探求与认识这一壮举的价值与意义。活动由北京故宫的16人与台北故宫博物院10人组成。自2010年6月4日至18日，考察团一行在15天的行程中，先后到了江苏、贵州、陕西、四川、重庆等省市的南京、贵阳、安顺、宝鸡、汉中、成都、乐山等城市，探寻了37个故宫南迁文物的存放点，串联起当年文物南迁、西迁、东归的部分运输路线，考察活动按照将历史考证与现状调查、档案文献与口述历史相结合的思路，调查收集了散存各地的

2010 年 6 月，两岸故宫博物院重走故宫文物南迁路活动

文献、档案及研究资料，考察了遗址、遗迹的保存状况，聆听了当年参与"护宝"行动人员的介绍，并通过摄影、摄像、录音等多种形式，补充、完善了相关影像资料，取得了丰硕的成果。

其一，考察活动对当年文物南迁历史有了更为全面、深入的了解，特别是遗址考察、人员采访、文献搜求，具有抢救性质。丰富的资料、鲜活的细节，使文物南迁史变得更为生动、形象，人们可以从中了解到民众对保护国宝的支持，感受到故宫人典守国宝的执着与坚定，也是故宫一笔宝贵的精神财富。

其二，两岸故宫博物院共同重走南迁路，是一次唤起共同历史记忆的"寻根"行动。两岸故宫博物院都保留了大量有关南迁的文献档案，从文物开始南迁直至1937年底西迁前，有关南迁的档案都保存在北京故宫，台北故宫博物院则保存自1938年以后与文物南迁相关的院史档案153件。两岸故宫博物院都感到南迁史研究的重要性，但从未进行过实地调查，倒是当年一些南迁工作人员如庄尚严、欧阳道达、梁廷炜的后人曾多次寻访父辈与自己生活过的地方。这次北京故宫于建院85周年与抗战胜利65周年举办"故宫文物南迁史料展"，同时举办"重走故宫文物南迁路"考察活动，立即得到台北故宫博物院的积极响应，并建议以"温故知新"作为此次重走活动的主题。庄尚严的四子庄灵（1938年出生于贵阳，1938至1941年生活于安顺），梁匡忠的三子梁金生（1948年出生于南京分院，后随文物北返回到北京）均参加此次考察。15天的共同考察，加深着了解，了解一段共同历史的同时，也在进一步了解自己、了解对方。这次考察活动是继2009年实现两院院长互访、在台北故宫博物院合作举办雍正大展、合作举办第一届两岸故宫博物院学术研讨会后的又一次重要合作，必将继续推进两院今后的交流与合作。

其三，当年保护故宫国宝的行动，已逐渐引起社会广泛关注，其精神也得到传扬。一些文物存放地已被很好保护起来，作为爱国主义教育的活教材。乐山的安谷还由民间投资，办起了"故宫文物南迁乐山史料陈列馆"，并建起了纪念碑。故宫文物南迁已成为集体的记忆、民族的记忆。

"温故而知新，可以为师矣。"[1] 拂去历史烟尘，故宫文物南迁的意义正在被人们所认识，而故宫人也更体会今天所典守的国宝的分量与价值，更感到历史赋予的神圣使命，更激励自己继续努力弘扬中华文化，在两岸交流、祖国统一中发挥应有的作用。

（原载《华中师范大学学报》2010年第5期，《新华文摘》2010年第22期转载，收入郑欣森著《故宫与故宫学二集》，故宫出版社，2018年。）

---

① 《论语·为政》。

故宫博物院理事会与故宫文物南迁研究

　　在中华民族伟大的抗日战争中，故宫博物院的1.3万余箱文物精品避寇南迁，时延十多年，地迤万余里，辗转颠沛，备尝苦辛，基本完整地保存了这批中华文明的重要瑰宝。故宫文物南迁①的壮举和成就，是抗战胜利的重要成果，也是保护人类文化遗产的伟大贡献。

　　理事会是故宫博物院的决策与监督机构。在故宫文物南迁过程中，理事会作为领导核心，起到了决定性作用。本文主要根据中国第

---

① 关于故宫文物南迁，有大小两个概念。据档案文献记载，南迁当事人将1933年文物运往上海、南京，称为"南迁"，是为"小南迁"；将1937年文物自南京向西南诸省迁徙称为"西迁（或疏散）"；将抗战胜利后文物运回首都南京称为"东归"。以上皆以地理空间对应历史事件。1948年底、1949年初又有部分文物运台，后来被称为"迁台"；1950年、1953年与1958年南迁文物中的6 254箱分三批运回北京故宫，称为"北返"。从1933至1958年，长达25年的包括南迁、西迁、东归、迁台、北返五个阶段的故宫文物南迁遂告结束。对于故宫文物的这一整体迁移活动，今天习惯上仍称其为"南迁"，即大南迁。但从严格意义上来说，只有迁移到台湾的文物返回北京故宫，回到它的出发地，南迁的过程才算真正结束；也可以说，南迁到现在还没有完成。本文研究侧重于回顾1933至1949年这段历史。题目采用"南迁"，亦统称文物迁徙过程，而在具体论述过程中，则以南迁、西迁、东归、迁台等对应不同历史时空下的文物迁徙。

二历史档案馆和故宫博物院所藏理事会档案文献，梳理了从1932年文物南迁的筹备直至1949年初部分文物运台中，理事会的重要决策以及南迁文物的保护过程。此外，本文剖析了故宫博物院理事会制度的特点并阐述了理事会档案的重要价值。

一

理事会的简况

故宫博物院自1925年成立时就设有临时董事会与临时理事会，及至1928年南京国民政府接管后，继续实行理事会制度，历经八届。[①]在长达24年中，理事会可分为两个阶段：

（一）北京政府时期

1925年9月29日清室善后委员会筹组故宫博物院，议决《故宫博物院临时组织大纲》，规定其组织机构为"临时董事会"与"临时理事会"，并公布了《故宫博物院临时董事会章程》《故宫博物院临时理事会章程》。临时董事会"协议全院重要事务，以董事二十一人组织之"，董事会职权包括推举临时理事长及理事、审核全院预算决算、保管院产、监察全院进行事项、议决理事会及各馆提出重要事项、筹备

---

① 关于国民政府时期故宫博物院理事会的届数，从理事会档案来看，共为七届，原因是没有把1928年的理事会作为首届，而把1934年改组后的理事会称作第一届，于是此后六届，依次排为第二届至第七届。《民国档案》2017年第1期刊载的《故宫文物西迁档案史料选辑》一文，就是这样排列理事会的届数，把1938年7月13日召开的理事会称为第三届首次大会，这是不确的，应该是第四届。档案上没有把1928年的理事会作为第一届，是记录上的失误。以1928年的理事会为首届，国民政府时期故宫博物院理事会历经八届。本文即以八届计算排序。

清室善后委员会议事录，1925 年 9 月 29 日

正式董事会及拟订正式董事会条例。理事会则"执行全院事务，以理事九人组织之"，理事会所属古物馆、图书馆，各设馆长一人，副馆长二人，馆长副馆长为当然理事。分设临时董事长与临时理事长。从二者的职权任务看，董事会相当于后来的理事会，理事会则相当于后来的以院长为首的院务执行机构。10月10日公布了严修、卢永祥、蔡元培、熊希龄、张学良等董事共21人，李煜瀛、易培基、陈垣、张继、马衡等理事共9人。临时理事长为李煜瀛。因故宫博物院成立不久即遭遇厄运，董事会与理事会的作用都没有得到发挥。

（二）南京国民政府时期

南京国民政府建立后，国民革命军第二次北伐成功，1928年6月接管

第一條　本理事會為故宮博物院議決及監督機關，其組織及職權依國民政府公布之故宮博物院組織法之規定

第二條　本理事會設理事若干人由國民政府任命之
　其餘重要事項
　（一）故宮博物院組織法之修改事項
　（二）故宮博物院預算決算之審核事項
　（三）故宮博物院文物品及保存之監督事項
　（四）故宮博物院物品及賣分事項
　（五）故宮博物院專門委員之設立事項
　（六）其餘重要事項

第三條　本理事會設理事長（一人）常任理事三至五人

第四條　博物院院長由內政部長大學院院長

第五條　本理事會開會時以理事長為主席

第六條　本理事會設秘書一人由理事長選定之

第七條　本理事會視察每年一次如有必要時得召開臨時會議

第八條　本理事會會議細則另定之

故宫博物院理事会条例，1928 年

32

第一次理事會

十八年二月六日在故宮博物院駐京辦事處開第一次會議
到理事譚延闓蔡元培蔣夢麟易培基李煜瀛薛篤弼趙戴文馬福祥鹿鍾麟胡漢民主席李煜瀛
議決各案如下
一、通過故宮博物院組織法
二、通過故宮博物院理事會條例
三、報告十七年度預算書
四、李煜瀛當選為理事長
五、通過新加理事蔣夢麟等十人

六、張繼當選為常任理事副院長其他理事得同意
　再推
七、通過處分無關歷史文化物品由院長辦理
八、易培基當選為院長呈行政院轉國府特任
九、通過聘用專門委員
十、大學院院長為當然理事大學院既改教育部則教育部長應為當然理事

第一次故宫理事会议决事项，1929 年 2 月 6 日

中华民国国民政府任命理事令，
1928年10月8日

了故宫博物院，10月5日公布《故宫博物院组织法》，规定故宫博物院"直隶于国民政府，掌理故宫及所属各处之建筑物、古物、图书、档案之保管开放及传布事宜"；其中第十四条规定："故宫博物院设理事会决议一切重要事项，理事会组织条例另定之。"10月8日公布《故宫博物院理事会条例》，该条例凡八条，第一条是赋予理事会的职权："本理事会为故宫博物院议事及监督机关，决议及监督一切重要进行事项。"接着又以"例如"形式具体化为7项：故宫博物院组织法之修改事项；故宫博物院院长、副院长之人选事项；故宫博物院之预算及决算事项；故宫博物院物品保管之监督事项；故宫博物院物品之处分事项；故宫博物院专门委员会之设立事项；其余重要事项。实际上包括了故宫人、财、物的管理及制度、机构的建设。规定"本理事会设理事若干人，由国民政府任命之，但理事会成立以后得由理事会公推之"；设理事长一人，常务理事三人至五人，由理事推选之；"博物院院长、副院长、内政部部长、大学院院长为当然理事，博物院院长且为当然常务理事"；理事会设秘书一人，由理事长选任。同时对理事会开会有一些具体要求，如每年开大会1次、每月开常务理事会议1次、如有特别事项须得开临时会议等。

1928年10月8日，国民政府任命李煜瀛、易培基、黄郛、鹿钟麟、于右任、蔡元培、汪精卫、张人杰、蒋中正等27人为故宫博物院第一届理事会理事；复由理事会推举马衡、沈兼士、俞同奎、陈垣、张学良、熊希龄等10人为理事，同时增加教育部部长蒋梦麟。

故宫博物院第一届理事会长达5年多，基本是易培基院长执政时期。根据现存档案记载，至少在南京开过3次理事会议。1929年2月6日与4月10日，在故宫博物院驻南京办事处召开了第一、二次理事会议，分别由李煜瀛、易培基主持。李煜瀛当选理事长，易培基任院长，李煜瀛、张继、庄蕴宽为常务理事，易培基为当然常务理事。第三次理事会议即最后一次会议于1933年7月15日在南京励志社召开。这次会议似是为下届理事会在作准备，如推举孙科等19人为补充理事。

第一届理事会在北平本院召开过若干次"在平理事会"。由于易培基院长是1931年3月18日始到故宫博物院任职，现存"在平理事会"不多的档案都是1932、1933年的。总的来说，第一届理事会的组织形式与活动方式尚未规范，也未能形成理事会监管下的完整严格的管理体系和议事规章制度。

1934年2月3日国民政府公布《国立北平故宫博物院暂行组织条例》，规定"国立北平故宫博物院直隶于国民政府行政院"，院长一人由行政院简任（不设副院长、副馆长）。另一个重要规定是故宫博物院要设立监事会，"置监事十二人至十五人，为无给职，由国民政府聘任之，任期二年，监察本院及所属各处馆事务"。对于理事会的最大改变是故宫博物院院长不再任理事。此外还有新的规定：除内政部部长、教育部部长为当然理事外，置理事17至27人，为"无给职"，由行政院聘任之，除当然理事外，其他理事任期2年；常务理事为4至6人，均由理事会推举，呈报行政院备案；理事会开会时监事得列席；原规定秘书一人"由理事长选任之"，改为"由理事会就理事中推举之"。这次对理事、常务理事的人数、职务性质（无给职，即没有薪水）及任职时间都有了规定。

根据《国立北平故宫博物

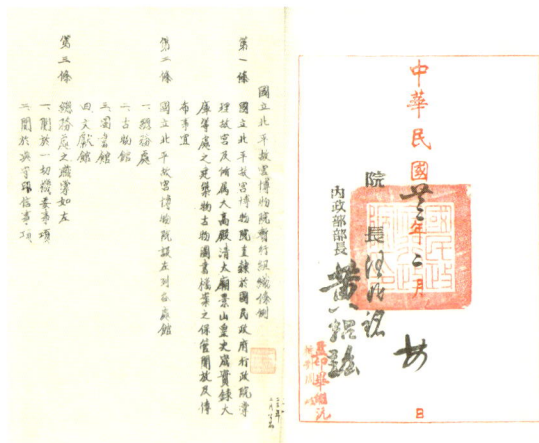

《国立北平故宫博物院暂行组织条例》（部分），1934 年

院暂行组织条例》，又制定了《国立北平故宫博物院理事会议事规则草案》，草案规定：理事会会议分理事会大会及常务理事会议两种；理事会大会每年开一次，常务理事会议每两月开一次（原规定每月开一次），必要时均得召集临时会议（原规定如有特别事项得开临时会议）；常务理事会议开会时理事均得列席，理事会议大会及常务理事会议开会时，故宫博物院院长均得列席；各项决议需要出席人过半数赞成，方得通过；理事会大会及常务理事会以在南京开会为原则，必要时亦得在北平开会；各种提案，应于开会前一星期，寄交本会秘书，编制议事日程。条例对理事会会议的日程编制、会议记录的报送等也有具体的要求。

1934年4月4日召开第二届理事会首次会议。关于这届理事，理事会记录中尚未发现一个完整的名单，《民国职官年表》[①]载有根据南京《国民政府公报》公布的这届理事的名单，但肯定不全。例如1935年7月褚民谊代理叶楚伧做理事会秘书，他就必须是理事，这个名单上则没有；当然不排除是根据需要由理事会后来公推的。

第四届理事会大会于1938年7月13日召开。这时对理事会规定又有个别修改。1938年7月26日国民政府公布了《修正国立北平故宫博物院暂行组织条例第十三、十四条条文》：第十三条中，把原规定的置理事17至27人修改为25至35人；第十四条中，把常务理事4至6人改为6至8人。规定"理事会开会时监事得列席"。

1945年行政院决议，故宫博物院改隶教育部，理事会由教育部召筹。第七届理事会首次会议1945年12月5日召开，理事人选即由教育部拟定报行政院通过。1946年10月行政院又决议，故宫博物院划归行政院。

1948年10月15日国民政府公布了《国立北平故宫博物院暂行组织条例》，从第十四至第十七条是关于理事会的，但没有重大变化，与1938

---

① 刘寿林等编：《民国职官年表》，中华书局，1995年，第668页。

年的修改比较，仍是理事与常务理事人数设置的略微调整：内政部长、教育部长为当然理事，并置理事21至31人，由行政院聘任，任期2年，为无给职；设理事长一人，常务理事7至9人；理事会议事规则，由理事会议定，呈报行政院备案。但"理事会议事规则"尚未来得及制定，理事会就随着国民党的迁台而寿终正寝；1949年1月14日的第八届第二次常务理事会，成为中华民国时期故宫博物院理事会的最后一次会议。

总的来看，从故宫博物院建院以来，特别是通过1928至1948年间20年的实践发展，理事会制度在不断完善、规范，很好地发挥了对建院不久的故宫博物院建设与战时故宫文物保护的领导与保障作用。

二

理事会的重要决策

故宫文物南迁整个过程持续时间长，不同时期各有其主要任务，其中最为紧张、艰巨的阶段是西迁时期。在"七七"事变爆发前，理事会按照规定能够正常活动，如从1934年4月至1937年6月的第二、三届理事会，三年多的时间里就召开了4次全体会与12次常务理事会。此后，虽因战时开会时间无法固定，但却能及时地研究问题，做出正确决策，保证西迁文物度过了极为艰难的岁月。部分文物运台是南迁中的意外，是个插曲，是决定中国命运的国共内战中逆历史潮流的政治选择。本文分四个时期简述南迁中重要决策的形成及有关重大事件。

（一）文物南迁的筹运

故宫文物南迁，从1932年装箱准备到1937年后半年开始西迁，又可分为两个阶段，即筹划、装运与贮存上海后的工作。筹划与装运的决策主要反映在两次理事会上。

1. 1932年8月20日的第一届理事会第三次在平理事会议

1931年，日本策动"九一八"事变并占领我东北三省。社会各界对于故宫博物院的前途及其文物甚为关注。故宫亦开始文物装箱，着手南迁准备。[①]1932年7月日军进攻热河，窥伺华北。8月15日，故宫延禧宫房库落成。20日，故宫博物院召开第三次在平理事会，其中一项重要议程，即"通过密呈国民政府及行政院应付时局案"。这一"应付时局"的密函全文为：

> 查故宫博物院，文物渊薮，甲于世界，而又为清室襄日窃据之地，满逆日寇，咸所瞩目。际兹日犯热河，榆关吃紧，平津地区当然在可危之列。则以故宫物品之繁重宝贵，设非未雨绸缪，万一仓卒变生，势必束手无方，非沦敌手，即遭摧毁。用是预定计划，及时妥筹安顿之策，实为必要。现在本院新库方告落成，正集中新库。择其最要数千箱，佥议必要时期分别装送北平（东）交民巷及天津、上海租界区域，暂为安顿，再策万全。唯兹事体既大，责任綦重，自非本院所能擅专，应请行政院迅予核准备案并派大员就近会同办理。[②]

可见，保护故宫文物安全在"九一八"事变后就开始筹谋，南迁准备工作则从1932年秋天开始。故宫博物院理事会坚持古物南迁，因此一面呈文行政院，一面精选文物，集中装箱，做好南迁的准备。

2. 1933年1月7日的第一届理事会紧急会议

日寇于1933年1月3日攻陷山海关，华北局势岌岌可危。1月7日，故宫理事会召开紧急会议，决定文物南迁，并从处分物品所得款项中提拨

---

① 参阅李宗侗：《从九一八说到故宫文物的南迁》，《传记文学》1971年第19卷第3期。
② 此件底稿现存故宫博物院档案室。

6万元，充作经费；嗣呈奉行政院核准执行。政府方面对古物南迁持积极的态度。1月17日，国民党中央常务委员会决定将北平故宫重要文物珍品南运。[1]在对文物存藏地址发生争议后，行政院代理院长宋子文指示将文物暂迁上海租界，并代表政府做出"北平安静，原物仍运还"的承诺。随后，故宫博物院派秘书长李宗侗赴南京筹办相关事宜，并于上海接洽租赁贮存的仓库。

故宫南迁文物决定于1月31日南运，因受到阻挠，2月5日第一批文物才正式起运，至5月15日，前后五批共运13 427箱又64包。自第二批起，北平古物陈列所、颐和园及国子监等单位文物凡6 066箱，亦交由故宫代为南迁。因此，故宫总共南迁文物19 493箱又64包，贮存于上海法租界天主堂街仁济医院旧址和英租界四川路、广州路路口广业公司二楼两处。

（二）存沪文物的保管

故宫文物南迁期间，爆发了"易培基盗宝"案。这是一起冤案。易培基院长被迫辞职。1933年7月15日举行了第一届理事会的最后一次理事

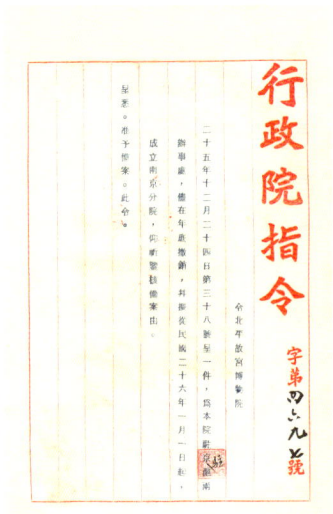

行政院关于成立南京分院令

会议，其中一项重要决议就是批准易培基院长辞职，推古物馆副馆长马衡暂代院长职务。次年5月8日，行政院任命马衡为故宫博物院代院长，9月28日实授院长。

此后直至"西迁"开始，四年来，故宫理事会按照规定进行活动，从第一届最后一次会议直到1937年6月第三届最后一次会议，理事及常务理事会议

---

[1] 《蔡元培年谱长编》第4卷，转引自《马衡年谱长编》，故宫出版社，2020年，第428页。

国立北平故宫博物院南京分院保存库外部，1936年9月

不少于17次，做出了一些重大决策，当然这些决策都不是一次会议完成的，而是多次讨论，不断完善的。除过北平本院的日常工作与制度建设外，有关南迁的主要有三件大事：

1. 建立南京保存库及设立南京分院

1933年7月5日的理事会原则通过于南京择地创设分院，此后通过1934年的4月、5月、12月以及1935年4月的4次理事会，深入讨论，落实地址，呈报行政院核准，成立"保存库建筑工程委员会"，推动设立南京分院。1936年3月朝天宫保存库工程动工，9月26日正式落成。12月8日至21日，存沪文物分5批迁转南京朝天宫文物库房存储处。1936年12月22日，院令颁布《国立北平故宫博物院南京分院保存库管理规则》。1937年1月，故宫博物院南京分院成立。

2. 平、沪两地文物点查

由于"易培基盗宝"案的影响，对于南迁文物以及北平本院文物的点查为世关注，势在必行。这也是马衡院长坚持的首要任务，并成为理事会多次讨论的重要议题。1933年7月理事会议讨论存沪文物安全问题，议决成立临时监察组织。1934年1月行政院下令点查平、沪两地文物。故宫博物院为此制定了"点收文物出组须知""点收存沪文物规则"。

运沪文物的点查，从1934年1月开始，1937年6月完成。这些文物自北平装箱运出时，清册上只记了品名与件数，没有编造详细清册。这次点收则是按箱登记，核对检验，铜器、玉器、牙器，都要记明重量。瓷器，还要标明颜色、尺寸（包括口径、底径、腹围、深度等）、款式，有无损伤，巨细靡遗。点查同时，又按照马衡院长制定的"余材宏伟""沪十寓公"八字，分别重造三馆一处南迁文物的编号与箱号。点验过的文物全部钤盖上"教育部点验之章"。此外，又将每日点查结果汇集整理为《存沪文物点收清册》，并油印装订，成为故宫南迁文物最完整的著录，其品名、编号、数量等款目资料，目前仍具有重要参考价值。

北平故宫本院留存文物的点查，于1935年7月全面开始，1936年10月结束。

存沪文物点查，所用教育部点验章，大小两方

存沪文物点收清册

接运故宫参加伦敦中国艺术国际展览会借展文物的英国巡洋舰"萨福克"号抵英，1935年7月25日

3. 参加"伦敦中国艺术国际展览会"

1934年春，以大维德爵士（Sir Percival David）为首的英国大学中国委员会提议在伦敦举办中国艺术国际展览会，并经驻英大使郭泰祺联络故宫博物院理事长蔡元培，希望中国政府能将故宫文物选送英伦展览。1934年4月4日与9月26日的故宫理事会，就文物的选择、展览及安全问题专门讨论，做出决议。行政院核准后，又组织"筹备委员会"推动其事。从1935年11月至次年5月，故宫各类文物735件及其他机构与个人所藏的287件文物，在皇家艺术学院展出，参观者逾42万人，蔚为英国国际艺术展览史上一大盛事，有力地宣传了源远流长、光辉灿烂的中华古代文明。

（三）存京文物的西迁

1937年日本帝国主义在北平发动"七七"事变，接着又在上海发动"八一三"事变，中日战争全面爆发，根据行政院命令，刚存放在南京库房的南迁文物又向西南后方迁移。从1937年8月直到1945年抗战胜利，故宫博物院这一时期的南迁文物疏散，史称"西迁"。西迁八年也大致分两个阶段：第一阶段是从1937至1939年，不断转移，最后选定贮存地；第二阶段是从1939年后半年到1945年，主要任务是文物保管与文化传播。

南迁文物的西迁，分三路进行。这一时期故宫理事会开过4次会议。

1. 南路

1937年8月12日的理事会讨论了首批80箱文物的西迁问题，决议"准迁往湖南大学保存"。8月14日这批文物起运，存湖南大学图书馆近5个月。日寇自江苏西侵，两湖受到威胁。奉行政院令绕道桂林迁往贵阳。1938年1月起，分两批迁入贵阳。1939年1月，迁安顺的华严洞。故宫博物院设立了驻安顺办事处，庄尚严为主任。1944年安顺文物又迁到四川巴县境内飞仙岩临时仓库。

此为故宫第一批文物西迁，史称南路。

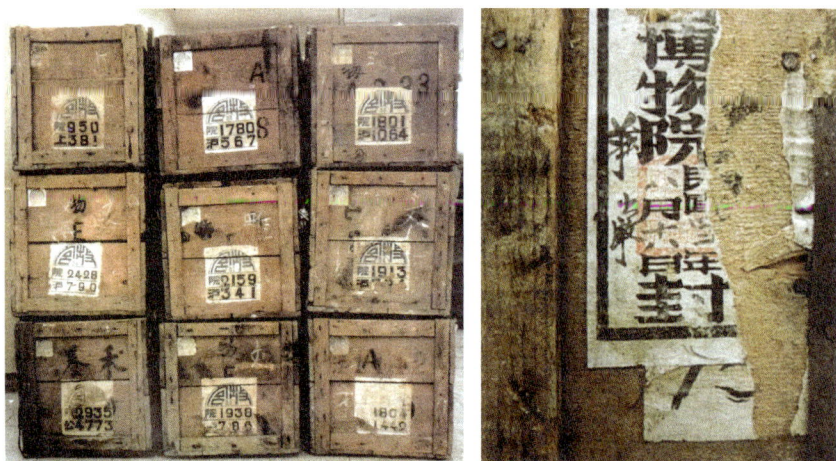

存放在贵州华严洞的故宫南迁文物，木箱上有北平的"院"字编号和到上海后的"沪"字编号，封条上有庄尚严（名庄严）的签署

2. 中路

西迁文物的第二批9 331箱，于1937年11月19日及12月3日，分别从南京下关码头出发，经汉口、宜昌，1938年5月22日全部转移到重庆，存放于7座仓库。是为西迁中路。

重庆山高雾多，不易展开晾晒工作。1938年3月12日的第三届临时常务理事会决议，拟在重庆开凿山洞，存储不受潮湿侵蚀之文物，另在昆明存储易受潮湿侵蚀之文物。并决定建筑事宜推罗家伦理事、马院长负责，会同办理。1938年7月13日与11月19日两次理事会，都讨论了这一问题。1939年3月10日理事会决议，存渝文物以就近觅地妥存为原则，万一无相当地点，则就嘉定（乐山）一带择山洞存放，限一个月办理完竣。最终疏散到乐山安谷乡，择定一寺（古佛寺）六祠（朱潘刘三氏祠、宋祠、易祠、陈祠、梁祠、赵祠）作为文物的临时保存库，在宋祠设立故宫博物院乐山办事处，欧阳道达为主任。文物在乐山存放将近8年。

3. 北路

1937年11月19日，故宫文物7 287箱由南京用火车经津浦、陇海线，于12月8日运到陕西宝鸡，是为北路。因潼关情势紧张，1938年2月故宫理事会决议：现存宝鸡文物，应即由故宫博物院设法速运汉中，并陆续移向安全地点。奉行政院令，这批文物继续前行，翻越秦岭，于4月11日始转运到汉中，分贮于汉中南郑文庙及褒城县宗营镇的四处仓库中。其后，因日机大举轰炸汉中机场，马衡院长为谋文物安全，呈奉行政院核准，1939年2月又将文物移运至成都东门内的大慈寺。1938年11月19日理事会上，马院长报告了南郑存品移运成都各情形。决议：精品勿集中，照疏散原则就近择地分存；存成都文

故宫理事会临时常务理事会议关于存渝文物择地存放的决定，1938年3月12日

故宫博物院理事会与故宫文物南迁研究 ___ 091

北路途中装载文物的卡车渡河情形

物可将图书档案移存华西大学，余向雅安方面觅地保存。1939年3月10日理事会上，马院长报告关于文物移往雅安、华西大学决定的情况，通过实地勘察都不理想。最后选定峨眉县。这年7月11日，所有从陕西宝鸡运来的7 287箱文物又运抵峨眉。故宫博物院成立驻峨眉办事处，那志良为主任。

北平故宫本院沦陷后，文物安全与人员处境也是故宫理事会关注及多次讨论的议题。马院长在1937年8月12日的理事会上提出，北平沦陷，本院应如何维持，以保文物？决议：北平本院在可能范围内应尽力维持，其经费呈行政院令财政部照常发给。马院长在1943年7月2日的理事会上报告："本院总务处处长张庭济留守在平，处境日艰，若至万不得已、无可维持时，宜取如何态度，应请核示机宜，以便饬遵案。"决议："饬该处长继续留守，相机尽力维持，并由马院长指定一人协助办理。"理事会的这些决议得到了很好落实。

（四）西迁文物的保管与展览

从1939年后半年开始，南迁文物存藏进入相对比较稳定状况，文物保管与文化传播成为主要任务。故宫理事会这一阶段至少开过8次理事大会及常务理事会议，贯穿了整个第五届与第六届理事会。

1. 文物保管

对于三处南迁文物的保管，故宫理事会十分重视。每次理事会议，马院长都要作院务报告，首先就是文物保管情况汇报。他在1942年5月28日故宫博物院第六届理事会第一次大会上报告：

> 本院现在维持保管时期，一切实施端谋文物之完整，自二十八年三处先后疏运存妥后，所有库防警备、保管庋藏诸务均经缜密规划，严订章则，日臻完善，无虞疏失。三处之中，唯安顺箱件特殊，数量较少，每逢雨季之后，开箱检视，余时均检查

潮湿，不常开箱，其余二处，则日常工作即为翻检晒晾，清厘整理。每逢天气清朗时，乐山二组、峨眉一组（每组至少三人担任组长、监视、记载等务）从事开箱晒晾，并与点收清册一一核对，每组开箱之多寡，恒视工作之难易而定。多者十余箱，少则二三箱，甚有一箱晒晾三四日者。峨眉系用车运，存储地干燥，每组开箱较多，乐山则移运时正在雨季，箱件难免受潮，且地点潮气又重，故每组开箱较少。一月之中，晴雨又无一定，遇阴雨之日则停止开箱，分别检查各库渗漏及蚁蛀鼠啮诸患，无论晒晾或检查，每次皆有记录，于月中汇报，此保管工作之情形也。

理事会对这次报告做了如下决议：存库古物应时加晒晾；管理古物，应择对于古物有兴趣之高级职员充任，并酌予提高其待遇，如经费确实不敷，可增加预算。马衡院长在1944年11月24日的理事会上报告，"本院战时业务首在保持文物之完整，举凡库防、戒备、庋藏、保管、翻检、整理诸端，经逐年规划特加改善，已臻周密，无虞疏失。对于工作之进度，尤无时不在谋求效绩。"说明南迁文物的保管水平在不断提高。

2. 文物展览

故宫文物1940年又分别参加了在苏联莫斯科和列宁格勒举办的"中国艺术国际展览会"，取得良好效果。因赴苏展览业已过期，故宫理事会多次讨论，要求撤除更换赴苏展品中的绢地古画，宜早运回，以免损坏。1941年6月22日苏德战争爆发，苏方提早结束了展览，故宫文物命悬一线。7月15日的常务理事会，专门听取马院长报告交涉留苏展品回国的情况，决议"设法运回"。9月25日的常务理事会议，决议"坚请运回"。经过大量艰苦的工作，苏联于1942年6月下旬派飞机将文物运到阿拉木图市，9月5日运到兰州，8日返回重庆。12月25日，故宫这批文物又参加了在重庆举办的第三届全国美术展览会。1943年春，展览会闭幕，文物运回安顺华严洞保存。

故宫理事会第四届第一次大会上马衡关于赴苏展品的报告，1940 年 5 月 17 日

故宫书画在蓉（成都）展览的报道

故宫书画在蓉（成都）展览的入场券

经理事会批准，故宫于1943、1944及1945年，分别在重庆、贵阳、成都为民众举办了文物展览。

这一系列国内外展览，正如马衡所说："结果不独在阐扬学术与国际声誉方面，已有相当收获，即于启发民智，增进一般民族意识，亦已有影响，成效颇彰。"[①]

（五）西迁文物的东归

1945年8月15日，日本宣布投降。10月10日，北平地区中国军队在故宫太和殿前举行接受日军投降的典礼。在开展北平本院和南京分院复员工作的同时，进行了西迁文物的东归。

在1944年11月24日理事会议上，马院长就提出更换或修理南迁文物箱件，乐、峨两处应换、应修各箱不下三四百，呈请拨付专门款项1 987 800元以资应付，为出川东归做准备。1945年10月底领到这笔款，即在分别赶办中。1945年12月5日理事会议，马院长提出文物东归拟分两步，先运重庆，再运南

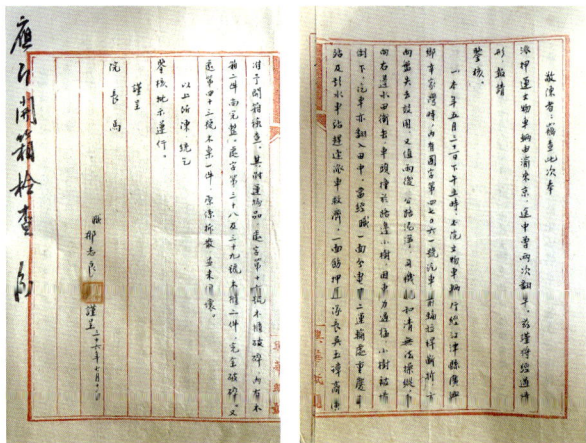

那志良关于东归中翻车的报告与马衡院长的批示

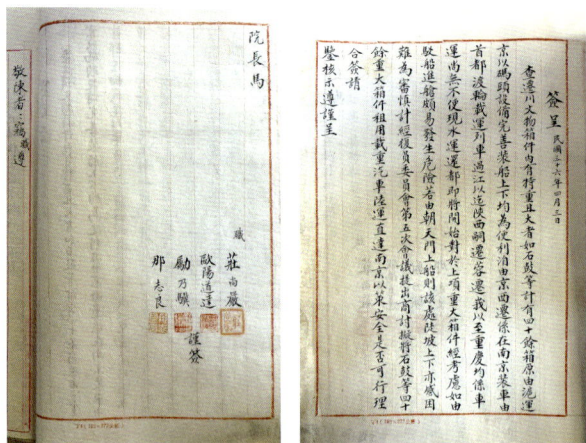

故宫文物东归，为了安全，庄尚严等提出重大箱件改为陆运

---

① 《国立北平故宫博物院1944年度业务检讨报告》，现存中国第二历史档案馆。

京，获得同意。

1946年1月21日至1947年3月6日，分存于四川巴县、乐山、峨眉三处的文物悉数运抵重庆，1947年5月开始，集中重庆的文物又分陆路、水路两拨分别迁运至南京保存。

（六）部分文物的迁台

据有关研究，国共内战后期，蒋介石有见于党政军都出现问题，开始思考重起炉灶，国内乱象环生，他决定在台湾这样一个较小而单纯的地方进行根本改造，欲图再起。为了稳定"反攻"的基础，以便重新开始，蒋介石最重要的安排是将中央银行的黄金及故宫博物院等典藏的重要文物迁到台湾。[1]因此南迁文物运台是国民党蒋介石"另起炉灶"计划的一部分。

故宫文物迁台是蒋介石下野前策划的。积极组织者是时任教育部政务次长、故宫理事会常务理事兼秘书及中央博物院筹备主任的杭立武。故宫博物院理事会关于南迁文物运台，开过三次会议：

1. 1948年11月10日第八届理事会座谈会

这次到会的朱家骅、王世杰、傅斯年、李济诸理事及故宫古物馆长

---

[1] 如蒋介石在日记中曾写道："与经国谈时局，深叹党政军干部之自私无能散漫腐败，不可救药，若非复兴民族重振革命旗鼓，欲舍弃现有基业，另选单纯环境，缩小范围，根本改造，另起炉灶不为功。故现局之成败不为意矣。"（《蒋介石日记》1948年11月24日）。又，黄金及文物运台的时间大致差不多：运往台湾的黄金共300余万两，于1948年12月1日及1949年的1月、5月、10月四批运出，前三批俱从上海起运，第四批为从厦门运出；故宫等文物则于1948年12月22日及1949年1月6日与1月29日三批运出。原定文物"尽量搬运"，但第三批运到码头的部分文物因军舰装载有限又搬回朝天宫库房，且随着形势的不断变化，社会反对声浪甚大，文物迁台不得不停止。参阅王建朗、黄克武主编：《两岸新编中国近代史·民国卷》（上），社会科学文献出版社，2016年，第574页。

徐森玉，一致主张迁台。① 会上，朱家骅以教育部部长身份提议中央图书馆的文物图书、傅斯年以中央研究院历史语言研究所所长身份提议该所文物，俱随同运台，亦经各理事同意。这次会议没有形成文字记录。②

2. 1948年12月4日第八届理事会第一次常务会议

这次会议在行政院院长室举行，出席的有常务理事朱家骅、彭昭贤、王世杰、杭立武、陈方、傅斯年、张道藩、李济，徐森玉列席，杭立武做临时代理主席。会议决议：先提选精品200箱左右运存台湾，其余应尽交通可能陆续移运，其不能运出者仍在原库妥为存放。本案系经到会理事一致决议并决定作为极密件。

1948年12月5日，故宫博物院南京分院召开临时紧急会议，由徐森玉主持，讨论理事会关于故宫文物迁台决定的落实问题。1948年12月21日，故宫第一批文物320箱由"中鼎"号起运（因舱位有余，原定200箱改为320箱），于26日抵达台北基隆港。第二批文物1 680箱于1949年1月6日起运，三日后抵达基隆。

3. 1949年1月14第八届理事会第二次常务理事会议

这次会议在南京分院召开，翁文灏主持。杭立武报告文物第一批320箱、第二批1 680箱现皆运至台中糖厂仓库保存。所有先后运出物品已由本院主管人员按照原始南迁清册，将箱件字号列表分报会、院存查。关于故宫存京文物应否继续移运，决议：（1）尽量搬运。（2）授权主办

① 徐森玉时在上海，在朱家骅电话催促下，才由上海赶赴南京开会。徐并不支持文物迁台，此次会中亦重复申述不支持文物迁台，然而最终并没有改变那场会议的结果。徐森玉曾在给台静农的一封信中透露自己内心的意见："衮衮诸公安以为台湾为极乐园，欲将建业文房诸宝悉数运台，牵率老夫留京十日，侧陪末议，期期以为不可，未见采纳。"（1948年徐森玉《致台静农信札》（庄灵提供），引自罗启伦：《庄严：故宫半世纪》，（台北）义之堂出版公司，2019年，第63页。
② 《故宫博物院、中央博物院两院理事谈话会纪录》（1950年）。其中有杭立武报告中谈及1948年11月间在翁文灏理事长南京住宅召集谈话会情形。引自杭立武：《中华文物播迁记》，台北商务印书馆，1980年，第122页。

人的选择次序：瓷、铜、玉、雕漆、珐琅，宫中档，军机档，起居注。

故宫第三批文物972箱于1949年1月29日启运，2月22日运抵台北基隆。

这三次会议马衡院长都没有列席。马衡对故宫文物迁台是不同意但又无可奈何。因为决定文物迁移是理事会的权力，当然还须呈行政院批准；但这就是蒋介石的决策。故宫常务理事会决议文物迁台之后，行政院又函电马衡院长启程赴京，并嘱选择北平故宫博物院的文物菁华装箱分批空运南京，与南京分院的文物一同迁往台湾。马衡院长旋将珍品文物编目造册报院，但以身患心脏动脉紧缩症状，婉拒南下，对于文物装箱一事，则一拖再拖，始终未运出一箱。1949年1月，北平对外交通断绝，南京政府派专机接运文教界名流，马衡院长1月14日致函南京杭立

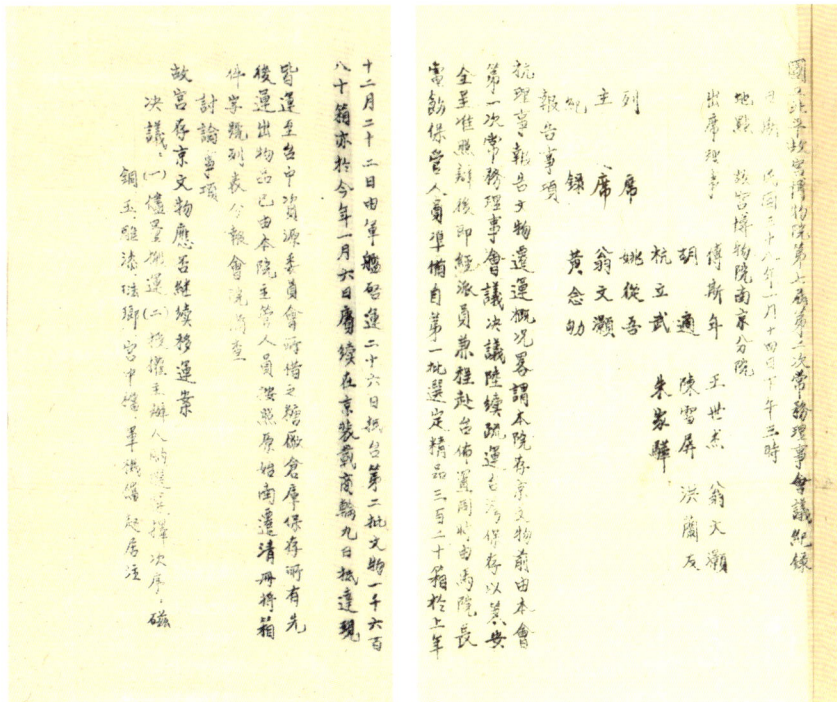

故宫博物院理事会最后一次会议，讨论南迁文物运台

武，以病后健康未复婉拒赴南京。又望停止迁运文物赴台，并以第三批作为结束：

> 运台文物已有三批菁华大致移运。闻第一批书画受雨淋湿者已达二十一箱。不急晾晒即将毁灭。现在正由基隆运新竹，又由新竹运台中。既未获定所，晾晒当然未即举行；时间已逾二星期，几能不有损失。若再有移运箱件则晾晒更将延期。窃恐爱护文物之初心转增损失之程度。前得分院来电谓三批即末批，闻之稍慰。今闻又将有四批不知是否确定。弟所希望者三批即末批，以后不再续运。①

三

理事会的特点

故宫博物院理事会在文物南迁中之所以能很好地发挥领导作用，既与理事会的人员构成、制度建设、隶属关系有关，得到勇于任事的马衡院长的全力配合也很重要。

1. 理事会组成人员始终坚持了努力保护故宫遗产的精神

长达24年的理事会，保护故宫遗产的基本精神坚持了下来。考察故宫博物院1925年的临时董事会、理事会名单，不能不看到它与筹组故宫博物院的清室善后委员会的关系。善后委员会委员长为李煜瀛，除了清室委员，其他委员则是汪精卫（易培基代）、蔡元培（蒋梦麟代）、鹿钟麟、张璧、范源濂、俞同奎、陈垣、沈兼士，以及监察员吴敬恒、张继、庄蕴宽等3人。这些人绝大多数参与了故宫博物院的擘画与肇建，

---

① 转引自《故宫跨世纪大事录要：肇始 播迁 复院》，台北故宫博物院，2000年，第200页。

在保护故宫生存的斗争中起了力挽狂澜的作用。他们的名字都在尔后的故宫博物院理事会名单中不断出现。值得注意的是，直到最后一届理事会，李煜瀛、蒋梦麟、陈垣仍然是理事。他们的连任，以及更多的人加入进来，是典守故宫国宝精神的一脉传承。

国民政府1928年10月8日公布的故宫博物院理事会的27位理事，包括了国家首脑及政、军、宗教、文化、教育等各方面的最有影响力的风云人物。出现这一绝无仅有的豪华阵容其实有着深刻的时代背景，是特殊历史条件下的产物。1928年8月，蒋介石完成二次北伐，实现了自辛亥革命以来中国第一次在形式上的统一。这无疑是一件大事、盛事。须知10月8日是重要的一天。这一天的国民党中常会议决：任蒋介石、谭延闿、胡汉民、蔡元培、戴传贤、王宠惠、冯玉祥、孙科、陈果夫、何应钦、李宗仁、杨树庄、阎锡山、李济深、林森、张学良为国民政府委员，以蒋介石为国民政府主席，以谭延闿为行政院院长、胡汉民为立法院院长、王宠惠为司法院院长、戴传贤为考试院院长、蔡元培为监察院院长；10日，国民政府主席蒋介石暨国民政府委员及五院院长在南京国民党中央党部宣誓就职，五院制国民政府正式成立。因此10月8日同时公布的故宫理事名单，上述诸人除了孙科、陈果夫、李济深、林森外，其他人俱列其中，说明两者之间的密切关系。有着回族、藏族、蒙古族及宗教身份的马福祥、班禅额尔德尼（九世）、恩克巴图，以及以前清遗老自居又因主持一些学术机构而颇负盛名的柯劭忞等，这些人的榜上有名，展现了一派共襄盛事的景象。故宫在皇权时代的独有地位与故宫博物院的巨大影响，作为故宫博物院最高领导机构、决策中心的理事会便成为新的当权者表现新气象的依托，自然有着重要的象征或宣示意义。但也同时说明故宫博物院在国人心目中的地位。

这个名单毕竟有限，于是复由理事会公推10名补充理事，其中马衡、沈兼士、俞同奎、陈垣、李宗侗等5人为故宫博物院的中坚，张学良、胡若愚、熊希龄、张璧等4人为1925年故宫建院时的临时董事会董事，王宠惠则任过1926年故宫博物院维持会的副会长。这10人都与故宫有着不同缘分，对他们的遴选显然是颇为用心的。

随着故宫博物院的发展，更多的专业人士成为理事。内政部礼俗司管理古物保护，教育部社会教育司管理公共图书馆，这两个部的部长便成为当然理事。1934年的第二届理事会名单，就有张伯苓、翁文灏、张家璈、朱家骅、李书华、李济、顾颉刚、朱启钤、傅斯年、周诒春、陈垣、滕固等当时教育界、文化界的学者和专家。理事会组成由显赫名流为主向专门人才的倾斜，体现了故宫博物院向纯粹的学术机构发展的趋势。后来的理事会更形成了以蒋梦麟、朱家骅、王世杰、傅斯年、罗家伦、翁文灏、李济以及杭立武为中心的情形。这8人都是1934年4月第二届理事会理事，王世杰、罗家伦、蒋梦麟还是常务理事。其中蒋梦麟在清室善后委员会时期就代表过委员蔡元培，第一届理事会时又以教育部部长身份成为当然理事。他们都有欧美留学的背景，学有专长[1]，多从事文化教育工作，又皆是党国要员。这也决定了他们的政治倾向。当然他们在故宫文物保护上是有贡

陈垣先生

行政院聘任陈垣为故宫博物院理事会第四届理事的聘书

---

[1] 其中翁文灏、朱家骅、傅斯年、李济、王世杰等5人名列1948年中央研究院所选的81名院士之中。

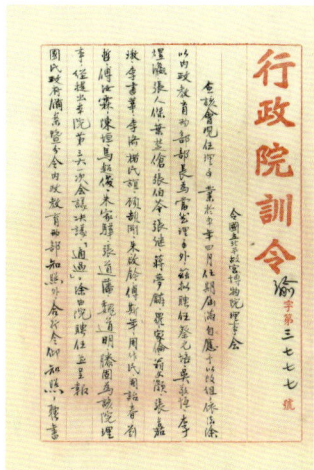

行政院聘任故宫博物院理事会第四届理事的训令，1938 年 5 月

献的。通过他们，还把故宫博物院与中央研究院史语所、中央博物院筹备处等机构联结了起来。①

　　到了第八届理事会，因国共内战大局已定，对于故宫博物院理事会的组成人员来说，已涉及到个人的政治选择问题。在首次大会后，"道不同不相为谋"，马衡未再赴南京列席理事会。

---

① 这充分体现在故宫与中央博物院两个理事会人员的互兼。国民政府教育部于 1933 年 4 月设立中央博物院筹备处，傅斯年为筹备主任，主持其事，分延翁文灏为自然馆筹备主任，李济为人文馆筹备主任，周仁为工艺馆筹备主任，共策进展。又于 1936、1942 与 1947 年有过三届理事会，先后聘请的理事有蔡元培、王世杰、胡适、黎照寰、李书华、秉志、朱家骅、张道藩、翁文灏、李济、傅斯年、罗家伦、顾孟余、吴稚晖、王家楫、余井塘、萨本栋、沈怡、吴有训、徐森玉。蔡元培、王世杰先后为理事长，傅斯年为秘书。参阅谭旦冏：《中央博物院廿五年之经过》，中华丛书编审委员会，1960 年。又，蔡元培 1940 年 3 月 5 日去世，去世前为中研院院长，并兼任故宫与中央博物院理事长；朱家骅后为中研院代理院长，也是两个博物院理事会理事；傅斯年是中研院史语所所长，中央博物院筹备主任，也是故宫博物院理事。

2. 不断完善的理事会制度提高了决策的水平

南京政府时期，从第二届理事会起，重视理事会制度建设，条例越来越详细，不断得到完善。西迁时期，因战时原因，会议较少，但根据需要也召开临时常务理事会。规定理事会每两年改选一次。第五届理事会因延长了一年，还临时改选了常务理事、理事长、秘书。

理事会的活动方式主要是按照规定召开不同形式的理事会议（全体理事会即理事大会，常务理事会，谈话会，在平理事会），同时理事会也会处理其他有关事宜。

理事会开会次数不算多，但每次都能研究解决一些问题。1937年之前重点是制度建设、文物点查和修建保存库。1937年7月至1939年，重点是选择文物西迁的存储地点。及至1940年，三路文物存储地基本稳定以后，主要关注的是文物安全保管问题以及文物展览等。几乎每次会上都有经费问题。理事会还派员视察几处库房的保管情况，提出加强与改进的意见。凡是会上提出的问题，都会有具体答复。理事也多能履行职责。

对于理事会上提出的议案，理事都能认真研究，提出不同甚至反对的意见。例如，1947月11月29日理事会上，常务理事张继提"国史馆负改订《清史稿》之责，本院尚存有满清各种方略印本，拟请查明检出一全份，交国史馆备用乃否，请公决案"，议决"凡博物馆所有物品一律不得出院"，张继"亦深表赞同并声明撤回原案"。这次会上，马衡院长提"本院前文献馆馆长沈兼士先生逝世，遗缺拟请聘任河南大学校长姚从吾先生继任，请公决案"，议决"该院三馆馆长嗣后应以专任为原则，姚校长不能兼任，仍请马院长另行延洽再提会决定"。

3. 理事会由行政院直接领导加强了决策实施的效力

行政院为国民政府最高行政机关。1934年，原为国民政府管理的故宫博物院改由行政院所属，故宫理事会就由行政院直接领导。理事会办事处附设行政院内。理事会的组成、换届及理事的选任皆由行政院决定，以"行政院训令"下达。所遴选的理事都是政府里有重要地位的人物与文化教育界有影响的人士。公布后有的人不愿担任，提出辞职以便另行选任。理事长、常务理事长及秘书则由理事推举。理事会议一般都在行政院礼堂举行。理事会记录及附件要检送行政院秘书处，"呈请鉴核"，行政院院长则以"指令"形式函复。

行政院负责人与故宫理事会有着重要关系。从1934至1948年，做过行政院院长的有谭延闿、汪兆铭、蒋中正、孔祥熙、宋子文、张群、翁文灏、孙科，副院长有冯玉祥、宋子文、陈铭枢、孔祥熙、张群、翁文灏、王云五、顾孟余、张厉生、吴铁城；从1936至1945年，秘书长先后为翁文灏、魏道明、陈仪、张厉生、蒋梦麟。这些人绝大多数都曾任过理事会理事。如翁文灏1934年做了理事，1936年以行政院秘书长兼任第三届理事会秘书，他后来又担任行政院副院长、院长，但一直在为理事会服务。魏道明、陈仪也是以秘书长兼任理事会秘书。

文物西迁时期，故宫博物院理事会更是在蒋介石、孔祥熙执掌的行政院领导之下。从1935年底到1945年5月的行政院，除了1938至1939年由孔祥熙担任院长（副院长为张群）外，其余时间都是蒋介石兼任院

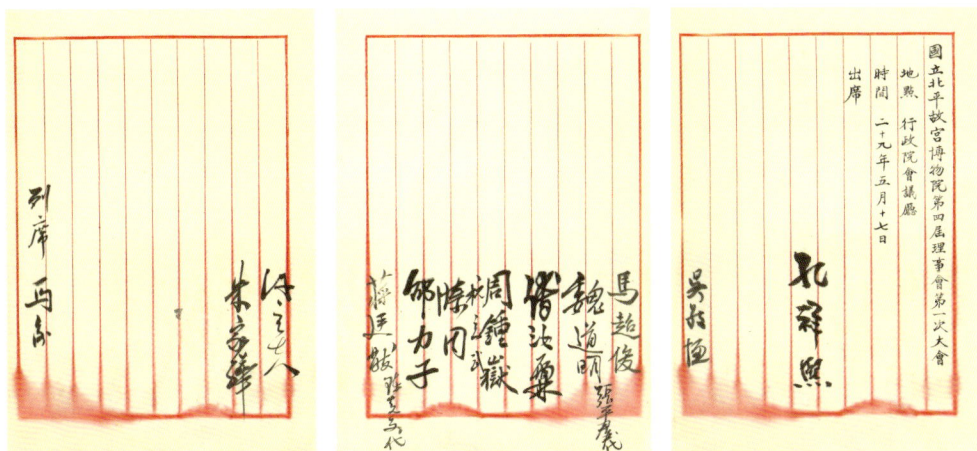

故宫博物院理事会第四届一次会议与会者签到

长，孔祥熙为副院长。而孔祥熙又是1938年7月开始的第四届理事会的代理理事长，第五届、第六届的理事长，直至1944年11月24日始离开理事会。孔祥熙任理事长六年的理事大会、常务理事会议、座谈会，基本都是他亲自主持。这是抗战的关键时期，也是南迁文物迁移保管的重要阶段。

理事会直属行政院，有利于故宫文物南迁中许多问题的解决：

（1）有利于与文物存移有关的地区、机构的联系。在文物途经或存放有关省市时，都得到当地军政负责人及有关机关的支持，克服了很多困难。特别是军事部门的支持，军人押送和守卫文物起了安全保障作用。

（2）有利于及时调整文物迁移地点。行政院掌握全局，了解战争进展状况，因而能及时做出改变文物迁移地的指示。西迁时分三路，又多次转迁，每次转迁的命令都是行政院下达的。

（3）有利于南迁中经费问题的解决。应该看到，担任故宫博物院理事长多年的孔祥熙，在1933年10月至1944年11月的行政院副院长、院长任上，一直兼任财政部部长，1933年4月至1945年7月还是中央银行总裁。这无疑有助于经费的解决。在西迁头几年，运输费是个大问题；文物存储下来后，办公费用不断削减，物价却日益腾涨，经费不敷甚巨，职工生活极为艰难。这些问题都逐步得到解决。抗战胜利，故宫博物院工作头绪纷繁，南京分院、北平本院的复员，三路文物的东归，对经费的需求更是激增。所有经费要由理事会核定，决议都是"呈院拨发"或"呈院追加"。院者，行政院也。理事会的这些决议，也都获得行政院的批准。

4. 马衡院长的充分准备是开好会议的基础

故宫博物院院长在理事会开会时只是列席的角色，但这个会能否开好，院长却是关键。故宫博物院工作现状如何，有什么需要研究和解决的问题，都要院长做好准备，并写成书面材料提前送给各位理事。理事会的决定，又要通过院长去落实。

文物西迁前，马衡院长奔波于平、京、沪三地，或开会，或检查，掌握全盘，又能抓住重点，认真向理事会汇报，及时讨论决定，推动了院务工作的有序进行。这些都反映在从1934年4月至1937年8月第二、第三届故宫理事会的3次全体会和13次常务理事会记录中。西迁以后，工作任务是文物的运与存，马衡一直奋战在第一线。

在文物疏散过程中，行政院只是提出文物储放的大致地区，具体的地点则由马衡院长通过实地考察来选择、确定，或亲自勘察山洞，或到各地库房检查。他向理事会报告过三路文物移存的大致经过：

　　查本院文物自前岁分别运抵重庆、贵阳、汉中后，即惴惴时以敌机空袭为虑。当于二十七年十一月间，勘定贵州安顺县华严洞堪以存储。贵阳文物经呈准行政院，于二十八年一月存入，并于洞内建筑板房存储箱件，以勿潮湿。嗣于夏秋雨季时，发见洞内潮气太重，爰将一部分畏潮箱件移出洞口外之关帝殿内，遇有警报时，即行移入洞内，十分钟即可毕事。洞外则由省政府派遣保安队驻守，日夜均有岗位，附近居民亦皆相安，对于空袭、盗匪及潮湿之危险皆可兼顾，无虞疏忽。汉中文物，则于二十七年四月奉令陆续转运成都，嗣于二十八年三月十日，经贵会议决，分别限期疏散办法。衡于旬日之内，在乐山、峨眉两处觅得安全地点，呈准行政院以峨眉存储在蓉文物，用汽车转运，以乐山存储在渝文物，用轮船起运，先后克期运清。未及一月，蓉、渝两处即遭敌机惨炸，幸贵会决策较早，文物皆已先期出险，毫无损伤。乐山仓库系在离城二十里之安谷镇，水路可通，计有古佛寺、三氏祠、宋祠、赵祠、易祠、陈祠、梁祠七库，皆在镇之外围，无民居毗连，有陆军新编二十九师八十五团第一营两连驻守。峨眉仓库计有东门外大佛寺及西门外武庙两处，亦与民居隔离，由二十九师另派一连驻守。现在地方皆尚平靖，军民亦属相安，唯安顺、乐山、峨眉，粮价、物价飞涨，士兵食不得饱，此则不免可虑者也。[1]

正因为马衡院长是西迁的主持者、落实者，对情况了如指掌，作为理事会的列席人，他就能汇报得清清楚楚，并提出需要解决的实际问题。

文物南迁特别是西迁打破了故宫博物院正常的发展秩序，博物院的工作性质其实在发生着重大变化，即要从"纯粹的学术性质"转变到适应战时需要，负起"普通保管之事及运输中安全之责任"。西迁以来的种种艰辛，是故宫博物院适应变故的过程。作为一位纯粹学者的马衡院长首先完成了这种转变。1939年3月10日，故宫博物院第四届理事会第二次常务理事会议提出存渝文物择地妥存的任务，并"限一个月办理完竣"。对于马衡能否如期完成，有人持怀疑态度。[2]会后，马衡亲往成都考察，存渝中路文物，最终锁定迁往乐山安谷镇，于3月28日开始至4月23日运清，历时27日，全部迁出重庆，中转至宜宾。即在一个月内完成了布置的任务。这说明学者马衡也是一个优秀的组织者，还是一个能够适应形势变化、善于操办实务的人。

肩负迁运及保护文物安全的故宫同人也较快地实现了这一转变。尽管这个转变是艰难的。为了确保文物安全，在西迁期间的存藏中，都有

---

① 马衡院长在 1942 年 5 月 28 日第五届理事会第一次大会上的院务报告

② 例如，1939 年 3 月 10 日，行政院参事陈克文随孔祥熙参加故宫博物院理事会，旁听记曰："下午参加故宫博物院理事会议。孔院长主席，讨论了半天，决定了三个议案。散会时，罗家伦再三对马衡院长说，务须依照决议在一个月内把故宫文物迁到安全地点，否则如遇损失，便做了千古受唾骂的文化罪人了。马虽唯唯，以他的本领，恐怕做不到如此之速。"（《陈克文日记》，第 383 页）同日出席故宫理事会的翁文灏在日记中记载："故宫博物院理事会。院长马氏办事多顾虑，理事又不识事实，恣肆批评。"（《翁文灏日记》上册，第 326 页），俱引自马思猛编著：《马衡年谱长编》，故宫出版社，2020 年，第 776 页。

一定的工作程序，坚持有关规则制度。一般来说，文物迁定某库后，即应清点造册，或组织视察抽查。入库箱件，要按行列排比，同时绘成方位简图，编定方位表及方位索引，以利检提而便稽查。文物箱件经会点后，接着开展典守业务。为使工作有所遵循，故宫博物院于1939年岁暮公布各项章则，如本院附属办事处办事细则、库房管理暂行规则、开箱工作暂行办法、库房警卫暂行规则、接受委托保管及寄存公私文物暂行办法、库房招待参观暂行规则等，又于1940年4月制定南迁文物点收清册记载订误暂行办法。关于文物的防护设备，则有防潮、防蛀、防险三项。①

1938年9、10月间，故宫博物院理事李济，受管理中英庚款董事会委托，曾调查故宫文物搬运存放情形，包括由中路运出的存放于重庆的文物以及由北路运出的存放于陕西汉中的文物，1941年9月，他又受理事会委托视察了安谷、峨眉二库。李济看到文物保存状况尚好，他在报告书中列举了8条"开箱检查结果"：（1）所开诸箱，其箱均尚完整。（2）抽查之箱，十分钟内即可找出，编目索引，运用熟练。（3）翻箱开箱，工人动作敏捷。（4）箱内古物，包扎得法。（5）书画、档案、衣料、缂丝，大部干燥，间有略感潮润者，樟脑丸日久失效。（6）剔红象牙多具裂痕，查目录该裂痕系旧有者。（7）瓷器偶有缺损，亦系旧有者。（8）钟内机器带铁口者，有氧化趋势。报告当然也提出存在问题及改进办法②，但这一令人满意的检查结果，表明故宫同人在努力熟悉新业务，或者说正在成功地进行着角色的转换。

马衡院长与故宫同人的努力，都为故宫理事会的决策提供了坚实的基础。

---

① 参阅欧阳道达：《故宫文物避寇记》，紫禁城出版社，2010年，第74—75页。
② 《国立北平故宫博物院视察报告摘要》，《国立北平故宫博物院第六届理事会第一次大会会议纪录》附件一，1942年5月28日。

四

理事会档案的价值

故宫博物院理事会文献，除不同时期故宫博物院组织大纲、组织法、暂行组织条例与理事会条例以及理事会处理有关问题的来往文书外，以会议记录为主，收藏在故宫博物院与中国第二历史档案馆；最早的会议记录是1929年2月6日故宫第一届理事会的第一次会议，最后一次是1949年1月14日第八届理事会第二次常务会议的记录；第一届理事会记录一般比较简单，这期间也可能有失记的，从1934年4月的第二届开始，对会议有了明确要求，记录比较详细；会议内容包括"报告事项、讨论事项、临时动议"几个部分，记录则是这几个部分的要点及所作的决议，比较简明，但多有附件；附件都是专题性的，有的较长。故宫理事会档案文献有着重要的价值。

1. 故宫理事会文献是研究故宫博物院发展史的珍贵材料

故宫博物院的成立，是中国博物馆发展中的一个里程碑。故宫理事会作为故宫博物院的决策监督机构，这些文献比较完整地记录了一系列重大决策的形成过程，反映了故宫博物院的发展演变历史。故宫博物院从1928年开始，每年都要向社会发布年度《工作报告》，报告全年各项工作及本院发生的大事，但这些工作任务是如何决定的，看理事会记录就明白了。《工作报告》与理事会记录结合起来，才能够了解故宫的全面工作。

故宫博物院的管理制度，多是在文物南迁到上海后制定的。在文物西迁前的理事会记录中，就有诸多理事会通过的关于故宫博物院机构管理和博物馆业务的章程，如《国立北平故宫博物院办事总则》《国立北平故宫博物院分科办事暂行细则》《修正国立北平故宫博物院文物分类整理委员会规则》《修正国立北平故宫博物院文物点收委员会规则》《国立北平故宫博物院专门委员会暂行章程》《国立北平故宫博物院南京分院办事细则》《国立北平故宫博物院保管文物人员失职惩罚规则草案》等。这些章程制度的建设过程，见证了故宫博物院的不断发展。而这些具体涉及到博物馆各项专业的章程，有些一直沿用到现在的北京、台北两个博物院，并为当时还处于发展初期的中国博物馆事业起到了示范性作用。在西迁文物的管理点查上，也制定了办事处工作细则及库房管理、警卫、开箱工作等规则。重视制度建设，是故宫博物院顺利发展的有力保证。

理事会文献留下了有关决策形成的过程。例如南京文物保存库的建设，就不是原来计划的。文物存放南京，是蒋介石的主张。1933年7月原则通过在南京"设立故宫博物院分院"，1934年4月决定"在南京先行建筑保存库，为博物院之一部分"。说明是先有博物院分院之议，后才有设分院需先建保存库的决定。从1933年7月至1937年6月的理事会会议，几乎每次都有这个议题，一系列决策又是不断深入、逐步推进的。

理事会文献还留下了一些很有价值的资料。1947年11月29日第七届理事会第一次常务会议上，作为"临时动议"，李济理事提"国宝"应如何审定以便保存，请公决案。议决："审定办法应由本院草拟，再商同内政、教育两部组织审查委员会办理之，无论公私，审定合格之国宝，其移动情形，并应详细登录以昭郑重。"但这一决议会后并未执行。马院长在1948年8月12日的第八届理事会第一次大会上对此做了说明："原决议应商同内政、教育两部组织审查委员会办理，包括公私文物，所涉殊广，在今地方多故，交通梗阻及经费困难情势之下，亦非轻易所能措手。"这是关乎我国文化遗产保护的重大问题，至今依然值得认真研究。

2. 故宫理事会文献是文物西迁时期的极为珍贵的第一手资料

故宫文物西迁以至抗战胜利，故宫工作处于战时状态，北平本院与西迁文物处于隔绝状况。理事会文献完整地记录了故宫文物西迁的艰难过程以及这批文物的存储过程，还包括赴苏联及西南诸省市的展览，与当地民众的互动，以展览宣扬中华文化，鼓励人们的抗日斗志。从文献中可以看到，为了保护故宫文物，政府重视、军队参与、民众支持，是中华民族抗日战争史的重要组成部分，丰富了文化抗战的内容。这也就是反映西迁文物移运保管八年间的唯一完整的第一手资料，弥足珍贵。

1938年4月，故宫曾奉行政院令提选展品参加美国"纽约世界博览会"，拟具选运文物范围及陈列办法，经1938年7月13日理事会议"原则通过"。故宫为此已准备了3个月。但这年10月，武汉沦陷，故宫文物赴纽约的决定就取消了。如果没有理事会文献，这件事说不定就会湮没无闻。

3. 故宫理事会文献是研究民国时期故宫博物院理事会制度的重要依据

1925年故宫博物院成立，与当时国内所有博物馆的管理体制不一样，采用了欧美博物馆普遍的管理方式，即董事会、理事会的形式。选择这种领导体制，体现了对保护故宫这样一个重要民族文化财产的慎重态度，反映了社会各界共同参与管理"公共财产"的理念，也是一个大胆的探索。

故宫理事会的设立与运行，都依据故宫博物院组织法规（《故宫博物院临时组织大纲》《故宫博物院组织法》《国立北平故宫博物院暂行组织条例》等）及有关理事会规则（《故宫博物院临时董事会章程》《故宫博物院临时理事会章程》《故宫博物院理事会条例》《国立北平故宫博物院理事会议事规则草案》等），制度建设日益完善。

认真研究故宫理事会文献，总结这个管理体制的结构、运作方式，以及它的发展历史，对于今天故宫博物院以及中国博物馆探索新的理事会管理模式，应会有所启发与裨助。

（原载《故宫博物院院刊》2021年第11期，为2019年度国家社会科学基金重大项目"故宫文物南迁史料整理与史迹保护研究"阶段性成果，项目批准号：19ZDA219。）

　　故宫博物院虽于1925年10月10日成立，但博物院各项工作走上正轨并全面开展则始自1929年。也是在这一年，故宫博物院成立了以学术活动为主旨的专门委员会。后经文物南迁及院长更换，专门委员会仍继续发挥着作用。文物西迁时，保护文物成为第一要务，专门委员会停止活动。北平沦陷期间，故宫博物院北平本院曾一度设立专门委员会，组织文物清点工作。抗日战争胜利后，故宫博物院重新组建专门委员会。民国时期，专门委员会的组织建设及工作开展，促进故宫博物院的建设，尤其在学术研究方面所取得的重要成果，在中国现代学术转型中起了积极的作用，并对后来博物院的学术研究产生影响。因此，考察故宫博物院学术史，民国时期的专门委员会无疑是一条重要线索。

一

专门委员会的组建

民国时期，故宫博物院专门委员会历经组建、调整和重建三个重要阶段。

（一）1929年的初建

1926年3月18日，北京发生"三一八"惨案。翌日，段祺瑞执政府以"假借共产学说""啸聚群众""危害国家"的罪名下令通缉徐谦、李大钊、李煜瀛、易培基、顾兆熊等5人。李、易被迫避居东交民巷使馆区，成立不到半年的故宫博物院顿失领袖。从1926年3月至1928年6月，短短两年多的时间内，故宫博物院历经维持员、保管委员会、维持会、管理委员会等四个时期。由于时常处于动荡局势之中，博物院的正常工作受到极大影响，而且博物院能否保存也命悬一线。1928年6月国民革命军第二次北伐成功后，南京国民政府接管故宫博物院，并于10月5日公布《故宫博物院组织法》和《故宫博物院理事会条例》。其中组织法第十七条规定，"故宫博物院因学术上之必要，得设各种专门委员会"，理事会条例第一条明确了理事会的机构性质为"故宫博物院议事及监督机关，决议及监督一切重要进行事项"，须经理事会决议和监督的重要事项就包括了"故宫博物院专门委员会之设立事项"。

依据上述规定，1929年2月6日，故宫博物院理事会理事长李煜瀛组织召开第一次理事会议，到会理事为谭延闿、蔡元培、蒋梦麟、易培基、李煜瀛、薛笃弼、赵戴文、马福祥、鹿钟麟、胡汉民。会议决议通过内容十项，其中一项即为"通过聘用专门委员"①。1929年4月3日，故

---

① 《故宫博物院第一次理事会议决事项》，《故宫博物院·章制纪录类》第17卷，第1页。

宫博物院制定《专门委员会暂行条例》（七条）[1]：

　　一、本院为处理专门学术上问题起见，特在古物、文献、图书三馆内各设专门委员会，协助各该馆馆长关于学术上一切馆务；

　　二、本委员会设专门委员若干人，由院长聘任之，本院秘书长、总务处长及各馆馆长、副馆长均为当然委员；

　　三、本委员会设主席一人，由馆长或副馆长充任之；

　　四、本委员会遇必要时，得设常务委员二人至四人；

　　五、本委员会因事务之便利，得分组办事；

　　六、本委员会至少每月开会一次，临时会无定期，由主席召集之；

　　七、本委员会委员属名誉职。

专门委员会暂行条例，1929 年 4 月

————————

① 《专门委员会暂行条例》，《故宫博物院·组织人事类》第 42 卷，第 1—2 页。

从现存档案可知，1929年4月，先由各馆处提出拟聘专门委员会名单，并由故宫博物院分批向各专门委员发送聘函。4月21日，易培基对于"兹聘王褆、陈寅恪为本院专门委员"做出"照聘"的批示，故宫博物院正式开始聘任专门委员。王褆的聘函为聘字第1号，陈寅恪的为聘字第2号，发出时间同为4月23日；5月，故宫博物院分三批发出聘函。第一批聘函为陈垣、朱希祖、徐炳昶、吴承仕、牛师辙、许宝蘅、萧瑜、曾熙、王树枏、陈郁等10人，时间是5月6日，聘函编号为聘字第6—15号；第二批聘函是张允亮、卢弼、余嘉锡、陶湘、洪有丰、刘国钧等6人，时间是5月7日，编号为16—21号；第三批聘函是关冕钧、郭葆昌、萧愻、叶恭绰、陈浏、谢刚国、福开森、沈尹默、丁佛言、容庚、谭泽闿、江瀚等12人，时间是5月7日，编号为22—33号。6月初，又陆续向赵万里、钢和泰、傅斯年、郑洪年、魏怀等5人发出聘函，编号为34—39号。①根据现存专门委员会名单记载，截至1929年6月底，故宫博物

易培基院长聘任王褆、陈寅恪为专门委员手谕，1929年4月21日

易培基院长聘傅斯年、魏怀、郑洪年为专门委员手谕，1929年6月6日

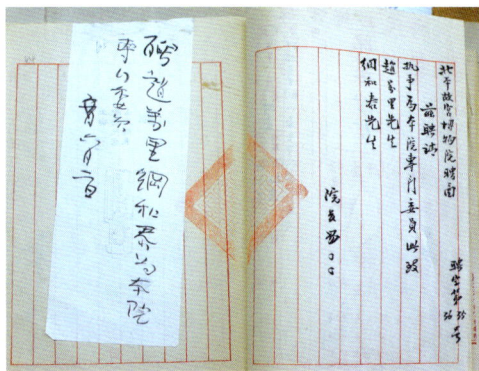

易培基院长聘任赵万里、钢和泰为专门委员手谕，1929年6月2日

---

① 《故宫博物院·组织人事类》第43卷，第69—79页。

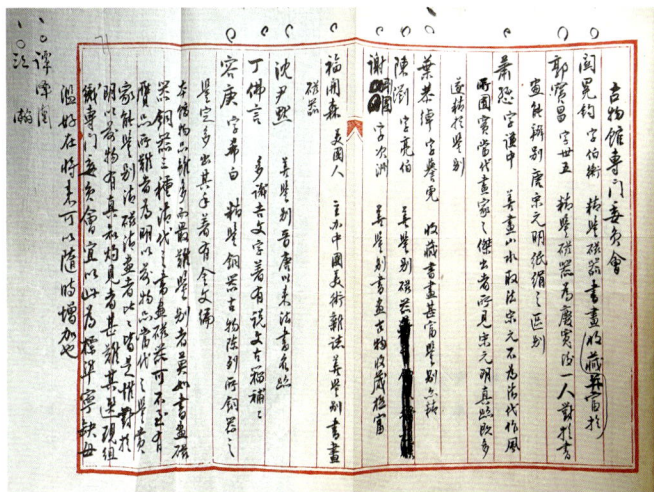

古物馆专门委员会名单，1929 年

院从院外聘任专门委员共35人，为陈垣、朱希祖、徐炳昶、吴承仕、朱师辙、许宝蘅、萧瑜、曾熙、王树枏、陈郁、张允亮、卢弼、余嘉锡、陶湘、洪有丰、刘国钧、关冕钧、郭葆昌、萧瑟、叶恭绰、陈浏、谢刚国、福开森、沈尹默、丁佛言、容庚、谭泽闿、江瀚、王禔、陈寅恪、赵万里、钢和泰、傅斯年、魏怀、郑洪年。[1]至1929年底，又陆续向江庸、邓以蛰、廉泉、罗家伦、齐如山、马隅卿、刘半农、胡盛鸣、周明泰、吴瀛等人发出聘函。截至1930年3月，共聘任院内外专门委员42人（在原有名单上增加了江庸、邓以蛰、廉泉、齐如山、马隅卿、刘半农、周明泰、吴瀛等8人，江瀚因受聘代理图书馆馆长而不再列入专门委员名单），计古物组21人，图书组10人，文献组3人，其中钢和泰兼任古物、文献两组专门委员，陈垣、朱希祖、朱师辙兼任图书、文献两组专门委员。[2]专门委员并没有名额的规定，此后直至易培基院长离职前，还陆续聘任了一些专门委员，例如1932年11月2至4日，分别向顾颉刚、钱葆青、狄平子、马裕藻、卓宏谋等发出专门委员聘函，请其分任古物馆、文献馆和图书馆专门委员。[3]

---

① 《故宫博物院·组织人事类》第43卷，第22—26页。
② 《本院专门委员名单》，《故宫博物院·组织人事类》第70卷，第9—12页。
③ 《故宫博物院·组织人事类》第97卷，第6—7页、第16页。

（二）1934年的调整

1933年6月，易培基院长因受控告被迫辞职。7月，由北京大学教授、故宫博物院古物馆副馆长马衡代理院长，1934年4月实授院长职衔。在代理院长期间，马衡按成例聘任专门委员，以协助博物院工作，如1933年7月聘任吴湖帆、蒋谷孙，12月聘任唐兰、郑颖荪等。1934年6月，行政院批准故宫博物院对留平和存沪文物进行点收。为推进此项工作，马衡于1934年9月26日在故宫博物院理事会第三次常务理事会上提出各种专门委员人选的提案，获会议审议通过。这是故宫博物院专门委员会发展的第二个时期，此时的专门委员分两种：一为特约专门委员，一为通信专门委员。特约专门委员

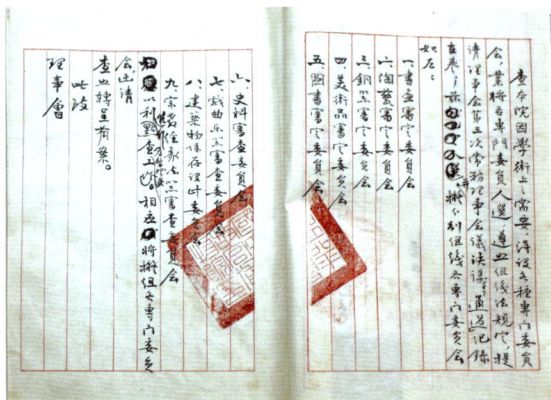

故宫博物院拟设立的9个专门委员会

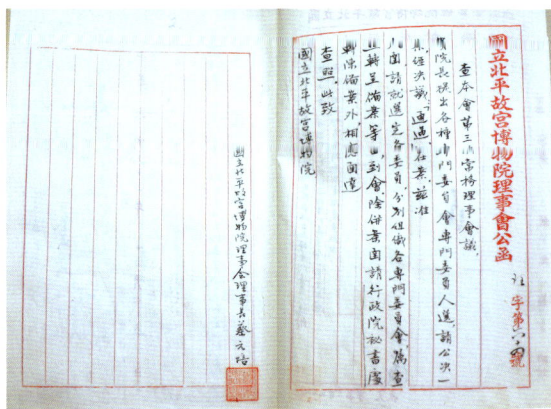

故宫博物院理事会批准故宫设立各种专门委员会的公函

直接参与故宫文物清理、鉴定及审查工作，通信专门委员是给予知名学者的荣誉性职衔，也在文物审定等工作中以备咨询，给予指导。此次会议审议通过的专门委员人选名单共计55人，其中拟聘任为通信专门委员的共43人：朱启钤、汪申、梁思成、容庚、沈尹默、王褆、钢和泰、邓以蛰、俞家骥、金绍基、柯昌泗、钱葆青、狄平子、凌文渊、严智开、吴湖帆、叶恭绰、陈寅恪、卢弼、陶湘、洪有丰、江瀚、马裕藻、蒋谷孙、钱玄同、蒋复璁、刘国钧、朱希祖、徐炳昶、吴承仕、朱师辙、傅

故宫博物院上报故宫理事会拟聘任的各种专门委员会 55 人名单，当即获理事会批准，1934 年斯年、罗家伦、周明泰、齐如山、顾颉刚、蒋廷黻、郑颖荪、吴廷燮、姚士鳌、溥侗、张珩、徐骏烈等。特约专门委员12人：朱文钧、郭葆昌、福开森、陈汉第、唐兰、张允亮、余嘉锡、赵万里、陈垣、孟森、胡鸣盛、马廉。①

1934年10月，就第三次常务理事会议所通过的专门委员人选名单，故宫博物院分别组织书画审定委员会、陶瓷审定委员会、铜器审定委员会、美术品审定委员会、图书审定委员会、史料审查委员会、戏曲乐器审查委员会、建筑物保存设计委员会、宗教经像法器审查委员会等9个委员会。②1935年5月9日，故宫博物院第五次院务会议修正通过《国立北平故宫博物院专门委员会暂行章程草案》。③6月20日，故宫博物院第五次常务理事会通过《国立北平故宫博物院专门委员会暂行章程》（八条）。

第一条　本院依据国立北平故宫博物院暂行组织条例第十条之规定，设立左列各种专门委员会：

——书画审定委员会；

——陶瓷审定委员会；

——铜器审定委员会；

——美术品审定委员会；

——图书审定委员会；

——史料审查委员会；

——戏曲乐器审查委员会；

---

① 《故宫博物院理事会第三次常务理事会议纪录》，《故宫博物院·章制纪录类》第86卷，第42—60页。

② 《为就选定各专门委员分别组织各专门委员会函请查照转呈备案》，《故宫博物院·组织人事类》第125卷，第3—4页。

③ 《国立北平故宫博物院第五次院务会议纪录》，《故宫博物院·章制纪录类》第61卷，第3页、第33页。

——宗教经像法器审查委员会；

——建筑物保存设计委员会。

第二条　本院专门委员会分特约专门委员及通信专门委员，均由院长聘任。

第三条　各馆处长为当然委员，各委员开会时以主管馆处长为主席。

第四条　院长得出席各种专门委员会。

第五条　各专门委员愿担任一种或数种专门委员会工作，由各委员认定，以便分配。

第六条　各委员会开会无定期，由主席订期召集之。

第七条　各特约及通信专门委员均为无给职，但特约专门委员遇必要时得酌支公费。

第八条　本章程自公布日施行。①

后来故宫博物院又陆续增聘庞莱丞、夏剑丞、褚德彝、张宗祥、刘泽荣、王之相、瞿宣颖、张大千、鲍奉宽、刘衍淮等为专门委员。1937年7月1日，马衡手谕"聘杨遇夫先生为特约专门委员""聘张修甫（名厚谷）为专门委员"②，应是抗日战争全面爆发前故宫博物院聘任的最后两位专门委员。

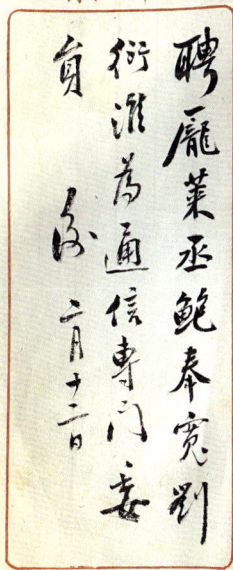

马衡院长聘庞莱丞、鲍奉宽、刘衍淮为通信专门委员的手谕

---

① 《故宫博物院理事会第五次常务理事会议》，《故宫博物院·章制纪录类》第59卷，第42页、第47页。

② 《聘张修甫为专门委员由》，《故宫博物院·组织人事类》第175卷，第13—14页。

抗日战争胜利后，随着西迁文物的东归、北平本院及南京分院的复员，故宫博物院的工作也逐渐得到恢复。1947年1月4日，故宫博物院第六届理事会在平理事举行第一次谈话会，理事会认为故宫博物院专门委员有重行聘请的必要，讨论通过了故宫博物院各馆处开列的专门委员人选名单，并决议将名单寄送理事会秘书杭立武（时任国民政府教育部次长），由其转送各理事传观，征求意见。此次开列拟聘专门委员名单42人，每人皆附注专长：汤韩（古物）、张珩（书画）、蒋谷孙（书画）、朱家济（书画）、胡惠椿（古物）、张政烺（古物）、吴荣培（瓷器）、邓以蛰（书画）、张爰（书画）、张伯驹（书画）、于省吾（铜器）、唐兰（铜器）、徐悲鸿（书画）、沈尹默（书画）、吴湖帆（书画）、张允亮、赵万里、王重民（以上版本校勘）、于道泉、周一良（以上满蒙藏文佛经）、陈垣、陈寅恪、余嘉锡、徐炳昶（以上史料）、王之相（俄文档）、齐宗康（戏剧）、周明泰（戏剧）、胡鸣盛（史料）、朱启钤（古物建筑）、蒋廷黻（史料）、顾颉刚（史料）、姚士鳌（史料）、傅斯年（史料）、刘泽荣（俄文）、郑颖荪（乐器）、胡适（史料）、启功（书画史料）、郑天挺（史料）、关颂声（建筑）、梁思成（建筑）、刘敦桢（建筑）、俞同奎（建筑）。①

　　名单送出后，杭立武于1947年2月至3月间陆续收到多位理事的复函。李济在复函中写道："名单中有若干专家向未闻其名，若可附上简单履历，岂不省事？唯吴湖帆者，捧汪之文化汉奸也，其为双照楼主人六十双寿所作之画品尚存在人间，今特将其题词摄影印出，供兄参考。抗战结束不过年余耳，不意学术机关已有奸化之北山，可叹！"叶恭绰在名单上签写了"叶恭绰同意"五字。张道藩表示"无何意见"。翁文灏认为名单所列诸君"自均上选"，"敬就原单，对于弟所知特多者，

---

① 《国立北平故宫博物院第六届理事会在平理事第一次谈话会纪录》，《故宫博物院·章制纪录类》第143卷，第24—28页。

加列圈志，以供参考"。他在名单上加列双圈的人有徐悲鸿、沈尹默、陈垣、陈寅恪、徐炳昶、朱启钤、蒋廷黻、顾颉刚、傅斯年、胡适、梁思成、俞同奎。邵力子回复"单上诸公，均当前名宿，分门殊术，各擅专长，妙选精当，敬表同意"。王世杰表示"并无意见"。朱家骅提出，"其中王之相一名，最近在平以某种嫌疑被捕，似应剔去。至版本部分，似可加聘蒋复璁兄参加"。张厉生表示同意这份名单，并建议增聘哈雄文、郦承铨、闻钧天三人，以广罗贤能。1947年4月30日，杭立武将这些回复意见转呈马衡院长，并附言："尚祈参照各人意见，再与在平各理事一商，其无问题者先行照聘，有问题者稍缓再定，如何？仍祈察酌是荷！"①根据故宫博物院最后所定专门委员名单，共聘任委员47人，原来所提议拟聘人选没有变化，吴湖帆、王之相仍保留，另新增5人，为蒋复璁、哈雄文、郦承铨、闻钧天、韩寿萱。②此外，故宫博物院于1947年5月9日，公布了《国立北平故宫博物院专门委员会暂行章程》（与1935年6月20日通过的暂行章程内容相同，在此不赘述）。③

还须一提的是，沦陷期间北平故宫博物院本院也曾成立专门委员会。"七七"事变后，日军占领北平，行政院训令留平故宫职工"于可能范围内，尽力维持"，博物院各项工作由总务处处长张廷济负责维持。1942年6月，伪华北政务委员会任命祝书元为代理院长。祝书元代理院长期间，博物院的职能机构仍为三馆一处，馆处领导也没有更换，仅补充了几名科长和少数一般工作人员。但博物院日常工作仍由留守北平本院的总务处长张廷济主持。为了进行文物的清点整理工作，当时故宫博物院延承以往制度，分设各种专门委员会。1943年5月，初聘专门委员

---

① 《故宫博物院·组织人事类》第273卷，第1—16页。
② 《国立北平故宫博物院专门委员担任工作表》，《故宫博物院·组织人事类》第273卷，第16页。
③ 《国立北平故宫博物院专门委员会暂行章程》，《故宫博物院·组织人事类》第276卷，第17页。

9名，为丁福田、王衡光（陶瓷、美术）、俞家骥（书画）、桂月汀（陶瓷、美术）、张庾楼（书画、图书）、江汉珊（图书、史料）、汤用彬（图书、史料）、马世杰（陶瓷、美术、戏曲）、毓绶衡（陶瓷）。[①]及至1944年2月，增聘专门委员至10人，为王衡光（陶瓷、美术）、俞家骥（书画）、桂月汀（陶瓷、美术）、张庾楼（书画、图书）、江汉珊（图书、史料）、汤用彬（图书、史料）、马世杰（陶瓷、美术、戏曲）、毓绶衡（陶瓷）、王洗凡（史料）、黄仲明（史料）。[②]

二

专门委员的选聘

专门委员会从1929年成立，经过1934年的调整，直至1947年的重行聘任，在机构的职能与任务、人员的聘任与使用等方面，是有所延承与发展的，是一个不断改进提高的过程。例如从开始的多方提出人选，到后来组织9个委员会，就是从故宫博物院的实际需要出发加以改进的；从开始的统称专门委员到分为通信专门委员与特约专门委员两种，是基于对专门委员进行针对性管理与使用的考虑。

专门委员会是一个非建制的常设机构，它按照《故宫博物院组织法》的要求而设，被视为院组织机构中的一个工作部门，但是没有名额限制，也明确专门委员系名誉职。从民国时期故宫博物院历年工作报告中可以看出，专门委员会自成立以来就作为博物院组织架构的重要一部分。后来专门委员会的人员及工作虽然有变化，但这一定位始终未变。

---

① 《故宫博物院专门委员名单暨工作分类》，《故宫博物院·组织人事类》第218卷，第36—38页。
② 《故宫博物院专门委员分类工作单》，《故宫博物院·组织人事类》第235卷，第3页。

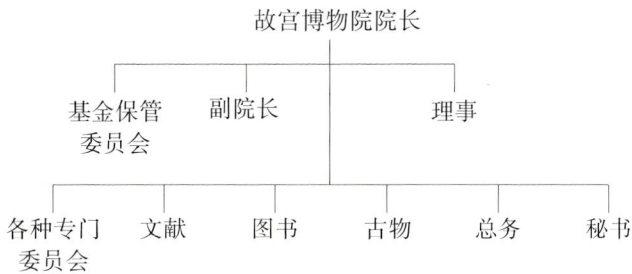

故宫博物院组织架构图
（参照《北平故宫博物院报告（民国十八年十二月刊行）》绘制）

专门委员会的突出特点，是聚集了一大批中国当时最著名的文史及古物研究方面的专家学者。在选聘时，故宫博物院注意了这么几点：

其一，尊重各馆处意见。专门委员名单一般由古物、图书、文献三馆及秘书处提出。当时博物院各馆处的负责人本身就是著名的专家学者，他们所提出的人选都是业内公认的翘楚。例如，1929年4月15日，图书馆副馆长袁同礼致函故宫博物院，充分阐述了设置专门委员会的必要性及其重要作用：

> 图书馆现有职员不敷分配，前曾函达在案。院款支绌，一时既不能增加职员，势不得不组织专门委员会以济其穷，而图书馆有特殊情形，尤有从速组织之必要。兹提出专门学者十人，皆精于图书目录之学，倘能来院襄助，于本院将来发展关系甚重，用特函达，即请延聘为本院专门委员，以利进行，不胜企祷。①

在其随函附录的拟聘委员名单中，对各位委员还做了简要介绍：

---

① 《故宫博物院·组织人事类》第43卷，第19页。

敬启者图书馆现有职员不敷分配 前曾函达

在本院敬乞维支然一时院不能增加职员势不

得不组织专门委员会以济其窘 而图书馆

有特殊情形尤有从速组织之必要兹提出专

门学者十人略精于图书目录之学倘蒙采择

助於本院将来发展倘蒙采择用特函达即请

延聘为本院专门委员以利进行不胜企祷此

致

秘书处

袁同礼谨启 四月十五日

袁同礼致函院方，提出图书馆拟聘请 10 位学者为专门委员

朱希祖　字逷先，浙江海盐人，曾任北京大学、北京师范大学史学教授，现任北平大学史学系主任，清华学校史学教授，富藏书，尤精晚明史料。

张允亮　字庚楼，河北丰润人，曾任财政部帮办，富藏书，精版本之学。

阚铎　字霍初，安徽合肥人，曾任交通部佥事，司法部秘书。

卢弼　字慎之，湖北沔阳人，曾任平政院庭长，辑有《湖北先正遗书》等。

赵万里　字斐云，浙江海宁人，现任北平北海图书馆善本书库主任。

余嘉锡　字季豫，湖南常德人，前清举人，曾任清史馆协修，现任北大学院讲师、民国大学史学教授，著有《四库提要辨证》《唐人著述引书目》等。

马廉　字隅卿，浙江鄞县人，现任孔德学校图书馆主任。

陶湘　字兰泉，江苏武进人，曾任中国银行驻沪监理官。

洪有丰　字范五，安徽休宁人，曾任东南大学图书馆主任，现任清华大学图书馆主任。

刘国钧　字衡如，江苏江宁人，曾任金陵大学图书馆主任，现任北平北海图书馆研究部主任。①

后来这10人皆被聘任专门委员，为故宫博物院图书整理做出了贡献。

其二是坚持标准，宁缺毋滥。故宫博物院古物馆负责保管图书档案以外的所有文物，需要的专门委员相当多，其在选聘上也十分慎重：

本馆物品虽多而最难鉴别者，莫如书画、磁器、铜器三

———————

① 《故宫博物院·组织人事类》第43卷，第17页。

种。清代之书画、磁器可不至有赝品，所难者为明以前物品，当代之鉴赏家能鉴别清磁清画者比比皆是，唯对于明以前物，有真知灼见者甚难其选。现组织专门委员会宜以此为标准，宁缺毋滥，好在将来可以随时增加也。[1]

从古物馆最初提出的十位候选委员的简介中，我们亦能一窥当时遴选委员的标准：

关冕钧　字伯衡，精鉴磁器书画并富于收藏。

郭葆昌　字世五，精鉴磁器，为庆宽后一人，对于书画能辨别唐宋元明纸绢之区别。

萧愻　字谦中，善画山水，取法宋元，不为清代作风所囿，实当代画家之杰出者。所见宋元明真迹既多，遂精于鉴别。

叶恭绰　字誉虎，收藏书画甚富，鉴别亦精。

陈浏　字亮伯，善鉴别磁器。

谢刚国　字次洲，善鉴别书画，古物收藏极富。

福开森　美国人，主办中国美术杂志，善鉴别书画磁器。

沈尹默　善鉴别晋唐以来法书名迹。

丁佛言　多识古文字，著有说文古籀补补。

容庚　字希白，精鉴铜器，古物陈列所铜器之鉴定多出其手，著有金文编。[2]

其三是思路开阔，重视交流。故宫博物院专门委员会不仅聘任国内的学者，也聘请了如福开森、钢和泰这样有助于故宫文物审查鉴定的外

---

① 《古物馆专门委员会》，《故宫博物院·组织人事类》第43卷，第15页。
② 《古物馆专门委员会》，《故宫博物院·组织人事类》第43卷，第71页。

国学者。在聘任专门委员时，故宫博物院重视与所聘人员的交流。如专门委员马裕藻最初在文献组任职，后马先生致函易培基，表示愿就图书馆中"勉尽绵薄"，院里尊重马先生意见做了调整。^①鉴于本院工作需要，部分专门委员所聘身份先后有所变化，如江庸先生原是顾问，后改聘为专门委员，华南圭先生原是专门委员，后改聘为顾问。再如汪申、郑颖荪原为通信专门委员，后改为特约专门委员。

对于故宫博物院的聘任，当时的绝大多数专家学者予以认可，并积极参与。例如许宝蘅函复表示"若有征询事项，自当竭其所知，以供采择"^②。罗家伦亦专门函复易培基，表示"如有可以尽力于学术方面者，当竭其有限之知识以奉命也"^③。个别专家学者因个人事务繁忙等原因无法参与专门委员会的工作，但表示愿为文物保管事宜事业提供意见。如顾颉刚以"自问课务过忙，实无暇到贵院审查物品"为由婉拒了故宫博物院的聘请，但表示愿为博物院"诤友"，对文物保管事业提供批评意见。^④

及至1934年调整专门委员会时，故宫博物院将9个专业委员会名目列在一起，发给各位拟聘专门委员，请其"指定一种或数种担任"，并填写自己的专长。根据当时专家学者的复函，多数选填了二三项专长，例如朱启钤填写"美术品""丝绣""漆器""雕刻"等四类；部分专家则选填了六七项专长，例如叶恭绰选填了"书画""美术品""图书""史料""戏曲乐器""建筑物""宗教经像法器"等七项；也有个别仅选填了一项专长。^⑤这种双向的自主交流不仅有助于博物院对专门委员工作做出合理安排，也有利于专门委员学术专长的发挥。

关于专门委员的薪金问题，各个时期并未留有完整的文件记载或

---

① 《故宫博物院·组织人事类》第97卷，第4页。
② 《故宫博物院·组织人事类》第43卷，第8页。
③ 《故宫博物院·组织人事类》第43卷，第33—35页。
④ 《故宫博物院·组织人事类》第97卷，第16页。
⑤ 《故宫博物院·组织人事类》第125卷，第5—51页、第58—60页。

档案说明，但据1947年的《国立北平故宫博物院专门委员聘约》规定，"专门委员出席本院审查会时，得致送出席费"；"专门委员参加本院实际工作者，得致送酬金"①。由此可见，专门委员的薪金是根据各专门委员参与工作情况而灵活设定的。另据保留下来的部分公文信函，专门委员的薪金是有区别与变化的。1929年开始设立专门委员会时，各位专门委员应该是按照参与工作情况发放报酬的。据1930年7月27日文献馆致秘书处函记载：

> 顷接本馆专门委员会委员刘半农君来函，拟编《故宫所藏乐器音律鉴定录》，须用助手二人，约定月薪各二十元，由院支给，视乐器之多少，工作完毕即行取消等因，除另函秘书长外，相应函达，即请查酌见复为荷。②

既然拟聘的助手有月薪，刘半农参与专门委员会工作自然也是领取薪金的。

后来，专门委员分为特约专门委员和通信专门委员，特约专门委员是有薪金的，通信专门委员则没有薪金，是一种荣誉性职务。据1937年《本院聘用外籍人员表》记载，特约专门委员美国人福开森的"薪金"是80元。③一般情况下，特约专门委员是参与具体工作的，如不直接参与，就不再付与报酬，这在1936年1月25日文献馆致总务处函中有详细记载：

> 顷由沈馆长交下院长手函，略开"专委郑颖荪先生现已离平，闻已整理之乐器稿件，将于二十四年年底作一结束，故公费

---

① 《国立北平故宫博物院专门委员聘约》，《故宫博物院·章制纪录类》第141卷，第14页。
② 《故宫博物院·组织人事类》第70卷，第34—35页。
③ 《故宫博物院·组织人事类》第177卷，第5页。

聘马幼渔先生为特约专委，郑颖荪改为通信专委，相应待遇有所变化中发表"等因；查郑先生现尚留川未返，除所有整理乐器之稿件，由馆长函请其寄来外，余情请径函郑专委查照为荷。①

此外，特约专门委员的工作为他人接替，则其薪金也自然转给接替人。例如1936年，原特约专门委员郑颖荪改聘通信委员，文献馆馆长沈兼士推荐马幼渔接替了郑颖荪的工作，总务处第一科在第二天即1月26日致函第三科，要求自当月起将郑颖荪的薪金转于马幼渔：

> 查特约专门委员郑颖荪先生已奉谕改为通信专门委员，应准文献馆沈馆长之推荐，改聘马幼渔先生为特约专门委员，所有郑专委公费，自本月份即请改送马委员，奉谕特达川希查照。②

另据档案文献记载，当时故宫博物院的经费是相当紧张的，但在可能情况下，博物院也给予专门委员以特别关照，例如1930年8月故宫博物院赠送每位专门委员4张可在故宫院内使用的人力车券。③

三

专门委员会的工作与贡献

专门委员会的主要工作是文物的审查整理。1929年后，故宫博物院各项工作逐渐走向正轨，迁延数年未竣之清室物品点查工作也到1930年

---

① 《故宫博物院·组织人事类》第284卷，第5页。
② 《故宫博物院·组织人事类》第284卷，第6—7页。
③ 《故宫博物院·组织人事类》第120卷，第21—24页。

3月告一段落。文物点查虽然基本结束，但丰富的清宫藏品十分复杂，不仅有物件的真伪问题，至于古物的时代与其名称之订定，更是错综纷纭，头绪多端，因此亟须进行全面的文物审查鉴识工作，以为学术研究、展览陈列的参考。这也是博物院的基础工作，"专门委员会"于是应运而生。综合各种档案文献记载，民国时期专门委员会所参与的工作，可以归纳为六方面的重要内容。

（一）审查鉴定清宫文物

1929年专门委员会初建时，专门委员会的一项重要工作是协助故宫博物院各馆处审查鉴定清宫文物，如1929年度本院报告对此有所记载，"本年度所注意者，为整理工作。金石、字画、陶瓷、书籍、档案，均由各馆聘请专门委员，积极整理"[1]。截至1930年底，专门委员会审查古物馆所藏铜器345件，瓷器326件，书画956件。[2]据当事者回忆及档案文献记载，审查鉴定清宫文物是贯穿民国时期专门委员会的主要工作，尤其到了20世纪30年代的点收平沪文物时期，专门委员以各自专业优长在其中审查鉴定清宫文物方面发挥了重要作用，也为日后故宫博物院文物整理工作奠定了基础。据庄尚严（名庄严）回忆，当时审查物品的目的有三：鉴别文物名称与质材，考定文物时代，判定文物真伪，即"一曰正名，二曰断代，三曰辨伪"：

> 所谓正名者，院藏所有物品，都先经过"点查"手续，前已言之。点查办法，也是请院外人士参加，为的是"昭信实，避嫌疑"。而外界前来参加点查之人士，都由当时各部所派定，对于古物研究有素者固多，但也有茫然一无所知者。因之同样物品，往往名称不同，时代也不一致，真伪好坏更不能

---

① 《北平故宫博物院报告（民国十八年十二月刊行）》，现存故宫博物院档案室。
② 《北平故宫博物院报告（民国十九年十二月刊行）》，现存故宫博物院档案室。

定。举例言之，铜器中之鼎与鬲，常常混乱，甚至有的定为香炉，有的也竟定为痰盂，有的定其时代为商，也有定之为周。又如瓷器，北宋官窑与南宋官窑的区别，钧窑从北宋直到元朝都有。再以名画为例，宫中有幅名画叫作《宫乐图》，点查号是调字一九六（12），在清时《石渠宝笈》中列为元人画，后来审定时，因其设色画法极类周文矩，至少是五代时人作品。①

参加过这项工作的那志良先生亦回忆：

> 我们古物馆，成立了三个审查委员会，是铜器、瓷器、书画。别的审查会不能成立的原因，是当时玩古董的人多，研究古物的人少。玉器在当时是热门古物，玩的人也最多，竟请不到一位审查委员。这个审查会，铜器由马衡先生主持，他是专门研究铜器的人，瓷器由郭葆昌先生主持，也是当时首屈一指的瓷器专家，也能称职。书画就有问题了。审查之前，先把准备审查的书画，轴子就挂起来，册页、手卷就放在桌上，委员来时，自己先看一遍，人到齐了，大家聚拢在一张画前发表意见，然后把决定意见记录下来。②

此外，专门委员会还承担了存沪文物的书画审查与皮货审查工作：

> 本院所藏书画，前经古物馆在北平组织专门委员会分别审查，评定甲乙，陆续择尤影印，以广流传。迨文物南迁，审查工作暂时中辍。嗣以本院各种刊物之取材需要，乃商由本院在沪专门委员会组织审查会，于一九三五年五月间开始审查本院

---

① 庄严：《前生造定故宫缘》，紫禁城出版社，2006年，第98—99页。
② 那志良：《典守故宫国宝七十年》，紫禁城出版社，2004年，第56—57页。

古物馆迁存沪库书画。每星期举行审查会议二次，每次至少须有委员三人以上参加会议，方为有效。审查数量，以五十件为限。审查标准，分甲、乙、丙三项：作品真而精者，或作品真而非精品者，属甲项；作品精或流传有绪而属于疑似之间者，又作品精而时代款字不相当，须重定时代或作者者，属乙项；作品一无足取，或确定为伪品者，属丙项。审查意见，分别记录。同时编院藏书画目录，以时代为纲，以一时代之作者为目，以作品顺序归纳于作者之下。审查工作完竣，编目同时告成。是年计举行审查会议五十一次，共审查书画二二五四件。关于存沪皮货，前秘书处所编南迁清册体例不一，所载品名先后互异，一箱品类多未区分，诚有审定必要。爰于一九三五年十二月间聘请专门委员莅库，将是项皮货按箱分类，审定品名，分别等级，估计价值，以作筹备处分时之统计。内除衣片无须审定者外，所有皮货全部审查竣事。[1]

及至1947年专门委员会重新组建时期，审查鉴定清宫文物仍是专门委员会的重要工作。例如《国立北平故宫博物院专门委员聘约》明确规定："专门委员应出席本院审查会议""专门委员出席本院审查会时，得致送出席费"。另据档案记载，1947年收购流散的溥仪赏溥杰书画及海宁于省吾所藏铜器等事项，皆经专门委员审查鉴定和本院理事会审议通过而逐步施行。

（二）整理刊布明清档案

1928年10月5日，故宫博物院设立专门的文献馆，负责人为沈兼士，文献馆1929年6月设立专门委员会，延聘陈垣、朱希祖、徐炳昶、吴承

---

① 欧阳道达：《故宫文物避寇记》，紫禁城出版社，2010年，第35—36页。

仕、朱师辙、许宝蘅、陈寅恪、傅斯年、罗家伦、周明泰、齐如山、马廉、刘复、钢和泰诸位先生为委员，指导职员分别整理各项档案，并同时整理乾清宫皇史宬内阁实录库等处实录圣训起居注及升平署剧本曲本戏衣切末等，还将宫中乐器集中一处鉴定音律。[①] 在执行此项整理工作时，专门委员会按军机处档案、宫中档案、内阁大库档案、内务府档案及其他档册书籍进行分类整理。

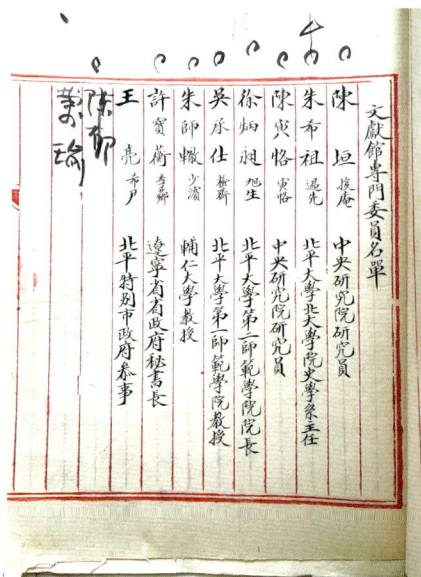

文献馆专门委员名单

此外，在史料的整理过程中，专门委员会十分重视材料的考证和说明，这一点在档案文献的序言、案语中得到体现，例如蔡元培为《清代汉文黄册联合目录》作序，陈垣为《康熙与罗马使节关系文书》作序，沈兼士为《清内阁库贮旧档辑刊》《故宫俄文史料》作序，余嘉锡为《碎金》作跋，翁文灏和朱希祖为《清乾隆内府舆图》作序，傅增湘为

内阁大堂档案堆放情况和整理情形

----

① 《北平故宫博物院文献馆一览》，故宫博物院印行，1932 年。

《掌故丛编》作序，许宝蘅为《掌故丛编》题词，等等。这些序言，往往探赜索隐，条理明辨，内容涵盖了有关档案名词考释、档案所涉及的史实考证、与他书记载详略互异情况及其补证价值、档案原件的载体形态和档案的来源，以及相关文书制度，等等。[①]

经过专门委员会指导进行的明清档案整理，初步形成近代档案文献编撰的一个传统，即以学者为中心，以学术化发展为脉络整理档案文献。此外，除了上述整理工作之外，专门委员会对文献馆的库房陈列、查阅借抄及编纂出版等多项工作做了指导。

（三）清点出版清宫典籍

1925年故宫博物院成立之时就致力于清点整理清宫的各处藏书，1929年又接收了清史馆、杨氏观海堂、方略馆、资政院等藏书及本院文献馆移交的善本、方志等书，图书馆藏书多达52万多册，为故宫博物院藏存清宫秘笈最富时期。在图书的分类编目、陈列展览、编辑出版等工作中，都有专门委员的重要贡献。据记载，图书馆善本书籍，均经专门委员严格审定，方能入库保存：

> 各库书目编制，大致就绪。其属于善本者，则由专门委员张庚楼（即张允亮）先生重加校正。属于殿本者，则由专门委员陶兰泉（即陶湘）先生增订体例。其余四部书库目录、丛书目录、志书目录，均由馆员随时编订。杨氏藏书目录，亦得加校订，均待付印。本年度本馆委员张庚楼先生不惮烦劳，热心赞助，编成善本书志，已逐期登载于《故宫周刊》。考《天禄琳琅》书籍者，当可略见其梗概矣。[②]

---

① 胡鸿杰主编：《档案文献编纂学》，中国人民大学出版社，2012年，第74页。
② 《北平故宫博物院报告（民国十九年十二月刊行）》，现存故宫博物院档案室。

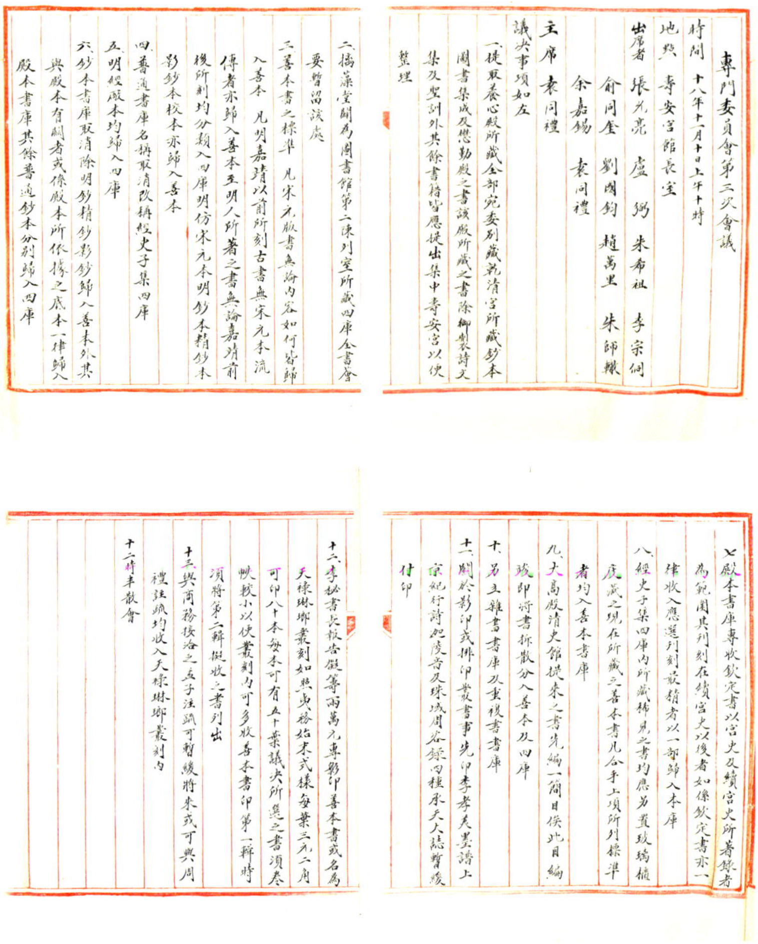
專門委員會第三次會議
時間 十八年十一月十日上午十時
地點 壽安宮館長室
出席者 張允亮 盧弼 朱希祖 李宗侗
俞同奎 劉國鈞 趙萬里 朱師轍
余嘉錫 袁同禮
主席 袁同禮
議決事項如左
一、提取養心殿所藏全部宛委別藏乾清宮所藏鈔本
圖書集成及懋勤殿之書該殿所藏之書除御製詩文
集及聖訓外其餘書籍皆應提出集中壽安宮以便
整理
二、摛藻堂闢為圖書館第二陳列室所藏四庫全書薈
要暫留該處
三、善本書之標準 凡宋元版書無論內容如何皆歸
入善本 凡明嘉靖以前所刻古書無宋元本流
傳者亦歸入善本至明人所著之書無論嘉靖前
後所刻均分類入四庫明仿宋元本明鈔本精鈔本
影鈔本校本亦歸入善本
四、普通書庫名稱取消改稱經史子集四庫
五、明殿版本均歸入四庫
六、鈔本書庫取消除明鈔精鈔影鈔歸入善本外其
與殿本有關者或係殿本所依據之底本一律歸入
殿本書庫其餘普通鈔本分別歸入四庫
七、殿本書庫專收欽定書以宮史及續宮史所著錄者
為範圍其刊刻在續宮史以後者如係欽定書亦一
律收入應選刊刻最精者以一部歸入本庫
八、經史子集四庫內所藏稀見之書均應另貯玻璃櫥
庋藏之現在所藏之善本書凡合乎上項所列標準
者均入善本書庫
九、大高殿清史館提來之書先編一簡目俟此目編
竣即將書拆散分入善本及四庫
十、另立雜書書庫及重複書書庫
十一、關於影印或排印叢書事先印李孝美墨譜上
宋紀行詩妃陵音及殊域周咨錄四種承天大誌暫緩
付印
十二、李秘書長報告擬籌兩萬元專影印善本書或名為
天祿琳琅叢刻如照夷務始末式樣每葉三元二角
可印八十本每本可有五十葉議決所選之書須卷
帙較小以便叢刻內可多收善本書印第一輯時
須將第二輯擬收之書列出
十三、與商務接洽之孟子注疏可暫緩將來或可與周
禮注疏均收入天祿琳琅叢刻內
十二時半散會

图书馆专门委员第三次会议，1929 年 11 月 10 日

当时图书馆先后编印《故宫方志目》《故宫所藏观海堂书目》《故宫所藏殿版书目》《国立北平图书馆故宫博物院图书馆满文书籍联合目录》《故宫殿本书库现存目》《故宫普通书目》《故宫善本书目》《内阁大库书档旧目补》《清内务府造办处舆图房图目初编》《故宫方志目续编》等，其中《故宫殿本书库现存目》即由专门委员陶湘主持编印。

（四）修缮古建及修建库房

民国时期，故宫博物院所有修缮工程都由社会上的专业修建单位承担，先由院里做出修缮工程做法说明书，提出具体的做法要求，让参与招标竞争的厂家进院勘验并提出报价，最后由院里成立的工程委员会决定哪一家中标。未开标以前，先审查各厂家资格，以有宫廷建筑经验者为合格，否则其标作废。在古建修缮计划、施工监管及验收等方面，故宫博物院聘任的建筑专门委员在其中发挥重要作用，出力较大者有北平工务局的汪申以及营造学社的朱启钤、梁思成诸先生，例如故宫博物院南京分院朝天宫保存库的建筑图样不仅经由专门委员朱启钤、汪申和梁思成的详细审查，其建筑设计方案根据专门委员的审查意见书而加以修订。①尤其值得一提的是，汪申曾于1930年受聘为故宫博物院临时工程处副处长，主持或参与了慈宁宫花园修缮及延禧宫库房修建等工程，并在其中发挥重要作用。

（五）筹备文物展览

除了参与上述博物馆基础工作外，专门委员会还承担了一项十分重要的任务，即征集择选文物参加"伦敦中国艺术国际展览会"。1934年，中国南京国民政府对此项展览的筹备工作极为重视，专门成立"伦敦中国艺术国际展览会筹备委员会"（简称"筹委会"）负责。筹委会下设若干专门委员会，主要由故宫博物院所聘专门委员担任。1934年11月4日，筹委会召开专门委员会第一次会议，决议延请唐兰、容庚二先生拟铜器展览标准，郭葆昌先生拟瓷器展览标准，朱文钧、陈汉第、邓以蛰三先生拟书画展览标准。②11月至12月间，筹委会专门委员会陆续召开

---

① 《国立北平故宫博物院理事会第七次常务理事会议纪录》，《故宫博物院·章制纪录类》第 62 卷，第 15—30 页。

② 《伦敦中国艺术国际展览会筹备委员会专门委员会第一次会议录》，《故宫博物院·陈列展览类》第 94 卷，第 1 页。

第二、三、四次会议，拟定铜器、瓷器、书画等选择标准，并拟定故宫博物院及古物陈列所物品初选目录。

1934年12月6日，伦敦艺展筹委会专门委员会第二次会议议决，物品选择由筹委会专门委员负初选之责：（1）依艺术史上发展次第作为有系统之展览；（2）以故宫博物院印影品作标准，但不限于已出版者；（3）除故宫博物院、古物陈列所之收藏外，其他公私收藏之古物，经本会专门委员会认为有展览之必要者，亦得征求之。[①] 另据《伦敦中国艺术国际展览会筹备委员会征求公私收藏简章》规定，"凡公私收藏，经本会专门委员会认为有展览上之特殊价值者，由本会征求之；凡征求之物品，经本会专门委员会审查后，始得展览；凡被征物品，由本会专门委员会考定其名称及加以说明"[②]。

1935年1月24日，故宫博物院驻沪办事处开始按照拟选之艺展目录，分类提选存沪文物。所提选的文物，遵照文物点收规则，逐一完成点收手续。初选的2 054件文物，经伦敦艺展上海预展会所聘请专门委员审查[③]，筹委会聘请郭葆昌担任瓷器审查委员，李济与唐兰担任铜器审查委员，邓以蛰、徐悲鸿、顾树森、叶恭绰、吴湖帆、蒋谷孙担任书画审查委员。经复选的1 421件文物，由筹委会与伦敦来华的几位专门委员复审，分别选定，即为决选。专门委员会为伦敦中国艺术国际展览会筹备工作提供了重要的学术思考和专业意见，这为展览在伦敦的成功举办奠定了重要基础。

---

① 《伦敦中国艺术国际展览会筹备委员会专门委员会第二次会议录》，《故宫博物院·陈列展览类》第94卷，第2—4页。

② 《伦敦中国艺术国际展览会筹备委员会公函（字第四号）》，《故宫博物院·陈列展览类》第93卷，第1—3页。

③ 《国立北平故宫博物院驻沪办事处二十四年二月份工作报告》，《国立北平故宫博物院驻沪办事处二十四年三月份工作报告》，《故宫博物院·计划总结类》第46卷，第8—25页。

（六）推进学术研究

故宫博物院丰富的文物藏品，为专门委员的学术研究创造了难得的条件。在参与专门委员会的工作中，一些专门委员在不同领域中取得了突出的学术成就。容庚就是一个典型。故宫博物院成立后，容庚参加彝器陈列工作，后任专门委员、鉴定委员，又被聘为古物陈列所古物鉴定委员，其间，参与数千件青铜器的鉴定工作，有机会接触原物，辨伪经验日进，写成《西清金文真伪存佚表》一文，取"四鉴"中有文字之器1 290，除镜鉴114，得1 176器，分"真、疑、伪"三类，表列出之，计真者657器，疑者190器，伪者329器，可见乾隆以前铜器作伪的一斑。这是西清藏器据著录而作的一次大清理，对于故宫所藏彝器的辨伪是大有裨益的。①此外，容庚还整理编纂了古物陈列所的铜器图录。1929年从沈阳故宫移交的798件藏器中，选取其中形制、花纹特殊的商周青铜器92器、汉代2器，编成《宝蕴楼彝器图录》二册，每器有图形和铭文拓本，并记大小重量、色泽及有关说明。1934年从热河行宫所藏851器中精选100器成《武英殿彝器图录》二册，以摹拓花纹与铭文并重，开著录铜器花纹之先河。1940年，他又将颐和园所藏彝器选取20器编为《西清彝器拾遗》一册。以上3种5册图录，提供了研究古铜器和金文的原始材料，也使世人得睹清宫内府藏器的真面目。后人评价，容庚的《商周彝器通考》在当时条件下把青铜器的彝器部分作了尽可能的综合考察，进行了缜密的论证，构成了比较完整的研究体系。②

又如钢和泰，他是最早关注故宫藏传佛教的学者。1926年，钢和泰被允许进入慈宁宫花园，对咸若馆、宝相楼的佛像进行过研究。1930年11月，钢和泰在北京大学研究所国学门重新恢复的月讲中担任第一讲，题为"故宫咸若馆宝相楼佛像之考证"。1931年11月29日，故宫博物院

---

① 曾宪通：《容庚与中国青铜器学》，《中山大学学报》2008 年第 3 期。
② 马承源主编：《中国青铜器》，上海古籍出版社，1988 年，第 6 页。

致函钢和泰，请他就一件多心宝幢影片上的文字进行辨释。此外，钢和泰还拍摄了宝相楼的766尊佛像，又搜集了一套有360幅佛教人物画像的《诸佛菩萨圣像赞》，后哈佛大学克拉克教授对其整理出版，书名《两种喇嘛教神系》，书中对这些佛像的梵藏汉名称做了较为完整的索引，人们认为如果没有钢和泰的前期努力和后期指导，克拉克是很难完成的。这部书在藏传佛教图像学方面属于里程碑式的作品。对于后来的藏传佛教艺术领域，尤其是藏传佛教人物图像学方面的学者来说，这是一本必读的经典著作。①

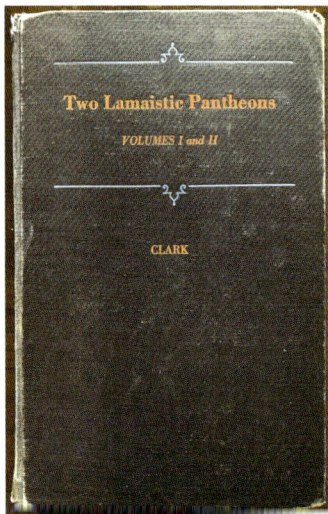

《两种喇嘛教神系》，1937 年初版

此外，专门委员会还曾帮助其他文化机构鉴定文物。1930年5月，颐和园陈列馆图书馆筹备委员会、北平特别市管理颐和园事务所致函故宫博物院，"素仰贵院为古物专家荟萃之所，拟请酌为介绍，俾便延聘而资指导"。为此，故宫博物院派古物和图书两馆职员三人前往鉴别指导。至陈列大致就绪时，他们再次致函，称"现拟不日开馆，亟须聘请专家考订正伪，鉴别精粗，以期尽美尽善。请于本院专门委员中酌为代请数人，以便呈请北平特别市政府专函奉聘，至深感荷"。1930年6月9日，故宫博物院函请郭葆昌、吴瀛、丁佛言、邓以蛰等四位专门委员赴颐和园进行了文物鉴定。②

---

① 郑欣淼：《钢和泰与故宫博物院》，《中国文化》第 41 期，2015 年春季号。
② 《故宫博物院·组织人事类》第 70 卷，第 15—16 页。另参见《颐和园志》，中国林业出版社，2006 年，第 36 页。

四

专门委员会的意义与影响

民国时期的专门委员会伴随着并促进了故宫博物院工作的蓬勃开展，虽然由于战乱等原因，活动未能始终坚持，但仍然是光彩的一页，不仅在故宫博物院学术史上占有重要地位，在中国现代学术转型中也发挥了积极作用，对于后来故宫学术的发展也产生了一定的影响，需要认真总结。

民国时期专门委员会的意义主要表现在三个方面：

其一，专门委员会的设立与发展，坚持了新生故宫博物院的社会性、开放性即"公"字精神，既是"学术为天下公器"理念的反映，也是社会各界共同参与管理"公共财产"原则的体现。

故宫博物院的成立，使象征皇权统治继承性、合法性的清宫旧藏成为人民共有共享的文化财产，而贯穿其中的"公"字精神，则是故宫博物院保持其生机与活力的保证。李煜瀛在商组"办理清室善后委员会"时，就明确提出要"多延揽学者专家，为学术公开张本"，后又提出，故宫"学术之发展，当与北平各文化机关协力进行"①。在1929年10月10日故宫博物院四周年纪念会上，李煜瀛指出清故宫须成为活故宫，活故宫的精神在于坚持一个"公"字："希望故宫将不仅为中国历史上所遗留下的一个死的故宫，必为世界上几千万年一个活的故宫。以前之故宫，系为皇室私有，现已变为全国公物，或亦为世界公物，其精神全在一公字。余素主张，使故宫博物院不为官吏化，而必使为社会化，不使为少数官吏的机关，必为社会民众的机关，前在清室善后委员会时代，曾请助理员顾问数在百计，帮同点查，以示公开，即现在此工作人员，薪水微薄，因彼等目的，非为权利，实在牺牲，共谋发展。总之故宫同

---

① 李煜瀛：《故宫博物院纪略》，《故宫周刊》1929 年总第 2 期。

人，在此四年中，对于一公字，已经做到具体化。"① 这种"公"，即公开、公共，面向公众，社会参与。故宫博物院从点查清宫物品、具体筹建以及成立后的业务工作多个方面，都充分体现了这种"公"的精神。故宫博物院初创，人才缺乏，要推进各项工作和学术研究，成立专门委员会是一个好办法。专门委员会聚集了一大批优秀的专家学者，不断推进着故宫博物院各项事业的发展，而且，专门委员会也成为故宫博物院学术发展的一个重要保证，并以其显著成果为学界所瞩目。

其二，专门委员会是适应故宫博物院事业发展需要的有益探索，不仅积累了从故宫实际出发的学术研究的特点和方法，丰富了故宫学术的内涵，而且以专门委员会为主导的故宫学术成果成为学术故宫的一个重要标志。

故宫博物院一开始就定位为一个学术机构。作为以学术为职志的故宫专门委员会，其主要的工作任务是文物的审查鉴别整理。这是故宫丰富的藏品所需要的，是故宫作为博物院的基础建设。这也就决定了故宫学术研究及其成果体现形式的特点。故宫作为博物院，是以文物作为学术研究对象，这不同于一般的主要以文献为对象的研究机构。故宫学术的这种特殊性，体现在学术研究与文物的收藏、保护、展示不可分割。清宫变为博物馆，当时最主要的工作是对浩如烟海的清宫物品进行整理审查，鉴别真伪，即科学地鉴定，这是硬功夫，也是博物馆工作的基本要求。把故宫的这些工作列入学术范畴，这是一个突破，也是对学术本质的深刻认识。因此，故宫学术研究的成果除过学术论著外，还有大量的成果与业务工作结合在一起。故宫专门委员会后来细分为9个专业委员会，其中还有"建筑物保存"，说明对故宫学术内涵认识的不断深入。专委会的工作方式也趋于制度化，并积累了一些有益的经验。

---

① 《清故宫须为活故宫》，《李石曾先生文集》下册，（台北）中国国民党中央委员会党史委员会编辑出版，1980年，第241—242页。

故宫的学术成果既然体现在多个方面，因此创造学术成果的就包括多方面人士。"本院职员多以学术研究为目的，故尽义务者甚多。即有报酬，亦极菲薄。至多之生活维持费，仅给百元，少只十五元，为各机关所罕有。而同人工作精神，则殊奋发。栉风沐雨，毫无倦容。盛夏严冬，工作尤苦。或冒暑巡行于永巷之间，或呵冻植立于冷殿之内。皆为寻常人所不能忍受者，而本院职员，皆身受之。此无他，一为保存中国历史、文化、艺术计，人人均视为分所当为，故不觉其苦。一则视本院为天然研究所，不为衣食计，而为学问计。同人具此精神，得以维持以至今日。且努力进行不懈，亦职是故。"①故宫职工如此，故宫专门委员也是如此。故宫的学术发展，依赖的是这两方面的共同努力。

其三，故宫博物院是当时中国学术界一个有影响的机构，其活跃的学术活动、重要的学术成果在中国现代学术转型中发挥了积极作用。

晚清以来，西学大规模传入中国后，与中国传统学术摩擦激荡，使中国学术精神和学术研究赖以存在的机制处于转变之中。学者们习惯于把这一时期称为转型时代。在这一转变中，包括明清档案等一系列新材料的发现，成为确立现代学术的一个契机。王国维指出："古来新学问世，大都由于新发现。"他又说："中国学问上之最大发现有三：一为孔子壁中书；二为汲冢书；三则今之殷虚甲骨文字、敦煌塞上及西域各处之汉晋木简、敦煌千佛洞之六朝及唐人写本书卷、内阁大库之元明以来书籍档册，此四者之一已足当孔壁、汲冢所出，而各地零星发见之金石书籍于学术有大关系者，尚不与焉。"②陈寅恪亦说："一时代之学术，必有其新材料与新问题。取用此材料，以研究问题，则为此时代学术之新潮流。"③

---

① 《北平故宫博物院报告（民国十九年十二月刊行）》，现存故宫博物院档案室。
② 《最近二三十年中国新发见之学问》，《王国维全集》第14卷，浙江教育出版社、广东教育出版社，2009年，第239页。
③ 《陈垣敦煌劫余录序》，《陈寅恪集·金明馆丛稿二编》，生活·读书·新知三联书店，2001年，第266页。

故宫及其珍藏是一个巨大的文化宝库，也是一门待开发研究的学术沃土。故宫的学术成果特别是清宫文献的整理印行，在中国传统学术向现代学术转变过程中有着重要意义。1909年，紫禁城内典藏档案秘籍的内阁库因要维修，将其中部分档案与藏书移出，流出宫外后，经过曲折过程，损失甚多。20年代初期，北京大学国学门整理了历史博物馆的61箱又1 503麻袋明清档案。比起流失出去的清宫档案，故宫更收藏着极为丰富的明清档案，是一个难得的宝库。1928年故宫博物院设立专门的文献馆整理明清档案。从保存与流传珍贵历史遗产的目的出发，还编纂印行了多种出版物，包括档案汇编、档案编译、档案编目、档案影印、研究论著等。据统计，1949年之前，文献馆出版有关史料书籍刊物凡54种，338册，约1 200万字，其中档案文献的编纂又是编纂新书的重点。近代学术界受西方科学主义思潮的影响，重视直接史料，注重实证的研究，认识到档案的原始证据价值。文献馆出版的各种史料大都首次公布于世，为学界提供了丰富的新鲜的第一手资料。明清档案与殷墟甲骨、敦煌文书等不仅为史学、语言文字学等学科提供了新材料，极大地推动了这些学科的发展，还开辟了学术研究的新领域。

　　故宫博物院的学术研究与当时中国学界息息相通。1922年北京大学设立国学门，以新的原则和方法研究国学，而且国学研究范围扩大，在研究中也吸取了西方的理念和方法等。北大国学门的一批学人不仅参与了故宫博物院的创建工作，而且把北大的学术风气、研究经验带到了故宫。尤为难得的是故宫博物院为他们提供了更为广阔的发挥学术研究能力的舞台。

　　专门委员会的许多委员，不仅在其他学术机构工作或兼职，而且故宫博物院的学术研究与其他学术机构也有联系甚至合作。例如，参与明清档案整理的学者，有的人还先后或同时参与好几家的整理工作。北京大学国学门参与档案整理的有沈兼士、陈垣、朱希祖、马衡、单不庵、郑天挺等；故宫文献馆负责人为沈兼士，文献馆1929年6月设立专门委员会、延聘陈垣、朱希祖、徐炳昶、吴承仕、朱师辙、许宝蘅、陈寅恪、傅斯年、罗家伦、周明泰、齐如山、马廉、刘复、钢和泰诸先生为委员；傅斯年为史语所购买内阁档案，李宗侗、马衡、沈兼士三位都曾给予大力协助，傅斯年、陈寅恪、徐中舒、陈垣、朱希祖又是史语所明清档案编刊会委员，赵万里担任过明清史料编印工作的特约编辑员。1947年故宫博物院文献馆、北京大学文科研究所、中央研究院史语所编辑出版的《清内阁旧藏汉文黄册联合目录》《清军机处档案目录》两书，前为清军机处档册总目，后为雍正、乾隆、嘉庆、道光、咸丰、同治、光绪、宣统各朝档册目录，这两部档案编目是当时最有影响力的几个学术机构学术交流与合作的见证。

历经20年的发展，专门委员会对于后来故宫博物院学术发展的影响十分深远，重点表现在两方面：

一是在学术专长上逐步形成了重文献考据及鉴定的特色。

由于故宫藏品的丰富性、复杂性，故宫文物清理就成为从故宫博物院成立以来的一项长期任务，直至2010年底，才彻底摸清了故宫文物的家底。因此故宫学术研究不是经院式的烦琐论证，也不是从书本到书本，它直接面对故宫的文物、古建筑、档案、文献，对此进行客观分析、比较，解决宫廷历史人物和事件的物证和历代文物的真伪鉴定及其艺术价值、文化联系等诸多问题。总而言之，即以物证史、以物论史，或以物鉴物、以史论物等，都离不开史与物的辩证关系。在这个过程中，就涌现出一批著名的甚至是"国宝"式的专家学者。

例如，北京故宫重视院藏中国古代书画的整理与鉴定，这也是博物馆的基础工作。两岸故宫博物院的清宫旧藏书画的共同点是：基本上反映了乾隆皇帝的鉴藏水平。这个历史上空前的宫廷收藏活动基本上定格到乾隆皇帝离世之际。《石渠宝笈》《秘殿珠林》尽管内容记载详尽，具有重要史料价值，但在真伪鉴定方面是不足完全征信的。20世纪30年代，发生了震惊中外的故宫博物院院长易培基"盗宝"案件，根据之一就是发现清宫有许多假画，认为帝王之家不会有赝品，有则必为易培基盗换无疑。其实，中国书画之赝本，自古有之，帝王之家所藏书画，大多来自民间，自然不乏赝品。"书画之真赝问题早已成为不易解决之问题，虽一代鉴家董文敏（按：即董其昌）也认为'谈何容易'。其中问题复杂得很，不是简单的几句话所能解决的。"[①]对清宫书画的鉴定需要多方面的知识，本身就是一种研究，同时也是进一步研究的基础。北京故宫博物院藏有15万件左右中国古代各类书画，在鉴定上把握得比较严。从20世纪五六十年代，直至80年代，院藏古书画先后经过徐邦达、张珩、启功、谢稚柳、刘九庵、杨仁恺、傅熹年等先生的鉴定，对这些书画的作者、流派、时代、内容等方面给予了客观的基本定位，是集体性的学术成果。这项工作具有深刻的历史意义，它是中国历史上第一次由学术界主持，对皇家收藏的历代书画进行的全面鉴定与科学研究，推翻了皇帝个人的独断。由于故宫研究人员掌握了大量的具有鉴定标尺作用的书画，并对古代书画有着较为广泛的涉猎，因此在书画鉴定方面受到国内外的相当重视，故宫研究人员也形成了重文献考据及鉴定的特色，其科研成果不断补充着艺术史的实际内容，古书画领域里的第一代专家学者有徐邦达、马子云、刘九庵、王以坤、朱家溍等。其中徐邦达很有代表性。他既继承了传统的鉴定方法，又汲取了辩证唯物主义的方法论和现代考古学严谨的科学手段，将文献考据与图像解说有机地结合起来，系统地建立了古书画的鉴定标尺，真实地还原了中国书画史的发展脉络，将原先只可意会的感性认识发展成为可以传授的研究方法和学术思想。包括《古书画过眼要录》《改订历代流传绘画编年表》《古书画鉴定概论》等在内的16卷、600万字的《徐邦达集》，就是他的古书画研究的辉煌成果。

---

① 马衡：《关于书画鉴别的问题》，《张菊生先生七十生日论文集》，商务印书馆，2012年。

二是专门委员会这种形式在继承中又有发展。

民国时期故宫专门委员会的这种组织形式，后来也有所继承，因为这种组织形式体现了故宫学术的开放性，即必须广泛吸收社会力量，这不仅关乎学术为公器的理念，而且挖掘故宫文化遗产的丰富内涵，不是少数人可以承担的。20世纪50年代中后期，故宫博物院陆续成立了编辑委员会、鉴别委员会、文物收购委员会、铜器研究专门委员会、文物修复委员会等机构，就可看到专门委员会的影子。例如1956年7月2日，经文化部同意，成立铜器研究专门委员会，成员为郭沫若、徐森玉、王献唐、郭宝钧、容庚、商承祚、于省吾、陈梦家、唐兰。荟萃了一批国内最为著名的铜器专家。1957年4月6日，成立文物修复委员会，委员由吴仲超、唐兰、张珩、王世襄、陈梦家、沈从文、陈炳、陈万里、李鸿庆组成。下设绘画、铜器、工艺3个小组，聘院内外专家17人为修整组顾问。

在借鉴民国时期专门委员会经验的基础上，近年来故宫博物院也陆续设立了类似机构。随着时代变迁与学术发展，目前故宫博物院专门委员会的业务内容已有所不同，委员的学术背景亦有很大变化。例如从2005至2010年，故宫博物院陆续成立了古书画、古陶瓷、古建筑、明清宫廷史、藏传佛教文物等5个研究中心。名称的变化，反映了研究对象的扩大、研究内容的深入与研究目标的提升；所聘人员的学术造诣与代表性，则体现了21世纪故宫博物院的学术新视野。

以2005年10月成立的古陶瓷研究中心为例，该中心的研究对象主要是故宫博物院所收藏的数量丰富的古陶瓷类文物、从古陶瓷窑址采集来的大量珍贵古陶瓷残片以及世界各地收藏的中国古代陶瓷。研究内容包括对不同时期、不同产地、不同类型古陶瓷制作原料、工艺、结构及相关性质的科学研究；对古陶瓷年代、窑口、真伪的科学研究；对古陶瓷的科学保管、修复和复制等技术的科学研究以及更多深层次、多视角的科学研究。古陶瓷研究中心下设古陶瓷资料观摩室（集库房、展室和小型学术报告厅为一体）、古陶瓷专题陈列室（展室内设触摸屏和等离子显示屏）等。为此，故宫博物院还成立了一个古陶瓷检测研究实验室，配备了同行公认的先进设备和相应的专业人员。故宫聘请国内外著名大学、博物馆和科研机构的著名专家、教授、学者担任研究中心的客座研究员，聘请本院与古陶瓷专业有关的专家和学者为研究中心的研究员。[①]他们将对故宫博物院的古陶瓷研究、保管、陈列提出指导性意见，并在相关课题研究中发挥学术顾问的重要作用。

（原为作者为2014年故宫博物院"故宫博物院学术史研讨会"提供的论文，载于《故宫博物院院刊》2015年第4期，收入郑欣淼著《故宫与故宫学三集》，故宫出版社，2019年。）

---

① 聘请客座研究员20位：戴浩石先生（Mr.Jean-Paul Desroches，法国巴黎吉美美术馆馆长）、伊娃·斯特霍伯女士（Ms.Eva StrÖber，德国德累斯顿国家艺术收藏馆东方陶瓷研究员）、苏珊·瓦伦斯登女士（Ms.Suzanne G. Valenstein，美国纽约大都会博物馆研究员）、长谷部乐尔先生（日本出光美术馆理事）、艾丝维尔多女士（Ms.Ayse Erdogdu，土耳其伊斯坦布尔托普卡普·萨莱博物馆研究员）、郭勤逊先生（Mr.Kenson Kwok，新加坡亚洲文明博物馆馆长）、宿白先生（北京大学教授）、汪庆正先生（上海博物馆副馆长、研究员）、郑良谟先生（韩国京畿大学硕座教授、文化财委员会委员长）、葛师科先生（香港"敏求精舍"收藏家协会现任执委）、林业强先生（香港中文大学文物馆馆长、教授）、廖桂英女士（台北鸿禧美术馆副馆长）、蔡和璧女士（台北故宫博物院研究员）、廖宝秀女士（台北故宫博物院研究员）、叶喆民先生（中央工艺美术学院教授）、陈铁梅先生（北京大学考古系教授）、关振铎先生（清华大学材料科学与工程系教授）、李家治先生（上海硅酸盐研究所研究员、博导、世界陶瓷科学院院士）、罗宏杰先生（上海硅酸盐研究所所长、研究员）、李虎侯先生（首都师范大学地理系教授）。聘请故宫博物院研究员10位：耿宝昌、李辉柄、叶佩兰、王莉英、吕成龙、苗建民、陆寿麟、冯小琦、王健华、邵长波。

　　　　　　　　　　　　　　　　　　　　　　　　　　故宫论学

『完整故宫』保护的理念与实践

　　完整故宫保护理念的核心，就是故宫价值的完整性保护。故宫博物院成立近90年的发展历程，是对故宫价值认识不断深入、对完整故宫保护不断探索的过程。故宫博物院成立初期，就提出"完整故宫保管"计划，通过不懈努力，确定了故宫博物院的管辖范围，并在民族危难时期对故宫文物进行了卓有成效的保护。"完整故宫"意识后来有所淡化，但改革开放以来重新引起人们重视，并逐渐成为一种理念得到不断提升。世界文化遗产视野中的"完整故宫"强调故宫真实性与完整性的结合，重视故宫与其周边环境的联系，对故宫进行"完整保护、整体维修"。故宫学则从"文化整体"的视野进一步认识故宫价值的完整性，"完整故宫"作为方法论和思维方式，有力地指导和推动着故宫保护和博物院建设。世界遗产视野中"故宫真实性和完整性的结合"与故宫学视野中"故宫文化价值的整体性"诸多理念是相互启发、补充甚至有所交融的关系。

一

"完整故宫保管"与故宫博物院管理职责及管辖范围的确定

辛亥革命后，末代皇帝溥仪于民国元年（1912）2月12日宣布退位。根据《关于大清皇帝辞位之后优待之条件》第三款"大清皇帝辞位之后，暂居宫禁，日后移居颐和园"①，清室继续占据紫禁城后廷达13年。民国十三年（1924）9月第二次直奉战争爆发，冯玉祥发动"北京政变"，摄政内阁通过修正《清室优待条件》，并于11月5日驱逐溥仪出宫。溥仪出宫后3天，摄政内阁令国务院组织"办理清室善后委员会"，与清室近支人员协同清理公产私产，"俟全部结束，即将宫禁一律开放，各充国立图书馆、博物馆等项之用，借彰文化，而垂永远"②。经过近一年的筹备，故宫博物院于1925年10月10日即中华民国第14个国庆日正式成立。事实上，这一时期的故宫在空间上是明显不完整的，它为多个机构分割管理。新生的故宫博物院为争取故宫的完整做了不懈的努力。

（一）清室园囿坛庙的社会利用与没有选择的故宫博物院

紫禁城分"前朝"与"后廷"两部分。午门以北，乾清门外以南，所有三大殿及文华、武英各殿廷，均为前朝；乾清门以北，则称后廷。对帝王来说，前朝是"国"，后廷是"家"。帝王及嫔妃等居住在后廷，处理政务在后廷，皇室的收藏也集中在后廷。溥仪出宫以后，新成立的故宫博物院的管辖范围主要是故宫的后廷部分。所谓"故宫博物院"，顾名思义应该是管辖一个完整故宫的机构名称，但事实上故宫博物院的管辖范围应

---

① 中国第二历史档案馆编：《中华民国史档案资料汇编》第1—2辑，江苏古籍出版社，1991年，第74页。

② 《大总统发布清室宫禁充作博物馆令（1924年11月7日）》，中国第二历史档案馆编：《中华民国史档案资料汇编》第3辑，江苏古籍出版社，1991年，第293页。

该有多大？这对新成立的故宫博物院来说，似乎没有选择的余地。

民国二年（1913）3月3日，逊清皇室将西苑三海移交中华民国政府，嗣后军队进驻北海，中南海成为总统府办公处所。民国二年（1913）和三年（1914），民国政府内务部偕同清室内务府人员，先后赴热河行宫与沈阳盛京故宫，将各处约20余万件陈设物品运京，存于太和、中和、保和、武英诸殿。民国二年12月24日，内务部同意于京师设立古物陈列所，并公布了《古物陈列所章程》，在前朝武英殿配殿设立古物陈列所筹备处。民国三年双十节国庆古物陈列所在武英殿正式开幕，民国四年6月又扩大到文华殿等陈列室，并由美国退还庚款余款内拨给20万元，在武英殿西边修建宝蕴楼作为文物库房。[①]古物陈列所实为"明清北京皇宫成为博物院之权舆"[②]，"紫禁城向博物馆转变的第一篇章"[③]。也就是说，在故宫博物院成立之前，故宫的"前朝"与"后廷"分别由古物陈列所和清室各自管理已达11年之久。民国元年（1912）7月，由教育总长蔡元培主持在国子监旧址筹建国立历史博物馆，是中华民国成立后的第一个博物馆。民国六年（1917）教育部决定该馆迁往故宫午门。[④]"民国七年，将端门、午门略加修葺，实行迁移。午门城楼及两翼亭楼作为陈列室，门下东西两朝房作为办公室，两廊朝房作为储藏室，端门楼上储粗重物品。"[⑤]故宫博物院成立的第二年即1926年，已筹备达13年之久的历史博物馆正式对社会开放。这样，天安门之内，从端门、午门、三大殿、后三宫乃至神武门，同时存在着历史博物馆、古物

---

① 《北京市志稿·文教志·下》第6册，北京燕山出版社，1998年，第340页。

② 单士元：《我在故宫七十年》，北京师范大学出版社，1997年，第383页。

③ 段勇：《古物陈列所的兴衰及其历史地位述评》，《故宫博物院院刊》2004年第5期。

④ 午门是故宫的南门，午门南为端门，端门南为天安门，天安门南为大清门（民国后改为中华门）。大清门、天安门、端门是皇城三大中门。

⑤ 《中华民国国立博物馆概略（1925年）》，中国第二历史档案馆编《中华民国史档案资料汇编》第3辑，江苏古籍出版社，1991年，第276页。

陈列所、故宫博物院三个博物馆。

　　紫禁城的空间利用已是如此，而明清皇室的许多坛庙、苑囿则在民国初年被辟为公园。公园是近代发展起来，面向普通百姓的公共场所。清末民初，西方公园的概念传入中国，一些留学生和出国游历的人开始介绍西方的公园，称其是陶冶人的性情，养成文明生活习惯的好场所。光绪三十二年（1906）出国考察政治大臣端方、戴鸿慈专折上奏，建议清政府仿效西方国家普及公共文化设施，开办图书馆、博物馆、动物园、公园，以"开民智，化民俗"，"先就京师首善之区，次第筹办，为天下倡"[1]。民国以后，皇家的苑囿、坛庙移交民国政府。1914年市政公所成立，修建城市公园成为他们最早的工作之一。他们在《市政通告》上对修建公园进行了广泛的宣传，介绍西方各国的公园，并揭出建设公园这一公共空间对于改革北京普通居民生活方式的意义。[2]

　　在北京城市的近代化建设上，朱启钤起了极为重要的作用。民国三年（1914），内务总长兼京都市政公所督办的朱启钤以都市不可无公园，乃发起联合旅京绅商捐款，主持了创建后来名之为"中央公园"的准备工作。民国四年（1915）10月10日，社稷坛辟为中央公园正式开放（1928年改为中山公园，1937年10月恢复中央公园原名），开坛庙改公园的先河。[3]朱启钤在《中央公园记》中回顾了这一过程，提出了社稷坛变为公园的必然性：

　　　　民国肇兴与天下更始，中央政府既于西苑辟新华门，为敷政布令之地，两阙三殿，观光阗溢；而皇城宅中，宫殿障塞，乃开通南北长街、南北池子为两长衢。禁御既除，熙攘弥便，遂不得

---

① 袁熹：《北京城市发展史·近代卷》，北京燕山出版社，2008年，第111—112页。
② 京都市政公所：《市政通告》，1918年，第18卷。
③ 《北京市志稿·建置志》，北京燕山出版社，1998年，第584页。

不亟营公园，为都人士女游息之所。社稷坛位于端门右侧，地望清华，景物巨丽，乃于民国三年十月十日开放为公园。[①]

于是，一场可以称之为"公园开放运动"在民国初年开始了。民国四年（1915），先农坛辟为公园；同年北海辟为公园，民国十一年（1922）正式对外开放。民国七年（1918），天坛正式对外开放。民国十四年（1925），京兆尹薛笃弼主持将地坛开辟为"京兆公园"。民国三年（1914），民国政府还曾与清室内务府共同制定了《颐和园等发售券试办章程》，将颐和园及静明园一并开放售票，供群众游览。民国十七年（1928），内政部将颐和园及静明、圆明两园一并收管，同年7月1日，颐和园正式改为公园。

将这些皇家坛庙、苑囿变为公园，既具有政治价值，也具有经济价值。从政治上说，通过将皇家园林改造为公共空间，中华民国政府表明了它与中国封建王朝的旧时代决裂的决心和关心人民疾苦的承诺。从经济上说，这些皇家建筑物大多数已经具备树木花草和楼阁亭台等公园设施，将这些空间改建为供公众使用的公园可以借用已有的资源，而不必从零开始。由于这一原因，在社稷坛基础上建设中央公园要比纽约市中央公园的建设节省相当多的资金。[②]笔者之所以用较多篇幅谈及皇家坛庙园囿改建公园之事，是要说明民初时期皇室宫苑走向城市公共空间的必然性，总体而言这是符合时代潮流与人民要求的。

这样一来，至故宫博物院成立时，故宫以外的仍由清室管理的仅剩景山、太庙、大高玄殿、堂子、皇史宬以及颐和园、静明园、圆明园等数处了。神武门北面的景山为紫禁城的屏藩，有以寿皇殿为主体建筑的宫殿

---

① 沈云龙主编：《近代中国史料丛刊》第23辑，（台北）文海出版社，1989年，第113页。

② 史明生：《走向近代化的北京城——城市建设与社会变革》，北京大学出版社，1995年，第144页。

群，为供奉清代历朝皇帝御容（画像）之所。清代多朝帝后死后的梓宫均停放在寿皇殿和观德殿内。民国初期，寿皇殿内仍供奉着清代历朝皇帝的影像，皇室成员还经常前往瞻仰行礼。位于端门以东的太庙是明清皇帝的宗庙，祭祀已故帝后，并以功臣配享，在坛庙中占有特殊地位。《清室优待条件》中有"所有陵寝宗庙得永远奉祀，并由民国妥为保护"的约定，因此清帝逊位后，太庙仍归清室保管，其他坛庙交由民国政府管理。随着溥仪出宫，太庙亦由民国政府收回，辟为"和平公园"，于民国十七年（1928）停办。位于神武门西北的大高玄殿为明清两代皇家道观。堂子为清宫特设祭神之所。祭堂子为满族旧俗，汉官不与。皇帝出征祭告、凯旋告成亦皆于此行礼。堂子原址在长安左门外御河桥东，被八国联军摧毁，后又于皇城内东南隅重建。故宫东华门外的皇史宬是明清两代皇室大量档案的"金匮石室"，明代的"实录""宝训"，清代的"实录""玉牒""圣训"等，都珍藏于此。这几处之所以未被民国政府收走，大约都因与清室关系紧密或具有特殊用途。大高玄殿为宗教场所，太庙、堂子为祭祀之处，景山、皇史宬也有专门用途。而颐和园、静明园、圆明园虽属皇家财产，但离故宫亦远，不可能使用。

倘若民国成立之初就筹划把皇宫变成博物院，或许有更为周全的考虑，宫苑坛庙应有更为合理的安排。但至民国十四年，已是没有选择的余地了。而且故宫博物院成立之初就曾遭遇重重阻力，成立之后的最初几年又颇为坎坷，博物院的命运也十分危殆。民国十五年（1926）7月，清室遗臣康有为等公然以内务府名义移书国务院及吴佩孚，为谋溥仪复宫，并恢复优待条件。内务部旋即核议复宫案，决定不承认清室内务府之议。遗老请愿事，亦予拒绝。[1]民国十六年（1927）8月，张作霖就任军政府陆海军大元帅，由潘复组阁，阁议议决"清太庙、堂子两处，应归内务部坛庙管理处保管"，"前清军机处档案存大高殿者，应归国务

---

① 《故宫跨世纪大事录要：肇始　播迁　复院》，台北故宫博物院，2000年，第53页。

院保管"。当时故宫同人认为："吾人以保守本院为原则，院外附属之太庙、堂子，苟政府欲强制收去者，似宜听之，以为和缓地步，否则政府之势力张，虑且延及本身，宜以壮士断腕之旨为当。"[①]对故宫同人来说，保守住故宫的后廷部分已是第一要务，于是乃决意放弃太庙、堂子，而争取大高玄殿的档案。

（二）"完整故宫保管"的提案及其实施

民国十七年（1928）6月，北伐成功，南京国民政府派员接收了故宫博物院。故宫同人没有想到，在危难中挣扎过来的故宫又到了生死存废的紧急关头。此时，国府委员经亨颐乃有《废除故宫博物院，分别拍卖或移置故宫一切物品》的提案，于是博物院已定之局，又呈岌岌之势。故宫同人做了大量宣传工作，张继以大学院古物保管委员会主席名义，逐条驳斥了经氏的谬论。后经中央政治会议及中常委先后议决，维持原案，公布了《故宫博物院组织法》。

从博物院成立一直到抗战胜利后，为争取故宫的完整性，故宫博物院做了不懈的努力，最终实现了完整故宫保管的格局。1925年9月29日，清室善后委员会共同议决《故宫博物院临时组织大纲》，其中并没有关于博物院职能及管辖范围的规定。1928年10月5日国民政府公布的《故宫博物院组织法》，第一条规定："中华民国故宫博物院，直隶于国民政府，掌理故宫及所属各处建筑物、古物、图书、档案之保管开放及传布事宜（按所属各处，系指故宫以外之大高殿、清太庙、景山、皇史宬、实录大库等）。"此中的"故宫"，也仅指故宫的后廷部分，而非整个故宫，所以李煜瀛理事长书写的"故宫博物院"木、石匾额也只得安装于神武门。在故宫各项工作逐步走上正轨，博物馆事业蓬勃发展之际，如何整体地保管故宫，就成为一个十分紧迫的问题。1930年，国立北平

---

① 吴瀛：《故宫博物院前后五年经过记》第1卷，1930年铅印本。

故宫博物院理事会以理事蒋中正领衔，12位理事签名，向行政院呈送了一份"完整故宫保管"的提案：

> 为完整故宫保管，俾全变为文化古迹，以正观听而利处置事。缘满清既覆，封建告终，本应将中华门以内至于景山所谓禁城或曰皇宫者，整个的废置为博物院，使夷入古迹之列，止供游观者为历史上之凭吊。乃民国十三年以前，因溥仪盘踞内宫，故将外廷暂由内部保管，然阙仍名阙，殿仍为殿，自所应当而未予以博物院之总名，至一般人尚有皇居之观念。虽如袁世凯之特迓，尚欲修整泰和殿，妄思称帝，固属例外，然以有司典守，不正其名称，终淆观听。幸十三年冬间逐出溥仪，将内宫正名为博物院，且属诸文化机关独立保管，而观念为之一清。唯因频年多故，未遑将殿廷并合，不但保管歧出，欲整理为博物院之形式，诸感困难；而且游观之人，以为殿廷仍属有司，一若将有待行民国典礼之用，观听难免淆杂。本理事会屡加

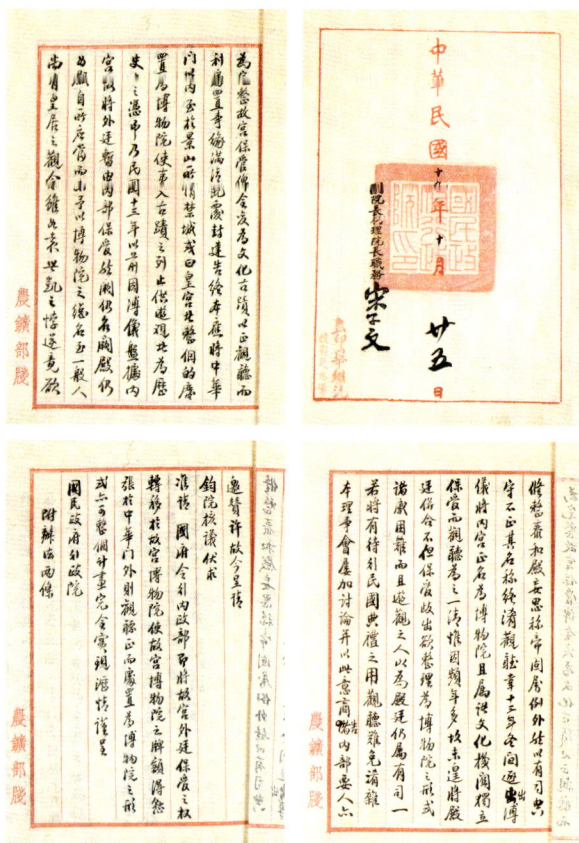

"完整故宫保管"呈文

讨论，并以此意商告内部要人，亦邀赞许，故今呈请钧院核议，伏求准请国府令行内政部，即将故宫外廷保管之权转移故宫博物院，使故宫博物院之牌额得悬张于中华门外，则观听正而处置为博物院之形式，亦可整个计划完全实现。①

呈文并附具办法两条，一是"将中华门以内直至保和殿所有一切庙廷向归内政部保管者，由故宫博物院接收，合并内宫一同保管"。值得引起注意的是，此处用了"向归内政部保管者"，如前所述，端门、午门已于1917年划归历史博物馆，由教育部保管。二是故宫博物院接收外廷后，古物陈列所的文物，来自沈阳故宫的仍移归沈阳故宫，非沈阳的部分将来移送首都另设博物院，可暂借外廷原处陈列。

1930年10月21日，行政院第91次会议议决："故宫博物院门额不必悬中华门，余照通过，由行政院备案。"②10月25日，行政院指令，批准《完整故宫保管》提案，同意将设在紫禁城的外朝的古物陈列所与故宫博物院合并，将中华门（即大清门，在天安门外，今已拆除）以内至保和殿直至景山，以及大高玄殿、太庙、皇史宬、堂子等处一并归入故宫博物院，一同保管。11月3日接收及点验委员钱桐、廉泉（古物陈列所）、俞同奎、吴瀛（故宫博物院）、于学忠、鲍毓麟（张学良指派）会同办理古物陈列所归并故宫博物院之事宜。11月15日，院方会同内政部及卫戍司令部、公安局各机关办理接收古物陈列所手续完毕（但实际各项管理仍因旧贯，因多种原因，尚未真正合并）。③

行政院批准合并的指令

---

① 故宫博物院1930年档案。

② 上揭

③ 故宫博物院编：《故宫博物院八十年》，紫禁城出版社，2005年，第44—45页。

故宮博物院

法全部成做
故宮博物院太廟分院活計依照本院做
總共現洋壹萬壹千叄百元
阆標後實佑印花　保估二年完工期另
實之此呈

故宮博物院
民國二十三年六月廿七日

以魂共寶佑現洋伍仟陸佰零肆元叁

圭、新建築男女廁所二座惟地点臨時指定按做法
　估定之料現洋叁百肆拾玖元

圭、西北翹角處添修大醬一道及间踌口砌佛方阆底有拆下砖佳
　阆做好
　估定之料價洋叁百叁拾三元

土、所有全院除去修土踌外為有坑洼不平在行調整開疏軸十
　軌做好
　估定之料現大洋壹仟三百零四元

十、東邊運料門修理添盖修售票房及修踌修問圓墻等工程
　照做法照說明册
　估定之料現大洋四百貳拾捌元

九、太廟戟門改售票處及內里砖墁拆修補砌武泡等工程均
　按做法書
　估定工价現洋壹佰陸拾三元

1932 年 6 月到 1934 年，故宫修缮太庙。图为太庙修缮工程项目及估价单

太庙收回后，作为故宫图书分馆阅览室对外开放

　　　　　　　　　　　　　　　　　　　　　　　　　　故宫论学

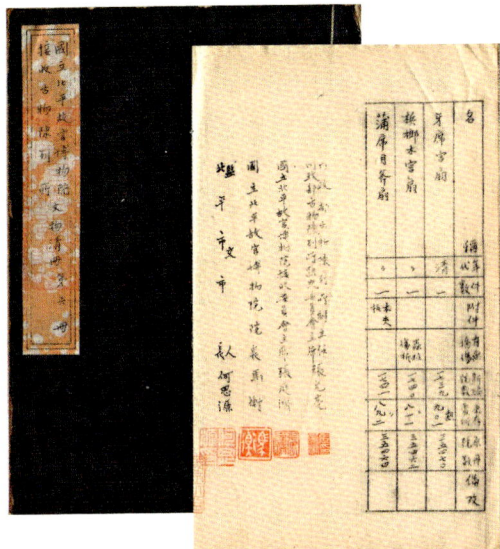

故宫接受古物陈列所文物清册

1931年4月，接管景山，辟为公园，并整修"绮望楼"为考古学演讲厅。12月1日，接收太庙，并悬挂"故宫博物院太庙分院"匾额。

完整故宫保管的意愿在抗日战争胜利后终于真正实现。民国三十五年（1946）12月3日，行政院决议，故宫博物院改隶行政院，古物陈列所归并故宫博物院，古物陈列所留存北平文物（88 202件）及所辖房屋馆舍，拨交故宫博物院。民国三十七年（1948）3月1日，古物所正式并入故宫博物院；4月3日，接收古物所原寄

1948年3月收回古物陈列所后，故宫博物院匾额曾一度悬挂在午门

管的美籍福开森文物，代为管理；9月1日开始点收古物陈列所文物，11月22日结束。故宫院区从此完全统一，格局乃臻完整。

故宫博物院因情况变化，对原《故宫博物院组织法》进行修订，并改为《国立北平故宫博物院组织条例》，经国民政府行政院1947年7月1日第10次会议通过，10月15日正式公布，其中第一条改为："国立北平故宫博物院直隶于行政院，掌理旧紫禁城全部并所属天安门以内及大高殿、清太庙、景山、皇史宬、清堂子等处建筑物及古物、图书、文献之整理、保管、展览、流传事宜。"①

（三）"完整故宫保管"的意义

"完整故宫"即故宫的完整性，包括故宫古建筑的完整性与故宫文物藏品的完整性。这一"完整"概念的形成，基于故宫同人对故宫价值的深刻认识，1928年张继以大学院古物保管委员会主席名义，驳斥经亨颐关于废除故宫博物院谬论中的一段话，对故宫价值特别是"世界价值"作了至今看来仍然是十分深刻的论述：

> 一代文化，每有一代之背景，背景之遗留，除文字以外，皆寄于残余文物之中，大者至于建筑，小者至于陈设。虽一物之微，莫不足供后人研究之价值。明清两代海航初兴，西化传来，东风不变。结五千年之旧史，开未来之新局，故其文化，实有世界价值。而其所寄托者，除文字外，实结晶于故宫及其所藏品。近来欧美人士来游北平，莫不叹为列入世界博物院之数。即使我人不自惜文物，亦应为世界惜之。还观海外，彼人之保惜历史物品也如彼。吾人宜如何努力，岂宜更加摧残？②

---

① 故宫博物院 1947 年档案。
② 前揭《北京市志稿·文教志（下）》第 6 册，第 357 页。

故宫的空间是完整的，它不能只有后廷而没有前朝，也不能只有孤立的一个故宫而没有与其关系极为重要的其他一些皇家建筑物；故宫的文物也是一体的，需要完整地保护。这种完整性是其价值的整体性所决定的。因此，争取故宫的完整并不是出于扩大自身地盘的狭隘意识，而是故宫价值自身的要求。"完整故宫"体现了故宫人守护民族文化遗产的责任感，也成了故宫保护工作的一个理念。

　　"完整故宫"理念转化为一种力量，促使故宫博物院在古建筑保护及文物管理、博物馆建设等方面都尽其所能，做了大量的工作。清室善后委员会接收清宫之初，宫内建筑除养心殿、储秀宫、长春宫、永和宫、重华宫等处未至破旧外，其余各殿、各宫，多年久失修，荒芜残破。为此，故宫博物院拟具了整修计划，多方面争取支持，得到国民党驻北平总司令行营以及中华教育文化基金会、中法教育文化基金会的拨款支持①，有重点地先后维修了慈宁花园、咸福宫、储秀宫、景阳宫、英华殿、景仁宫、城台马道、四隅角楼、斋宫、诚肃殿及景山绮望楼等一批宫殿建筑。故宫博物院在文物清理上继续努力，认真办好各类展览，文献的整理出版更是成绩显著。20世纪30年代初期，在中华民族危机关头，1.3万多箱珍贵文物避寇南迁，故宫人以自己的忠诚与坚韧谱写了第二次世界大战中保护人类文化遗产的光辉篇章，闪烁着"完整保护"的信念和理想。

二

宫、院认识的偏颇与"完整故宫"意识的淡化

　　中华人民共和国成立，中国社会发生天翻地覆的变化，故宫博物院也面临重大转折。这个转折的关键是对故宫及故宫博物院的看法，即

---

　　① 前揭《故宫跨世纪大事录要：肇始　播迁　复院》，第78页。

对其性质的认识，从而决定了所采取的方针及做法。从解放初期一直到"文化大革命"之前，党和政府对故宫保护与故宫博物院的建设是十分重视的，给予了极大支持，但由于对故宫认识及对博物院定性的偏颇，以及文物观念的局限，特别是以阶级斗争为纲指导思想的影响，"完整故宫"的意识有所淡化，这在故宫保护与文物管理上都带来很大影响。

（一）故宫博物院的新职能与所辖范围的变化

1949年1月31日，北平和平解放。2月7日，国立北平故宫博物院重新开放。1950年，国立北平故宫博物院更名为"国立北京故宫博物院"。6月13日，文化部颁发了《国立北京故宫博物院暂行组织条例》（以下简称《暂行组织条例》），规定故宫"承中央人民政府文化部文物局之领导"，负责"所有之古物、图书、文献之整理保管、研究、展览等事宜"[①]。颁布这一条例，显然是循旧例。故宫博物院此前已有"临时组织大纲"（1925年）、"组织法"（1928年）、"组织条例"（1947年）等，现在政权鼎革，万象更新，对其职能自然要有新的规定。这一规定明确了故宫博物院的职能，但未提出故宫的管辖范围。未提出的原因，应该是认为故宫博物院的范围就是故宫红墙之内的空间，而无需要再管辖皇宫以外的其他建筑，这一点从故宫周边相关建筑管辖关系的变化中可以得到说明。

太庙。在《暂行组织条例》发布半年之前，即1950年1月，政务院总理周恩来提议将太庙改建为劳动人民文化宫，经最高国务会议通过后，于1950年4月30日由市总工会主持建太庙为劳动人民文化宫。毛泽东主席亲为劳动人民文化宫书写宫名。[②]其中的文物运回故宫博物院保存，故宫图书馆太庙分馆关闭。对于太庙改为文化宫，王冶秋、马衡等都是不赞

[①] 国家文物局编：《中华人民共和国文物博物馆事业纪事1949—1999》上册，文物出版社，2002年，第14页。

[②] 北京市地方志编纂委员会：《北京志·市政卷·园林绿化志》，北京出版社，2000年，第103页。

1955 年 12 月 26 日，故宫博物院档案馆移交国家档案局前全体人员在御花园合影留念

成的，他们并不是坚持太庙应由故宫管理，而是认为把皇室宗庙充作文化场所是不合适的。"似以成立博物馆为宜。总工会竟以之充作工人俱乐部，私意未敢赞同也。"①其实在1949年后半年，当时的主管部门曾拟将太庙改为博物馆，并做了一些准备工作。由于太庙历史上庄严肃穆的

---

① 《马衡日记》1950年1月7日："太庙之改为革命博物馆，在半年前已由高教会文物处妥拟办法。文化部既成立文物局，又重申前议，编造一九五〇年概算，从事筹办。乃日前总工会于政务院召开房屋调配委员会之际，由周总理亲自主持，竟通过议案，将太庙移交总工会，作为劳动宫。王冶秋奔走数月，谓此案已无可挽回。查太庙建筑已有五百年历史，为保护古建筑计，似以成立博物馆为宜。总工会竟以之充作工人俱乐部，私意未敢赞同也。今日为文物界工会庆祝成立晚会，余以畏寒，只得请假。晚会前赴团城与冶秋长谈。"又1950年2月27日："诣太庙看迁徙情形。中殿金漆龛坐甚壮丽，暂不拆迁。东庑有天坛及堂子移来之物。闻总工会渐知不甚合用，颇有悔意，不知能有转圜余地否。"《马衡日记附诗钞——一九四九年前后的故宫》，紫禁城出版社，2006年，第107—108页、第116页。

性质，1950年10月27日，中共中央在太庙即劳动人民文化宫为任弼时举行追悼会。以后，中国共产党和国家领导人逝世，有的也曾于太庙前殿停灵及举行公祭。[①]

大高玄殿。1950年被某单位借用举办展览，1956年展览结束后直接将其转交另单位使用，60年后才交回故宫博物院。

景山。1950年6月景山恢复开放，关闭后的太庙图书馆亦移至园中绮望楼开放。1950年11月，景山整个建筑拨交解放军卫戍部队使用。1955年3月，景山由北京市园林处接管。1955年8月29日，国家文化部文物局指示，将景山公园寿皇殿院内全部建筑，交北京市少年宫使用。

皇史宬。1955年8月，随着故宫明清档案划归国家档案局，皇史宬也

---

① 前揭《北京志·市政卷·园林绿化志》，第 103 页。

一并划归；1969年皇史宬又随这批档案回到故宫；1980年再一次划归国家档案局。

堂子。20世纪50年代拆除，原地已建为贵宾楼饭店。

（二）"艺术性博物院"的定性及其对故宫文物藏品完整性的影响

故宫博物院的定性定位很重要，它决定着故宫的文物收藏、陈列展览、学术研究以及整个工作的重点。1953年5月，文化部文物局与故宫博物院共同研究，拟订改进计划，提出故宫博物院的性质是："文化、艺术、历史性的综合博物馆，而以艺术品的陈列为其中心。这是和克里姆林宫及冬宫博物院的性质有些相同的。"[①]1953年12月21日，文化部

[①] 《故宫博物院改进计划的专题报告》，《郑振铎文博文集》，文物出版社，1998年，第215页。

第37次部长办公会会议讨论了《故宫博物院整顿改革方案》，提出故宫博物院的陈列方针，首先应以能充分表现中国历代艺术为主，同时注意现代的少数民族艺术品陈列，设立国际礼品馆，可先举办国际礼品展览。① 1954年4月14日，故宫博物院试行《故宫博物院整顿改革方案》，确定故宫为"艺术性博物馆"，要在普及与提高相结合以

文化部整改方案的讨论意见。引自《故宫博物院九十年》，故宫出版社，2015 年

普及为主的方针下，首先进行中国艺术品陈列；既要组织好古代文物艺术品的陈列，也要做好宫廷史迹的陈列，在陈列展览工作中要不断提高思想性、艺术性和科学性。②

　　故宫是艺术性博物院的定性，直接影响故宫文物的收藏。故宫的文物藏品分为两大部分，一部分为传统的古物珍玩，如铜瓷书画、各种工艺品等，另一部分是与典章制度、衣食住行等有关的物品。为了充实故宫院藏，中央政府高度重视，社会各界也积极支持。20世纪五六十年代，故宫接收政府部门和各地博物馆拨交的文物约16万件（套），其中

---

① 国家文物局编：《中华人民共和国文物博物馆事业纪事 1949—1999》，文物出版社，2002 年，第 65 页。
② 上揭《中华人民共和国文物博物馆事业纪事 1949—1999》，第 73 页。

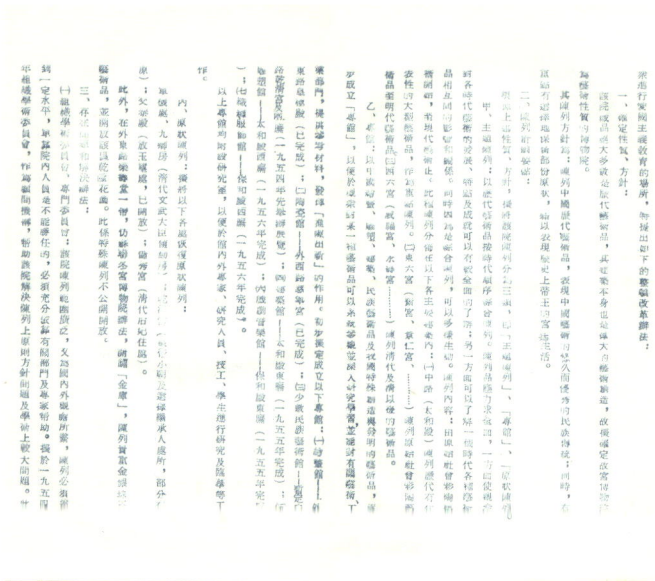

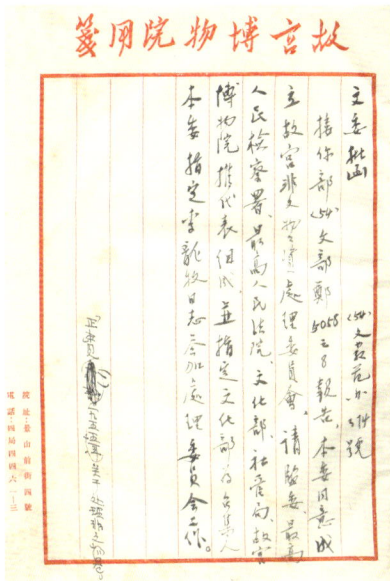
政务院文委同意成立故宫非文物委员会的批函

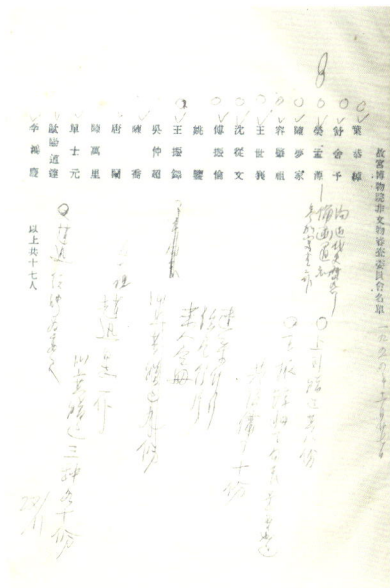
故宫博物院非文物审查委员会名单

有许多是流失出去的原清宫旧藏，特别是一批书画名迹。这一时期故宫又从社会上收购了大批书画珍品，接受了社会捐赠的大量珍贵文物。这些古代书画及工艺品的充实，为故宫博物院的发展打下了良好基础。同时故宫也先后把大量宫廷藏品及珍贵文物调拨给不少博物馆、图书馆及其他机构。

但是，对博物院定位及文物认识的偏颇，也给故宫文物管理的完整性带来消极影响，这主要反映在两个方面。

其一，在文物与非文物认识上的偏颇，以非文物名义处理的许多物品今天看来仍具有相当价值。20世纪50年代中后期，故宫博物院进行的清理文物、处理非文物、紧缩库房、建立专库的工作，成绩很大，使清宫堆积如山的物品得到认真清理，藏品中玉石不分、真赝杂处的状况得到彻底改变，但其中也有教训，即所处理的非文物中，有些仍有独特价值，特别是那些以年代晚近、材质不好、艺术性差或重复品太多为由处理了不少物品，如乾隆以后的假次书画、宗教画、近代书画，同治、光绪时期的粗制硬木家具，嘉庆后的大量瓷器重复品、民国时期的小钟表、大批八旗盔甲乃全新中国成立后的国际礼品等，今天从完整保护人类文化遗产的视角看，这些无疑都是有一定的文物价值，是反映宫廷历史文化某些方面的实物见证。即使重复品多，也只是从清宫而言，如从

1954 年，故宫拟处理的非文物（木器类）

全国范围看，又是极其少有的。当然对这些物品的处理，不只是某个部门或少数人的认识，而是当时中国文博界与整个社会文物保护认识程度的一个反映。[①]

其二，对艺术类文物与非艺术类文物认识的偏颇，把大量认为不符合艺术性要求的文物划拨了出去。故宫从艺术博物院要求来对待和处理文物藏品，这突出反映在明清档案和图书典籍两个方面。故宫博物院成立后明清档案一直是重要庋藏，先是在图书馆下设文献部，1928年专设文献馆，其下设大库、宫中、军机处、内务府、宗人府等档案组。新中国成立后，又接收和征集明清档案近400万件（册）。1955年8月，故宫博物院"鉴于现有附设之档案馆的重要性，以及档案工作与艺术博物馆事业不相适应"，因与国家档案局协商，"认为将我院档案馆交由国家

---

① 郑欣淼：《故宫博物院的文物清理》，《故宫与故宫学》，紫禁城出版社，2009 年，第 117—118 页。

档案局领导为适宜"，经国家文化部同意后办理了移交手续。[①]典籍图书的外拨也是如此。故宫博物院图书馆长期以来是个重要的业务部门。1949至1953年，在国家支持下，故宫仍致力于收购清宫流失出去的珍籍，继续充实着故宫的典藏。从1955年开始，故宫将大批珍本典籍及宫廷藏书外拨到北京图书馆、国家档案局，一些省市及大学的图书馆，其中有存在柏林寺的完整的18世纪《龙藏》经书版约15万块，四库书版7.8万块，天禄琳琅图书209种、2 347册，另有虽非天禄琳琅却系宫廷珍本的宋元明清版书籍及抄本29种、509册。[②]今天看，这些文物其实都是清宫历史文化的重要组成部分，都与"艺术性"文物有着密切联系。例如明清档案，它规范整肃的外形、精美的装潢、优质的纸墨等，反映了当时的文书制度和文化用品的工艺水平，特别是各种字体有很高的艺术水平和鉴赏价值，不仅其本身有着很高的艺术性，而且有着重要的价值，其中的内务府档案，对于研究清宫历史文化更有特殊意义。

（三）对故宫古建筑的重视与对故宫认识的偏颇及影响

对于故宫的价值，毛泽东主席有着深刻的认识。1949年1月16日，他在给平津前线总前委林彪等的电报中，专门就保护北平文化古迹问题做出指示："力求避免破坏故宫、大学及其他著名而有重大价值的文化古迹。"[③]新中国成立以来，国家对故宫古建筑的保护十分重视。故宫博物院20世纪50年代初组建了专业施工队伍，制定了修缮保护方针。人民政府逐年增加维修保护经费，除对古建筑实施正常保养之外，还完成了一大批重点修缮工程，使古建筑的整体状况大为改善。故宫古建筑的

---

① 《故宫博物院档案馆移交国家档案局的拟议》（1955年8月2日），现存故宫博物院档案室。
② 郑欣淼：《天府永藏》，紫禁城出版社，2008年，第96—102页。
③ 《中央军委关于保护文化古城问题的指示电》（1949年1月16日），《北平和平解放前后》，北京出版社，1988年，第40页。

三大灾害是雷灾、火灾与震灾。1957年，故宫开始在高大建筑上安装避雷针。1972年国家拨款重点解决故宫热力供应问题。1974年4月29日，国务院批准《故宫博物院五年古建筑修缮规划》，项目的实施收到了明显的效果。1977年引进热力工程系统，故宫从此结束用煤取暖，保障了古建筑的防火安全。1976年唐山地震，北京震感强烈，故宫部分古建筑受损，遂对防震引起高度重视，积极研究应对措施。

但在重视古建筑保护的同时，由于认识上的一些偏颇，又使故宫古建筑的真实性、完整性受到影响，特别是极左思潮的干扰，甚至使故宫管理曾一度面临危机，这主要反映在三个方面。

其一，对古建筑的人为的不恰当改变影响了故宫的真实性。故宫一些古建筑的格局、装饰和建筑材料，甚至构造，由于种种原因改变了原状。例如，钦安殿前原有抱厦被拆除；熙和门、协和门的东西庑房和坤宁门东板房原后檐柱不知何时、何故被撤去，威胁建筑安全；乾清宫东西庑房的支摘窗改为现代玻璃窗；故宫一些室外青砖地面改为水泥砖地面等。还有

武英殿书版整理前

武英殿书版整理后

一些改变是为了陈列展览的需要。1914年古物陈列所成立，武英殿、文华殿内部就改建成适合展览的场所。后来为了扩大展室面积，保和殿东西庑房的外廊被取消。1966年11月，为了展出著名的泥塑"收租院"，工字形的奉先殿被改建成了方形大殿，拆除了奉先殿前的"焚帛炉"①。1972年，慈宁宫大佛堂近3 000件文物被运往洛阳，宫内的整个结构、设施被拆除一空。

其二，新增建筑物破坏了故宫的整体风貌和格局。1974年以故宫生活用房的名义添建了高度超过16米的5栋楼房，俗称"屏风楼"。因建楼的需要，还拆除了西华门两侧城墙的马道，对古建筑造成了破坏。更严重的是，"屏风楼"位于故宫博物院内，但从风格和内涵上与故宫博物院古建筑极不协调，严重破坏了故宫的整体风貌和格局。

其三，一些古建筑的拆除给故宫完整性带来了不可挽回的损失。主要有三次，一是解放初期，二是在1958年"大跃进"中，三是在"文革"初期，后两次都是受极左思潮的严重影响。

解放初期，因院内清理及消防需要作了一些拆除。院内西河沿一带有大库形建筑100余间，小式房屋亦百余间，倒塌残毁，当时已无完整存在的房屋，于1950年4月予以拆除。②1951年1月为加强防火工作，开始开辟交通干线，拆除新左、右门及东筒子朱车小房。1952年7月，皮

---

① 故宫博物院 1966 年档案。
② 故宫博物院 1950 年档案。

库、内务府、上驷院三处房屋300余间倒塌严重，认为无法修缮，亦无保留价值，呈请拆除。经由文物局郑振铎局长来院察看，分别指示拆除和保留，并绘图照相，存档备查。[①]1954年，内务府所留的10间房也被拆去。

1958年，故宫博物院下放北京市文化局管理。在当时的特殊形势下，故宫博物院在有步骤地实施古建维修整理的同时，也着手计划改建工程，预备对院内一些不能体现"人民性"的"糟粕"建筑进行清理拆除。1958年12月，故宫博物院向北京市文化局提交了《清理糟粕建筑物计划和59年第一批应拆除建筑物的报告》，其中说明对院内各处残破坍塌及妨碍交通道路、妨碍地下水道之小房及门座等建筑，需即行拆除。文化局对此份报告批准同意，并明确提出要求：

能暂时利用者，可不拆除；对过去宫廷仆役（太监、宫女等）所住房屋及值班房等，选择几处有典型性的加以保留，并标出文字说明，以便和帝王奢侈生活进行对比，向观众进行阶级教育；拆除室内墙时，应注意建筑物的安全；能用材料，拆除时应注意保护，拆除后应妥为保存和利用；拆除的

养性斋罩棚

① 前揭《故宫博物院八十年》，第85页。

建筑物应照相留影。[1]

随着此计划执行，绛雪轩罩棚、养性斋罩棚、集卉亭、鹿囿、建福门等一批"糟粕"建筑，于一年之内被拆除。

1966年"文革"的风暴也在紫禁城内刮起。当时在故宫城隍庙内的文物出版社印刷厂珂罗版车间的工人，向故宫领导提出搬掉城隍庙的泥塑神像[2]，故宫博物院领导鉴于当时形势，经请示上级批准后拆除了城隍庙泥塑神像11个，泥塑马1对。[3]

（四）以"阶级斗争"为纲与"故宫革命性改造"方案

这一时期在故宫保护上出现的问题，主要是极左思潮的影响。认为皇帝、皇宫、皇权都是封建主义的，用"阶级斗争"观点来看，都是应该打倒批判的，1958年的"故宫革命性改造"方案，就是这一思潮的集中体现。根据北京市委主要领导和市委要求故宫博物院在国庆10周年前完成大革命的指示，1958年10月13日，北京市文化局党组提出了一个对故宫"进行革命性改造"的报告。报告对故宫的现状和问题进行了分析，认为"过去由于清规戒律的限制，不准动原状，不准用灯光，各次陈列迁就主要宫殿，分散零乱，多而不精，参观极不便利。而且对封建落后的陈迹不能大力铲除，保留得过多。房屋及环境的清除整理，阻力更大，至今未能脱出残败零乱的现状。库房虽然积极清除了一百多万件非文物，但尚远不彻底"。需要"坚决克服'地广物稀，封建落后'的

---

① 转引自李盛来：《悉心经营 辉煌永驻——古建中的大工小修》，《紫禁城》2005年第5期。

② 署为"文物出版社珂罗版车间全体工人"的大字报抄件，1966年7月15日，现存故宫博物院档案室。

③ 《拟同意除掉文物出版社印刷车间泥塑神像11个的请示》，1966年8月2日，现存故宫博物院档案室。

现状，根本改变故宫博物院的面貌"。报告随后提出两个改革方案，第一个方案："是将紫禁城内前后两部分划分为二，后半部从乾清门后由故宫博物院办陈列，前半部分交园林局建设成为公园。这样博物院的陈列成一线，可以大大精干，在紫禁城东西后部开辟两个便门后，故宫可以四通八达，参观便利。"第二个方案："是按第一方案多保留从太和门起三大殿及两庑中间主要宫殿，此外交园林局管理。"①

1959年6月15日，中共北京市委文化部向中宣部报送了对故宫博物院"地广物稀、封建落后"情况进行适当改革的方案。1959年6月22日中宣部部长办公会议否定了这个方案，中宣部部长陆定一在会上说：

"故宫改革方案文件的精神要坚决考虑一下。……我们就是要保留一些封建皇帝的东西。不然的话不能古为今用。解放后几年以来，人们对故宫的兴趣越来越少，恐怕是因为故宫改的多了，应该再恢复一些。""什么是精华？什么是糟粕？文件中的提法值得考虑，我看冷宫应算精华，而不是糟粕。""我们对故宫应采取谨慎的方针，原状不应该轻易动，改了的还应恢复一部分。""故宫的性质，主要应该表现宫廷生活，附带可搞些古代文化艺术的陈列，以保持宫廷史迹。""讲解说明要实事求是地讲清这些史迹即可，少说一些标语口号。""关于故宫藏品的清理，不要忙于进行，外面向故宫来要东西的先压一压，不必有求必应，大量外调。仓库不够可另搞一些，仓库要现代化，以免藏品受损失。关于房子改造问题，小房、小墙可以拆一些，但要谨慎。马路可以宽一些，这是为了消防的需要，不是为了机动车进去。故宫就是要

---

① 《关于故宫博物院进行革命性改造问题的请示报告》，1958年10月13日，现存故宫博物院档案室。

封建落后，古色古香。……搞故宫的目的就是为了保留一个落后的地方，对观众进行教育，这就是古为今用，这点不适用于其他各方面的工作。""故宫的方针，第一条是保持宫廷史迹，使人能详细地、具体地了解宫廷生活；第二条才是古代文化艺术的陈列。"①

今天来看，陆定一的指示相当重要，在当时"左"倾思潮泛滥的情况下，不啻当头棒喝，在故宫保护上起到力挽狂澜的作用。这一指示也使故宫博物院领导解除了疑虑。按照中宣部的指示精神，故宫博物院重新明确了关于故宫的方针任务：

> "故宫博物院的任务是，要尽可能地保持清代宫廷原状与历史遗迹，联系清史进行陈列，让人们可以从这里得到一种形象的历史知识与政治教育，因此宫廷史迹是故宫博物院的主要内容之一。""紫禁城范围内的建筑必须加以保护，保持古建筑的原有面貌。修缮以复原为原则，保持原有风格。对于与建筑正体无关之后添的附加建筑物，如小墙小屋等，必要拆除时，也须采取慎重的态度。建筑周围的空隙地点除清除积土、平整地面等工作外，要在保持古典的、民族形式的，并与宫殿建筑相协调的原则下，进行园林风景的点缀，成为观众的休息场所。"②

故宫博物院的这一方案无疑是正确的，也是故宫多年保护实践的总结，从中也可见故宫人在完整故宫保护中的探索和坚守。

---

① 《陆定一同志对故宫博物院改革方案的意见》，1959 年 6 月 22 日，现存故宫博物院档案室。
② 《故宫博物院的方针任务与方案（草案）》，1959 年 10 月 10 日，现存故宫博物院档案室。

世界文化遗产视野下的"完整故宫"保护

　　1971年7月5日，关闭4年的故宫博物院恢复开放。1972年，美国总统尼克松、日本首相田中角荣参观故宫。故宫又为海内外所关注。进入改革开放新时期，特别是故宫列入世界文化遗产名录后，故宫的价值更为人们所重视，故宫研究逐步深入。"完整故宫"理念也得以复苏且有了重要提升，主要是充分认识到作为世界文化遗产故宫，它所具有的在全人类视野下突出普遍的价值要得到完整的保护。不仅仅是故宫文物的本体，故宫的人文历史环境也应该得到完整的保护。对故宫的建筑遗产进行"完整保护、整体维修"，努力恢复故宫建筑整体格局，就成为一个突出的任务。值得注意的是，"完整故宫"保护理念已在社会上达成共识，许多专家、学者及普通民众都积极投入到这一行动中。

（一）作为世界文化遗产的故宫的完整性与真实性

　　故宫是中国第一批列入世界文化遗产名录的单位，2003年沈阳故宫作为扩展项目列入。明清故宫成为世界遗产，在中国文物保护事业中有着重要意义，不仅使故宫的突出普遍价值即当年故宫人所重视的"世界价值"更为彰显，而且随着"文化遗产保护"概念的引入，对于故宫的认识、管理、保护等，都有了新的重大发展。

　　文化遗产的视角拓展了对故宫保护的认识。首先，可从世界文明发展历程看待作为中华文明重要载体的故宫遗产的独特价值，同时也更客观地认识不同文明的贡献与地位，并从全球化时代保持文化多元性、传续中华文脉的要求认识保护

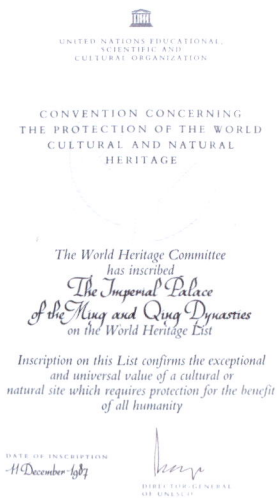

故宫列入世界文化遗产的证书

故宫的意义。其次，强化了遗产的共享意识以及全社会都必须承担管理和保护义务的理念，促使故宫博物院的管理和故宫保护更加开放。中国紫禁城学会即应运而生。再次，作为世界文化遗产，故宫保护要坚持执行有关国际公约，坚持保护故宫文化遗产信息的真实性与完整性，处理好故宫保护与周边环境保护的关系。

真实性与完整性不仅是世界遗产必须具备的基本特质，而且是遗产保护的原则与标准，也就是说，在世界遗产的评定、保护、监测工作中，真实性和完整性都发挥着积极的作用。真实性意味着遗产构成要素本身所具有的真实性，意味着遗产构成所表述的价值的真实性。完整性包括三个方面的内容：遗产构成要素是否能够完整地反映遗产的价值；遗产地的区划是否能够涵盖所有体现遗产价值的构成要素；遗产范围是否足以保证遗产的安全。世界遗产的真实性与完整性是相联系的。

正是在对故宫遗产真实性与完整性有了新的认识的基础上，依照世界遗产公约与《中国文物保护法》及《文物保护法实施条例》，故宫博物院对于故宫保护范围、重点保护区、一般保护区、地下文物埋藏区、建设控制地带（包括一类和二类建设控制地带）等保护区划与主要保护措施，都进行了认真研究，写入了规划大纲，并要求纳入《北京市城市总体规划》和《皇城保护规划》，以加强对故宫的保护，确保故宫遗产的真实性和完整性。[①]

根据2011年世界遗产第二轮定期报告要求的对遗产有关表述的调整，故宫的完整性和真实性声明如下：

> 完整性。明清故宫自清王朝覆灭之后，其保护一直受到人们的重视与关注，现已划定的遗产区完整囊括了承载遗产的创造精神、影响力、历史见证和建筑典范等价值的所有元素，完

---

① 《故宫保护总体规划大纲（2003—2020）》。

整保存了历史规模、建筑类型、其他构成要素和15世纪之后、特别是17—18世纪的中国宫廷建筑的技术与艺术成就，完整保存了明清宫廷文化各类载体以及满、汉生活方式的特征与交流融合的历史信息。缓冲区则完整保存了宫殿建筑群在城市历史上的空间序列和皇城环境。

真实性。明清故宫、特别是北京故宫真实保存了中国礼制文化在建筑与群体布局、形制与装饰等方面的杰出体现；真实保存了以木构为主体的中国官式建筑技术与艺术的最高成就，传承了传统工艺；真实保存了可见证明清皇家宫廷文化的各类载体，以及由此展现的中国明清时期皇家宫廷的生活方式与价值观；沈阳故宫真实保存了17—18世纪期间满族宫殿建筑的历史格局、地方建筑风格特征以及满、汉民族之间在生活方式上的交流信息。①

这一表述，反映了多年来故宫保护的成果，凝结着社会各界与故宫人的心血。

（二）百年大修与故宫的"完整保护，全面维修"

"完整故宫"理念在故宫古建筑保护中得到了充分体现，这就是百年大修中所坚持的"完整保护、全面维修"的指导思想。

2001年11月，国务院召开了"关于研究故宫古建筑维修和文物保护有关问题"的会议，决定对故宫进行百年来规模最大的一次维修，被媒体称为百年大修。为了落实国务院的决定，故宫博物院组织制定《故宫保护总体规划大纲》。经过对故宫保护和管理情况的调查研究，做出评估结论，提出保护原则、对策和工程的方针，以此作为修缮工程计划安排的具体依据。

---

① 引自联合国教科文组织世界遗产委员会：《回顾性突出普遍价值声明》，2012年。

故宫维修，真实性、完整性、延续性是三个重要而互相联系的关键词，即保护故宫本体及其环境的完整性，保存故宫本体的真实性，保持故宫本体的延续性。《大纲》确定了9项基本对策。从完整保护思路出发，百年大修必然是全面维修，因此又提出了5大任务：保护故宫整体布局，彻底整治故宫内外环境；保护故宫的文物建筑，使其延缓或修复自然力和人为造成的破坏，"祛病延年"；系统改善和配套基础设施，管道入地，恢复古建筑景观；合理安排文物建筑利用功能，科学调整展陈、库藏、服务、管理等各类功能的配置和规模；提高展陈艺术品位与改善文物展陈及保护环境。《故宫保护总结规划大纲（2003—2020）》，遵照文物工作方针，对故宫的保护与利用进行了科学、合理的统筹策划，指导思想正确，提出的基本对策和措施可行，是一个好的规划。国家文物局根据国务院办公厅要求，批复了《大纲》。

10年来的故宫维修工程，坚持《大纲》要求，进展顺利，达到预期效果。例如，保护故宫真实性和完整性，必须坚持"不改变文物原状"的总原则。故宫大修中，采取具体问题具体分析的方法，对每一座建筑物的修缮，都是仔细地审慎地实测、研究，从而决定维修方案，其中最重要的，是最少干预，尽最大可能保存原构件并尽可能地多保留原有建筑历史信息。故宫修缮过程中，与文物"原状"关系最大的是木结构材料、琉璃瓦与建筑彩画三个方面，故宫对此都进行了认真的探索与实践，较好地解决了碰到的问题，积累了经验。为了保持故宫的真实性，对后代人为的不恰当改变作了修复。前面说到故宫改变原状的一些问题，经过勘察调研和认真论证，加以修复。例如，保和殿东西庑通过维修，恢复了外廊格局；钦安殿前原有抱厦被拆除，但是档案中还有20世纪中期的实测图，依据充分，因此加以修复；被撤去的协和门、熙和门的东西庑房和坤宁门东板房原后檐柱，经过论证加以修复；乾清宫东西庑房外装修把现代玻璃窗恢复为支摘窗；故宫一些室外改为水泥砖地面的，现已逐步用传统青砖修复。又如，太和殿的外檐旧彩画是20世纪50年代末的作品，已经非常陈旧；

维修前的故宫倦勤斋内通景画与小戏台

维修中的太和殿

维修后的故宫倦勤斋内的通景画与小戏台

而且按照今天的认识，当时并没有完全尊重历史原状。这次维修经过多方研究论证，确定了按照太和殿内檐彩画（康、乾时期）复制外檐彩画的方案。复制按照传统工艺技术操作，彩画色彩丰富，龙纹饱满，与维修后的整个太和殿，表现了恢宏富贵的皇家气势等艺术特征。

（三）恢复故宫建筑整体格局的努力

"完整故宫"的理念，必然要求全面恢复故宫建筑整体格局和历史原貌。由于历史原因，故宫院内外的一些文物建筑被外部单位长期占用，有的达数十年，严重影响了故宫的完整性，有些建筑未得到有效保护，状况很差，有的已成危房。故宫作为世界遗产，这种状况不能再继续下去了。可贵的是，对于收回这些文物建筑，不仅院内，而且在社会上形成共识。从20世纪90年代以来，院内外坚持不懈，多方努力，克服困难，取得显著成效。其中大高玄殿的收回很有代表性。

大高玄殿（俗称大高殿）建于明代嘉靖二十一年（1542），为我国唯一的皇帝进行"玄修"的大型道观。位于西城区景山前街，占地13 000平方米，总建筑面积5 302平方米。清代因避康熙帝玄烨之讳，改称大高元殿。大高玄殿与故宫宫廷建筑为一整体，且布局严整，建筑保存明代特征。1996年被列为全国重点文保单位。1950年，大高殿借给某单位使用，后拖延不还，形成历史问题。大高玄殿是文物价值极高的古代建筑，但由于使用单位长期把它作为宿舍、仓库、车库和伙房使用，且有多处临时建筑，不仅对古建筑造成破坏，还存在严重的安全隐患。从20世纪90年代以来，大高玄殿问题引起各界人士包括人大代表、政协委员以及专家学者、普通民众的关心，他们以保护文化

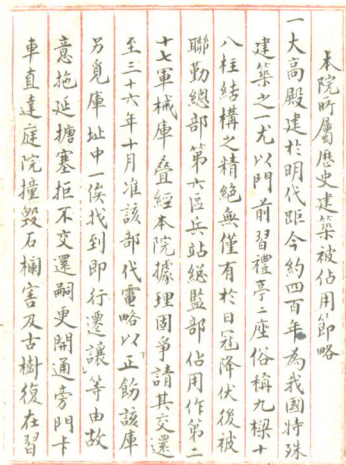

1945年3月，故宫博物院关于大高玄殿等历史建筑被占用的报告

大高玄殿旧照

大高玄殿修缮工程开工仪式，2015 年 4 月 2 日

遗产为己任，不遗余力地呼吁，向有关部门反映这个问题，提出解决建议。党中央、国务院也十分重视，有关领导就大高玄殿回收以及故宫完整保护问题做出重要批示，协调解决具体问题。2010年6月11日，大高玄殿在60年后正式回归故宫。

近几年，陆续收回的还有端门及御史衙门。

端门位于天安门与午门之间，形制与天安门相同，端门内两庑为连檐通脊的长房，各42楹，为六部九卿朝房及六科公署，现建筑完好。1917年划归历史博物馆。国家博物馆建成后，经文化部主要领导的主持协调，于2011年4月29日划转故宫博物院。

御史衙门全称稽查内务府御史衙门，设于清雍正四年，位于现陟山门街、大高玄殿北，与景山西门相直。20世纪20年代辟为故宫博物院供职人员宿舍，最初主要还是院级管理人员居住，以后逐渐沦为大杂院，但房屋规制、格局未变，主体仍旧是清代晚期建筑。2003年6月，北京市西城区政府决定将陟山门街作为历史文化保护区，对其环境进行整治。借此契机，故宫博物院决定对院内居民进行搬迁，对整个院落进行保护维修。稽查内务府御史衙门占地2 400平方米，建筑面积2 000平方米，是目前所知北京仅存的一处保留最为完整的宫廷衙门。

故宫内外还有一些建筑被外单位作为文物库房长期占用，对故宫博物院的安全管理带来一系列问题，这几年通过多方面工作，也陆续收回。主要有雁翅楼、宝蕴楼等。

午门城台上东西各有长庑13间，俗称东西雁翅楼。建筑面积4 400平方米，曾被外单位借作文物仓库，2011年收回。

宝蕴楼。1914年古物陈列所成立，将武英殿及敬思殿改造为陈列室，又在武英殿西边已毁咸安宫基础上，建设宝蕴楼文物库房。这是我国近代博物馆史上第一座专门用于保藏文物的大型库房，建筑面积2 073平方米，西洋式样，设计者为建筑师马荣，用银29 695元。此处为外单位借作库房，2011年收回。

这些建筑物的先后收回，不仅对故宫的完整保护有着重要意义，也极大地拓展了故宫博物院的文化空间，为更好地服务社会提供了契机。

故宫院内还有"屏风楼"，因其为特殊年代的产物，而且早已失去了当初建造时设想的功能，严重破坏了故宫内外环境和历史景观原貌，违反历史真实性与完整性原则，社会各界与故宫仍在继续努力，呼吁早日拆除，尽快恢复故宫完整风貌。

与此同时，故宫博物院还对应归还故宫的重要文物进行了追索。故宫的文物藏品是一个整体。新中国成立以来，故宫的文物在社会支持下得到充实，故宫也把大量文物划拨给各地博物馆。故宫博物院也因此与各地博物馆建立了良好的交流合作关系。但是社会有识之士与故宫认为，有两批重要文物应归还故宫，以实现故宫文物藏品的完整：一是仍滞留南京朝天宫库房的2 176箱、104 735件"南迁文物"，二是20世纪70年代迁运河南洛阳的故宫大佛堂文物。① 故宫博物院与各界继续为其归还故宫在不懈地努力。

---

① 1984年8月4日，谢辰生先生致信曾任国家文物管理局副局长齐光，信中说："一九七二年，河南洛阳白马寺为了要接待西哈努克，由故宫大佛堂搬去十几尊元代夹纻罗汉。当时是作为一项临时政治任务来办的。这批罗汉为国内仅有的珍贵文物，因白马寺一直为文物部门管理，所以作为陈列展览亦无不可。但是一九八三年，为了落实宗教政策，国务院六十号文件确定了白马寺划归宗教部门恢复宗教活动。按文件规定，移交时除原来庙产外，属于原非庙产的珍贵文物应移交文物部门保管。此批罗汉原非庙产，乃故宫旧物，理应移交文物部门。然而宗教部门说此事原系先念同志所批，如不经先念同志批准，罗汉不能移交。我们考虑此批罗汉乃珍贵文物，如果任人作为焚香礼佛的对象，则极不安全。一旦出事，即成为不可弥补的损失，且将遭到社会舆论的谴责。因此，我们意见，这批文物仍以移交文物部门为宜，如需另塑金身，所需经费如有不足，我们可以考虑予以补助。以上意见，如无不妥，盼能转陈先念同志批示。"据《谢辰生先生往来书札》作者注："齐氏收到先生信后，于十二日致信李先念秘书徐桂宝，转请'李主席批示有关领导机关，限期重塑泥像，完整无损归还故宫'。8月14日，李先念做出批示：'静仁、穆之同志：十几尊元代夹纻罗汉，可否"完璧归赵"，另塑泥像，由你俩协商解决。'杨静仁，时任政协副主席，分管宗教事务。朱穆之，时任文化部部长、党组书记。"引自李经国编撰《谢辰生先生往来书札》上册，国家图书馆出版社，2010年，第44页。

四

故宫学视野下的"完整故宫"保护

文化遗产的完整性，不只是空间范围上的完整以及保持自身组成部分和结构的完整，还包括文化概念或文化精神上的完整。故宫学是2003年10月首次提出的学术概念，它是以故宫及其历史文化内涵为研究对象，集整理、研究、保护与展示为一体的综合性学科和学问，是基于故宫文化的整体性为基础而提出来的。故宫学所秉持的"文化整体"观其实质是故宫遗产价值的完整性，是"完整故宫"理念的发展；作为方法论和思维方式，其所倡导的"大文物""大故宫"思路，又对故宫保护与博物院建设起着指导作用。

（一）从"文化整体"认识故宫价值的完整性

把故宫古建筑、文物藏品及宫廷历史文化联系起来，故宫就是一个文化整体。所谓故宫是一个文化整体，也就是说故宫遗产价值是完整的，不可分割的。对此，可从空间和时间两个方面来认识。从空间来看，紫禁城的千门万户，院藏的各种文物，以及宫殿与文物藏品后面曾发生过的人和事，种种秘辛内幕，宫廷的文化生活，是一个鲜活的统一体。很显然，离开了宫阙往事，没有了附着其中的历史内涵，那些宫廷旧藏的意义和价值势必受到影响。同样，要保护完整的故宫，不只是72万平方米以内的紫禁城，还要保护与它有密切关系的一些明清皇家建筑，以及它的保护区、缓冲区。从时间来看，故宫藏品虽为清宫旧藏，但其中文物则包括了中国古代文化与艺术的各主要门类，而且反映了五千年的中华文明史。又以紫禁城为例，它虽然建成尚不足600年，但却是中国几千年来宫殿建筑的集大成，是历史悠久的中国传统官式建筑的结晶和典范。也正是基于对故宫是个文化整体的认识，故宫学的学术概念才得以形成并提出。

把故宫当作文化整体看待，全面认识故宫的价值，在认识上有个过程。一方面，坚持唯物史观，清除极左思潮影响，认识到故宫不等于封建主义，它是中国传统文化精神的物质载体，体现了中华文明的精华，故宫文化与当代文化建设也有着深刻联系。另一方面是文物保护理念的不断提升。如对文物概念的认识，从具体的"古玩""古物"到一切历史文化遗存的拓宽，从可移动文物到不可移动的古建筑的重视，从有形文化遗产到无形文化遗产的发展，从保护文物本体到同时重视保护它的环境等，都是不断拓展、逐步提升的。对故宫人来说，还注意正确认识、妥善处理故宫保护与博物院发展的关系。在努力接受先进的文物保护理念、树立正确的文物观的基础上，认真探求故宫的价值，同时使博物院的内涵更为丰富，从而更进一步加强文物的保护，突出文物的文化价值，实现文化遗产对当代社会的重要作用。

（二）"文化整体"与故宫保护及博物馆事业发展

文化整体性是故宫学方法论的哲学基础。故宫学将故宫作为一个文化整体来研究，从文化整体的角度去评估故宫的文物价值和文化内涵。同时故宫学也从文化整体的角度来认识和理解故宫学的各个领域（如古建筑、文物藏品、宫廷历史文化和博物院史）的深刻内涵及各领域之间的紧密联系。

"文化整体"作为方法论和思维方式，对于故宫保护和博物馆事业发展具有重要意义。故宫所藏历代艺术品很多，但过去还有许多明清宫廷遗物并未作为文物对待。从故宫是个文化整体的视角看，认识到故宫本身就是个"大文物"，其中所有遗物都是反映宫廷历史文化某些方面的实物见证，具有不可替代的文物价值，都需要认真清理和保护。在"大文物"观念的引导下，从2004至2010年，故宫博物院进行了历时七年的藏品清理工作，其中一个重要成果就是对宫廷历史遗物的彻底清理。这次清理不仅将过去从未系统整理过，既不算文物也不算资料的遗物，如13万件清代钱币、2万余件帝后书画等进行了系统整理，而且对所有资料藏品进行了重新的鉴定、研究、完成了共计180 122件资料提升文物的工作。使大量宫廷遗存进入文物保管行列，为故宫研究提供了更为丰富、完整的资料。又如，从"文化整体"看待故宫价值，既有物质文化遗产，也有非物质的文化遗产，非物质遗产主要是传统的文物修复技术以及故宫官式建筑修造技艺。这些非物质遗产既是保护故宫及其文物藏品的重要手段，也是故宫文化的重要组成部分。现列入国家级非物质文化遗产的有"官式古建筑营造技艺""古字画装裱修复技艺""青铜器传统修复复制技艺"和"古书画人工临摹复制技艺"等4项。故宫这些传统工艺技术都有着清晰的传承脉络。故宫珍视这些工艺技术，对其进行着有效保护，并重视传统工艺与现代技术的结合。故宫是一个文化宝库，研究得越深入，其价值就越彰著，对其完整性也会有新的认识。

故宫官式古建筑营造技艺被评为国家级非物质文化遗产

故宫古字画装裱修复技艺被评为国家级非物质文化遗产

（三）"大故宫"与共同研究故宫的完整价值

"大故宫"概念是近年来故宫学研究中所形成的一个共识。完整的故宫遗产，既要看故宫本身，也应从故宫与北京以及北京以外的明清宫廷建筑，如园囿、行宫、陵寝、皇家寺观以及明中都、明南京故宫、沈阳故宫等联系来看待；既要看北京故宫的藏品，也要重视流散的清宫文物遗存。近代以来，由于多种原因，清宫旧藏散佚很多，海内外许多博物馆、图书馆及收藏家，都藏有故宫各类文物，也出现了一个故宫两个

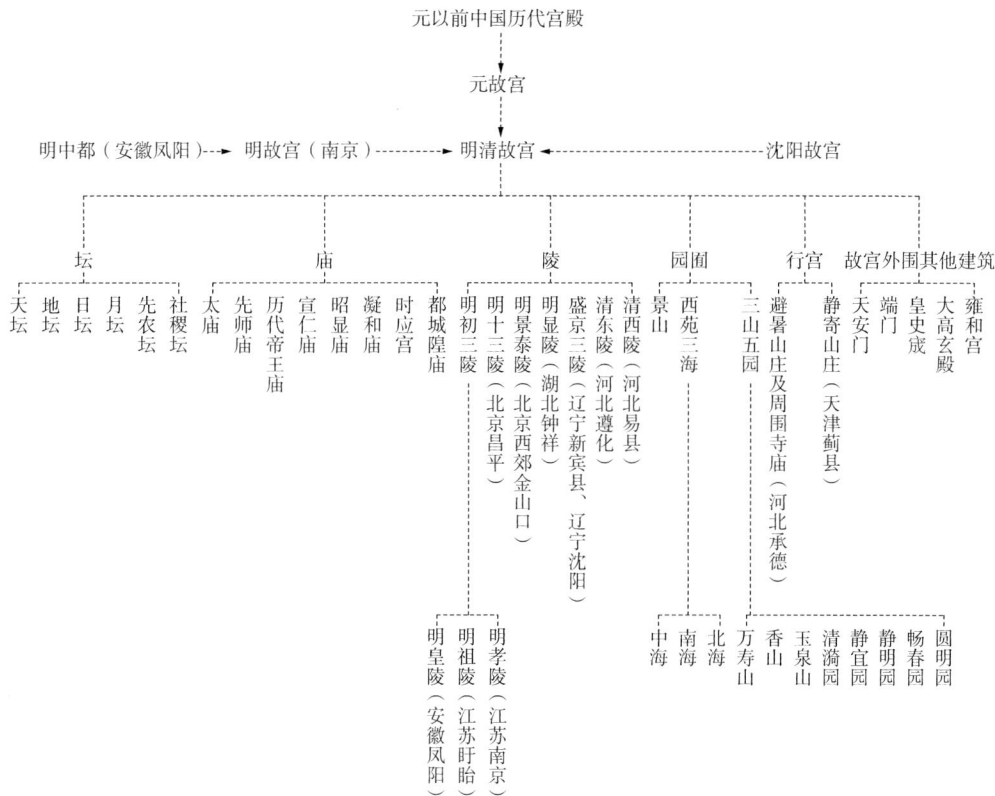

元以前中国历代宫殿
↓
元故宫

明中都（安徽凤阳）--→ 明故宫（南京）------→ 明清故宫 ←------ 沈阳故宫

坛
- 天坛
- 地坛
- 日坛
- 月坛
- 先农坛
- 社稷坛

庙
- 太庙
- 先师庙
- 历代帝王庙
- 宣仁庙
- 昭显庙
- 凝和庙
- 时应庙
- 都城隍庙

陵
- 明初三陵
  - 明皇陵（安徽凤阳）
  - 明祖陵（江苏盱眙）
  - 明孝陵（江苏南京）
- 明十三陵（北京昌平）
- 明景陵
- 明显陵（湖北钟祥）
- 明景泰陵（北京西郊金山口）
- 盛京三陵（辽宁新宾县、辽宁沈阳）
- 清东陵（河北遵化）
- 清西陵（河北易县）

园囿
- 景山
- 西苑三海
  - 中海
  - 南海
  - 北海
- 三山五园
  - 万寿山
  - 香山
  - 玉泉山
  - 清漪园
  - 静明园
  - 静宜园
  - 畅春园
  - 圆明园

行宫
- 避暑山庄及周围寺庙（河北承德）
- 静寄山庄（天津蓟县）

故宫外围其他建筑
- 天安门
- 端门
- 皇史宬
- 大高玄殿
- 雍和宫

大故宫

故宫博物院的局面。"大故宫"包括与故宫有关的建筑、文物以及人和事，其实质就是要全面看待故宫遗产的价值。只有这样看故宫，才能看到一个全面的、立体的、生动的、丰富的故宫。而且，大故宫所涵盖的内容之间有其内在的、固有的联系，从联系中进行研究，对故宫就有了更为宽广的视野，有了更为充实丰富生动的内容，故宫的文化精神也就得到了进一步的阐扬。

正是从"大故宫"的理念出发，故宫学倡导"故宫在中国、在北京，故宫学在世界"的理念，认为流散世界各地的清宫旧藏有着内在的联系，故宫学是其学术上的归宿，只有在故宫学的视野中看待这些似乎互不相干的一件件孤立的文物，它们才有了生命，有了灵气。特别是近几年来两岸故宫博物院打破60年的隔绝状况而有了良好的交流合作局面，其深层动力就是两岸故宫博物院文物的不可分割的内在联系，就是"大故宫"。而海内外、国内外的广泛参与，把故宫的文物包括流散于世界各地的文物作为一个整体来研究，与故宫古建筑联系起来研究，将会进一步挖掘故宫的丰富内涵，认识故宫的完整价值。

故宫博物院在故宫学研究中负有特殊的使命。为了让海内外更多机构和人员参与故宫学研究，共同挖掘故宫的完整价值，故宫博物院已做了大量工作。故宫从本院的特点和优势出发，陆续成立了古陶瓷研究中心、古书画研究中心、古建筑保护研究中心、明清宫廷史研究中心、藏传佛教文物研究中心等5个研究中心，设立古陶瓷保护研究国家文物局重点科研基地，为国内外专家学者开展合作性课题研究提供了一个"开放、流动、联合、竞争"的学术平台。同时，通过签署战略合作协议、合作开展文物保护项目和科研课题项目、合办学术会议、合办学术刊物、联合办学等方式，全力拓展与国内外知名博物馆、高等院校、科研院所及其他学术机构的学术交流与合作，拓宽学术研究的视野与渠道，并在数字故宫和信息技术方面、文化遗产保护方面、陶瓷考古发掘和藏传佛教艺术研究和保护方面以及培养人才方面取得了明显的成绩。此外，还积极推进有关故宫的大型丛书或资料汇编的编辑出版工作，为海内外故宫学研究提供方便。2004年创办《故宫学刊》。2010年成立故宫学研究所。故宫学研究的努力推进，对故宫价值认识的不断加深，也使"完整故宫"的内涵和保护增加着新的内容。

故宫遗产保护是不断发展的事业，相信随着保护实践与理念探索的深入，"完整故宫"的理念仍会有所提升，故宫保护的水平仍会继续得到提高。

（原载《故宫博物院院刊》2012年第5期，收入郑欣淼著《故宫与故宫学三集》，故宫出版社，2019年。）

　　2005年是故宫博物院成立80周年，也是马衡先生逝世50周年。从1925年故宫博物院成立直至1952年调离，马衡先生在故宫博物院服务了27年，其中19年担任院长之职。这19年中，又多值战争年代，烽烟遍地，故宫文物南迁、西运，以及新旧政权的交替等。马衡先生终生以保护故宫文物为职志。他为保护中华民族珍贵的文化遗产的劳苦与功绩，永载青史。马衡又是著名的学者，金石学大师，中国近代考古学和博物馆事业的开拓者。古人云："太上有立德，其次有立功，其次有立言。"[1]此乃人生之"三不朽"。人生在世求之其一已属不易，而马衡先生在德行、功业、著书立说三个方面都有所"立"，都令我们永远感念。

----

① 《左传·襄公二十四年》。

一

　　故宫博物院的建立，不仅是民主革命的
胜利，也是我国文化艺术史上的一个伟大业
绩，在中国博物馆事业发展上更有着标志性
的意义。马衡先生积极参加了故宫博物院的
肇建工作，为捍卫和保存这个新生的博物院
进行了不懈的努力，并在他担任古物馆负责
人期间，取得了令人瞩目的成就。

　　1924年11月，爱国将领冯玉祥驱逐清
逊帝溥仪出宫，为故宫博物院的建立创造了
前提条件。临时执政府成立了清室善后委员
会，以李煜瀛为委员长，决定延揽学者专

马衡像（1929年摄）

家，点查古物，筹办博物院，以为学术公开张本。时任北京大学教授、
研究所国学门考古研究室主任兼导师的马衡先生，被清室善后委员会聘
为顾问，参加点查清宫物品工作。1924年12月24日上午，清室善后委员
会顶着段祺瑞执政府要求停止点查的命令而执行乾清宫点查，这是该会
第一次实施故宫文物清理。档案中保存的这一天的点查组名单中，马衡
赫然在列，而后他几乎天天到会入组。故宫博物院1925年10月10日成
立，业务部门分古物、图书两馆，易培基任古物馆馆长，马衡与张继任
副馆长。在故宫博物院成立初期，设临时董事会和临时理事会。第一任
理事会设理事9人，李煜瀛为理事长，马衡与黄郛、鹿钟麟、易培基、陈
垣、张继、沈兼士、袁同礼等为理事。

　　故宫博物院成立后，由于北洋军阀政府的干扰，加上时局动荡，经
费困绌，处境十分艰难。为了保存故宫博物院，包括马衡在内的院内外
进步人士进行了坚持不懈的斗争和努力。1928年6月，国民革命军第二次
北伐成功，南京政府任命易培基为"接收北平故宫博物院委员"，易氏

易培基在南京委托马衡等 5 人暂代主持故宫院务的电报，1928 年 6 月 13 日

"为国务所羁，不能亲来"，便电派在北平的马衡、沈兼士、俞同奎、肖瑜、吴瀛等 5 人为代表，接管了故宫博物院。

国民政府接管后的故宫博物院，渴望各项工作走向正常发展，国府委员经亨颐却认为故宫文物为逆产，提出了"废除故宫博物院，分别拍卖或移置故宫一切物品"的议案，国民政府讨论了经的提案，并要求中央政治会议再行复议。故宫博物院的同人得知这个消息后，都很震惊和气愤，决定分头筹划对策。北平方面，由代表易培基接收故宫博物院的马衡等 5 人于 7 月 8 日拟写了传单，将故宫博物院创建经过、建院的必要性及经亨颐提案之不当等情况陈述于国人面前，并于 7 月 9 日借招待北平及各地来平的军政要人蒋介石、冯玉祥、阎锡山、李宗仁、邵力子、李济深、吴稚晖、张群等到院参观之机，将传单发给他们，争取各界人士的支持。传单中说："无论故宫文物为我国数千年历史所遗，万不能与逆产等量齐观。万一所议实行，则我国数千年文物，不散于军阀横恣之手，而丧于我国民政府光复故物之后，不幸使反动分子、清室余孽、当时横加非议者，今乃振振有辞；同人等声誉辛苦，固不足惜，我国民政府其何以自解于天下后世？拟请讯电主持，保全故宫博物院原案，不胜万幸！"[①]在南京的张继呈文批驳经的谬论，易培基在中央政治会议上坚持建立故宫博物院的必要性，经过共同努力，经亨颐的提案被否决，决定维持有关故宫博物院的原决议案。1929 年 2

---

① 引自故宫博物院图书馆所藏当年传单。

月，国民政府任命易培基为故宫博物院院长，业务部门为古物、图书、文献三馆，易兼任古物馆馆长，马衡任副馆长。国民政府公布了《故宫博物院组织法》和《故宫博物院理事会组织条例》，理事会为院中事务最高决策监督机构，并任命了第一届37名包括党、政、军、文化、宗教等各界知名人士在内的理事会理事，马衡名列其中。

由此可见，在马衡先生接任院长之前，就一直是博物院的中坚，在一些重大事件和院务决策中发挥着重要作用。这数年间，他具体负责的古物馆的工作，更是有声有色。古物馆虽先后俱是易培基任馆长，1927年11月江庸也任过馆长，但主要担子还是落在了马衡的身上。古物馆实际上是宫廷珍宝库，不仅种类繁多，而且数量惊人。马衡先生对古物馆内机构的设置、业务的划分等，都有周密的考虑。依文物性质，馆内又设立了书画（书画碑帖）、金石（铜器、玉器、石器等及各种文具）、陶瓷（磁器、珐琅器、玻璃料器等）、织绣（织绣品及其材料）、雕嵌（雕刻或雕嵌之牙骨竹木漆等器）、杂品等6个部，主要业务为登录、编撰、流传、展览、典藏、装潢等方面。马衡还亲自拟写了《故宫博物院古物馆办事细则》，对本馆九课分掌事务作了详细规定。①古物馆同人积极布置陈列展览及进行文物整理、传拓、刊印等工作，成绩显著，后又装箱南运文物，尽职尽责，马衡先生在其中不仅发挥了自己熟悉古物的优势，而且展现了善于组织管理的卓越才能和细致、缜密、务实的工作作风。

一是陈列展览。在各界人士捐资支持下，古物馆在内东路、内西路各宫次第设立各专门陈列室。1932年已达26处。其中主要有：钟粹宫前殿的"宋元明书画专门陈列"，后殿的"扇画、成扇专门陈列"，景阳宫前后殿的"宋元明瓷器专门陈列"，承乾宫的"青瓷专门陈列"，景仁宫前殿的"古铜器专门陈列"，斋宫前殿的"玉器专门陈列"，咸福

---

① 《故宫博物院古物馆办事细则》手稿，现存故宫博物院图书馆。

斋宫玉器陈列

马衡起草的《拟定古物馆发行出版计划》手稿

宫的"乾隆珍赏物陈列",等等。此外，还保持、充实和改善建院初期在中路乾清门至坤宁门四周廊庑开辟的象牙、玛瑙、珐琅、景泰蓝、雕漆、如意、文具等工艺美术类文物的专题专项陈列。这些展览吸引了众多游客，在社会上产生了广泛的影响。

二是古物的继续清点和整理。这是故宫博物院当时的一项重要业务工作。对于点查完竣的宫殿与文物，除有历史意义的宫殿保留原有格局外，凡与朝廷典制无关或不甚重要的配殿，均予整理装修，辟为文物陈列室。原贮放其间的文物，则进行集中，再分类整理。古物馆的工作量最大。例如提取乾清宫瓷铜玉器、慈宁宫牙骨器、斋宫等处书画、养心殿珐琅器、端凝殿古月轩瓷器等到古物馆，分类登记、整理、移送库房收贮。同时还开始了文物审查与鉴定工作。聘请专家学者担任专门委员，从事鉴定，主要鉴别文物名称与材质、考订文物时代、判别文物真伪。古物馆成立了铜器、瓷器、书画三个审查委员会，马衡亲自主持铜器审查。这是对院藏文物的第一次审查鉴定，也是文物保管工作进一步深入的开端。经过审查鉴定的文物，虽只有一小部分，贡献却很大，后来文物南迁，运走的主要是当时审定过的精品。为了保护文物，古物馆1931年设立了裱画室，对受损的书画进行修裱抢救，并制订了20条《书画装裱规则》；对损坏的存放文物的木座、木匣，也先后雇用工匠来院修理或修补。这些扎扎实实的工作，为文物的管理打下了良好的基础。

三是古物的传拓刊印。古物馆创立之初便设立了流传课，制定了一套较完备的传拓各种铜器的细则和钤拓古印的规则，对于物品的提送保管、材料纸墨的收发注销、拓工工作的监视以及出品拓片的印鉴登记等一切手续，都有严格的规定。凡是经过审定有价值的古器物文字，均付传拓，以资研究流传。从1929至1932年，传拓达上百种，包括散氏盘、嘉量及宗周钟等。还把藏有秦汉铜印1 000余方的"金薤留珍"钤成印谱出售，由马衡等4人负责钤盖工作。为了刊印书画铜瓷等古物，古物馆1928年初就创设照相室，改建玻璃室、暗室。为古器物摄影，出版了多种专辑图录，仅《故宫书画集》就出了47期。这些古器物的传拓刊印，不仅使宫廷珍宝更多地为世人所了解，同时对解决博物院的经费困难也不无小补。[①]

四是古物馆重要文物装箱南运。1931年"九一八"事变后，东北沦陷，华北告急，鉴于时局不断恶化，经故宫博物院理事会讨论决定，并报国民政府同意，将院藏文物中的精品南迁。图书、文献、古物三馆，装箱难度大不相同，最难的是古物馆。装得不好，文物就容易破碎，例如瓷器，有的其薄如纸，有的极大如缸；又如铜器，看起来似乎坚固，可是一碰就碎、其他脆弱微细之物尚多，装时各有困难。[②]在马衡先生领导下，古物馆的同人积极想办法，虚心学习求教，终于一一克服了困难，保证了包装质量，并按时完成了任务。集中装箱的以书画、铜器、瓷器、玉器为主，数量也最多，同时装箱的象牙、雕刻、珐琅、漆器、文具、陈设等工艺类文物，也占相当数量，共计2 631箱，63 735件，其中仅瓷器就达1 746箱，27 870件。对石鼓的装运，更是渗透了马衡先生的心血。石鼓是人人都知道的国宝，原存于国子监，由故宫博物院代运。10个石鼓，每个重约1吨，鼓上的字是在石皮上，石皮与鼓身已分离，稍有不慎，石皮就会脱落下来。马衡先生负责石鼓的迁运，并认真研究装运的办法。他在《明安国藏拓猎石碣跋》中记述了这件事："余鉴于此种情状及既往之事实，知保护石皮，为先务之急，乃就存字之处，糊之以纸，纵使石皮脱落，犹可粘合。次乃裹以絮被，缠以枲绳，其外复以木箱函之。今日之南迁，或较胜于当日之北徙也。"[③]这个办法是成功的。以后屡次开箱检查，都没有新的伤损。文物南迁分五批进行，第二批迁运由马衡先生押运。

---

① 以上古物馆的工作情况，见《故宫博物院古物馆概览》，故宫博物院，1932年。
② 庄尚严：《山堂清话》，台北故宫博物院，1980年，第135页。
③ 马衡：《凡将斋金石丛稿》，中华书局，1977年，第177页。

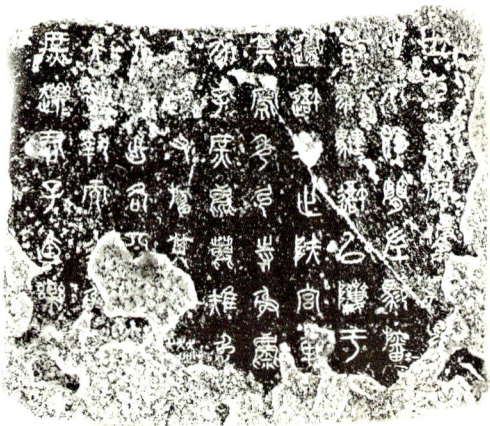

石鼓·田车石   拓文

二

　　马衡先生1933年7月代理故宫博物院院长。次年4月实授院长。他是因易培基院长被诬盗宝而被迫辞职后上任的。故宫博物院院长是令社会关注并为一些人所觊觎的职务。但等待马衡先生的却是沉重的担子。此时文物南迁基本告一段落，文物的整理、存储为首要任务；八年抗战中，南迁文物又在西南后方辗转疏散，备受艰难。从1933年后半年到1945年抗日战争胜利的12年中，马衡先生带领故宫同人，在社会有关方面有力支持下为保护文物安全竭尽心力，做出了伟大的贡献。

　　对故宫博物院留平文物的清点及南迁运沪文物的点收，是马衡就任代理院长后所着重抓的一项工作。1934年1月行政院就做出了这项决定，由于亲自参加并深入了解故宫博物院10年来文物的清理及保管状况，马衡先生对这一基础性建设有着更为深切的体会，正如他于1934年6月呈行政院及本院理事会的报告中所说："院中最困难问题，厥唯文物之整理与保管。盖十年以来，半在风雨飘摇之中，点查则本甚粗疏，整理亦仅及局部，保管更责任难专；非有根本改进之决心，难树永久不拔之基础。譬之故家田产，略无统计，试询其子姓以田亩四至，率茫然不能置对，乃欲责其管理难矣。"① 为了做好这项工作，遂制定了与文物保管有关的"出组规则"；各馆处科组分别制定了详细的办事细则；组成了"文物分类整理委员会"，开始对全院文物进行认真的分类、整理、编目，并办理文物审查。为协助文物审查工作，专门委员会还设立了书画、陶瓷、铜器、美术品、图书、史料、戏曲乐器以及宗教经像、法器、建筑物保存设计等专业委员会，由马衡院长聘任专家学者为委员，其中特约专门委员13人，通信专门委员52人，都是各有关专业领域的翘楚。

运沪文物的点查，从1934年1月开始，1937年6月完成。这些文物自北平装箱运出时，清册上只记了品名与件数，没有编造详细清册。这次点收则是按箱登记，核对检验，铜器、玉器、牙器，都要记明重量。瓷器，还要标明颜色、尺寸（包括口径、底径、腹围、深度等）、款式，有无损伤，巨细靡遗。点查同时，又按照马衡院长制定的"全材宏

---

① 引自报告底稿，现存故宫博物院档案室。

伟""沪上寓公"八字，分别重造二馆一处南迁文物的编号与箱号。点验过的文物全部钤盖上"教育部点验之章"。此外，又将每日点查结果汇集整理，定名为"存沪文物点收清册"，并油印装订，成为故宫南迁文物最完整的著录。

故宫本院留存文物的点查，于1935年7月全面开始，1936年10月结束。点查仍按1924年清室善后委员会的规定为依据，仅登录品名及件数而没有详细登记，一是考虑文物数量大，来不及细查；二是考虑需要日后进一步对全部文物分类整理编目。因此只着重于首先点清留院文物品名、数量，其他工作留待以后再做。这次点查成果也颇丰，凡清室善后委员会于仓促中遗漏者，或载于清室旧目从未发现者，皆逐件检出，并予以补号登录。

与此同时，马衡院长亦为建立南迁文物的保存库呼吁努力。1935年4月，成立了由马衡院长及当时的内政部部长、教育部部长等组成的"保存库建筑工程委员会"，推动设立南京分院。1936年3月，南京朝天宫保存库工程动工，8月完工。这座三层的钢骨水泥建筑，存放着从上海转迁的故宫文物。1937年1月，故宫博物院南京分院成立，马衡院长雄心勃勃，决心在此多干一些事：立即准备修葺朝天宫大成殿、崇圣殿等处，决定一一辟为陈列室，同时计划添置陈列柜，调节照明设备，定做文物储藏柜，进行藏品编目工作等等。但这些工作没来得及进行，南京分院成立后历时仅半年，"七七"事变就发生了。

国立北平故宫博物院院令 布字第七号

兹制定国立北平故宫博物院南京分院保存库管理规则公布之此令

中华民国二十五年十二月廿二日

院长 马衡

故宫博物院关于南京分院保存库管理规则的院令

"七七"事变后，南京形势日趋紧张，故宫博物院的南迁文物便奉命向西南后方疏散，或称"西迁"，从1937至1945年日本帝国主义投降，这一迁又是八年。这八年中故宫同人以储藏整理、保护文物完整为首务，尽管备尝艰难，险象环生，有的工作人员还付出了自己的生命，但他们无怨无悔，忠于职守，其中最重要的原因是对自己所承担的神圣责任的深刻认识。正如马衡所说："本院西迁以来，对于文物安危原无时不在慎微戒惧、悉力维护之中，诚以此仅存劫后之文献，俱为吾国五千年先民贻留之珍品、历史之渊源，秘籍艺事，莫不尽粹于是，故未止视为方物珍异而已矣。"①马衡院长在这八年中策划调度，鞠躬尽瘁，功莫大焉。

　　南迁文物的西迁，是分三批进行的。第一批西迁文物共80箱，多是参加过在英国举办的"伦敦中国艺术国际展览会"的展品，是文物中的精华。1937年8月由南京经汉口始迁长沙，后又转移贵阳、安顺，1944年12月迁到四川巴县。因为开始是向南转移，又称为南路。第二批文物9 331箱（包括古物陈列所、颐和园等处文物精品），又分两次运出，从1937年11月开始，经汉口、宜昌、重庆、宜宾，1939年9月运抵四川乐山县。这批文物因是沿长江而上到重庆的，所以又称中路。第三批文物7 288箱，1937年11月开始，分三次运往陕西宝鸡，后又经汉中、成都，1939年6月全部到达四川峨眉县。由于这批文物是从南京向北经陇海路转运到陕西的，所以又称北路。这批文物的第一次转运，押运人员为马院长的长公子马彦祥，因当时故宫人手不敷，临时请其协助。文物西迁后，随同西迁文物到后方的工作人员，分散在各个文物存放处，负责文物的日常保管与维护工作。在重庆设立总办事处，由马衡院长率领一部分人驻守，进行统一调度与安排。

　　在文物疏散过程中，行政院只是提出文物储放的大致地区，具体的地点则由马衡院长通过实地考察来选择、确定。第一批文物运到长沙

---

① 引自《国立北平故宫博物院理事会1940年度会议纪录》，现存中国第二历史档案馆。

后，他即赴长沙视察，做出了在湖南大学后方岳麓山爱晚亭侧开凿山洞以存贮文物的决定。山洞按期凿成后，因形势骤变，又奉令将这批文物运往贵阳。运到贵阳的文物，开始在北门内租屋存储。后马衡院长亲往贵阳视察，觉得不够安全，最安全的是山洞，但凡山洞无有不潮湿的，费了七八天功夫，看了几十处山洞，才知道洞口轩敞的，潮湿程度比较好些。结果在安顺县南门外五里找到一个华严洞，洞外还有庙，有公路直达洞口，是比较理想的地方。便请了工程设计师，在洞内搭盖两所板房，上盖瓦顶以泻滴水，下铺地板以隔潮气。1939年3月，行政院命令限期把存渝文物及正自北路运往成都的文物运出重庆与成都，另外觅地贮存。马衡院长即与押运文物来渝的院里同人，到重庆以西各县寻找贮存地点。最后将存渝文物疏散到距乐山县城20里的安谷乡，择定大佛寺及六姓宗祠为存储仓库。第三批文物从陕西宝鸡到汉中后，敌机轰炸汉中机场，为避空袭，保证文物安全，马衡院长亲自赶到成都，选定东门内大慈寺为仓库，把汉中文物迁存于此。后根据行政院把运到成都的文物运出成都的命令，又决定迁移峨眉县，存在县城西门外武庙及东门外大佛寺一带。1938年9月，马衡院长曾同故宫理事李济先生赴汉中，调查文物迁运及保管状况。路途险阻，因桥梁断了，在广元就待了好几天。正是这

马衡1944年11月24日在故宫理事会上的院务报告

种踏踏实实、不惮劳苦的作风，才使西迁文物找到了较好的存放地。

对于文物的妥善保管，马衡院长更是时刻注意，以求万无一失。这里仅以他在1944年向故宫博物院理事会的报告为例，可见当时的工作状况。他说："本院战时业务首在保持文物之完整，举凡库房戒备、庋藏保管、翻检整理诸端，经逐年规划，时加改善，已臻周密，无虞疏失。对于工作之进度，尤无时不在讲求效绩。盖自'七七'事变以后，本院留用员额仅及战前之半，而事务之繁杂转重于昔，已非通力合作人尽其用，无以竟其事功。故一般从业人员担负工作已颇相当繁重，绝鲜冗散不力之病。近年又经设置专理人事机构考核课功，益加严密认真，同时厉行奖惩，鼓励自奋，竞求进步，效绩颇彰。"① 话似平常，但包含了马衡院长的诸多苦辛。处境的艰苦是可以想见的，既有保管上的困难，又有经费上的不足。"特西迁物品，现皆散置川黔各库，为数极多，除陶磁铜玉以外，余皆楮素之质、霉蠹堪虞。西南气候郁蒸，鼠蚁之患尤甚他处，管理偶不经心，即有损毁之虑。必须经常不断检视翻晒，清理整治，始能策其完整。工作繁重不言可喻，且本院人员经费，早经大量紧缩削减，左支右绌，久苦不克，时有顾此失彼之虞。"② 据当时随文物西迁的那志良先生回忆，他在峨眉保管文物时，因薪水汇不回去，家在北平，生计成了问题，他便写信给马院长，要求回北平。马院长给那回了信，说无论如何不能去。马说他已写信回北平，叫张处长（张庭济，故宫总务处处长）把他家里的东西，尽量出售，卖得钱，悉数给那家中使用，叫那安心做事。那说："院长这样对我，我怎好执意回去！"③

这是中国人民保护珍贵历史文物的壮举，也是第二次世界大战中保存人类文化遗产的奇迹。1947年9月3日，马衡院长在北平广播电台作了

① 引自《国立北平故宫博物院理事会 1944 年度会议纪录》，现存中国第二历史档案馆。
② 引自《国立北平故宫博物院 1944 年度业务检讨报告》，现存中国第二历史档案馆。
③ 那志良：《典守故宫国宝七十年》，紫禁城出版社，2004 年，第 127 页。

《抗战期间故宫文物之保管》的著名演讲，简要介绍了抗战时期文物南迁、西迁的经过以及保管之困难等。他说，抗战八年之中，文物多次险遭灭顶之灾，例如当9 000多箱文物由重庆运往乐山途中暂存于宜宾沿江码头时，重庆以及宜宾上游的乐山和下游的泸县都遭到敌机的狂轰滥炸，唯有宜宾幸免；长沙湖南大学图书馆在文物搬出后不到4个月就被炸毁；重庆的几个仓库在搬出后不到1个月，空房也被炸掉；从南郑到成都时，在把存放在南郑文庙的文物运出后刚12天，文庙就遭敌机投下的7枚炸弹夷平。"像这一类的奇迹，简直没有法子解释，只有归功于国家的福命了。"①

对于马衡院长在抗日战争中保护文物的功绩，郭沫若先生有段恰当的论述。他说："马衡先生同时还是一位有力的文物保护者。中国古代文物，不仅多因他而得到阐明，也多因他而得到保护。前日本帝国主义发动大规模侵华战争时期，马先生担任故宫博物院院长之职，故宫所藏古物，即蒙多方运往西南地区保存。即以秦刻石鼓十具而论，其装运之艰剧是可以想见的。但马先生从不曾以此自矜功伐。"②

故宫博物院文物存沪及安顺期间，还多次举办国内外文物展览，尽量发挥文物的宣传、教育作用。国外展览有两次。第一次是1935年，从存沪文物中选择铜器、书画、漆

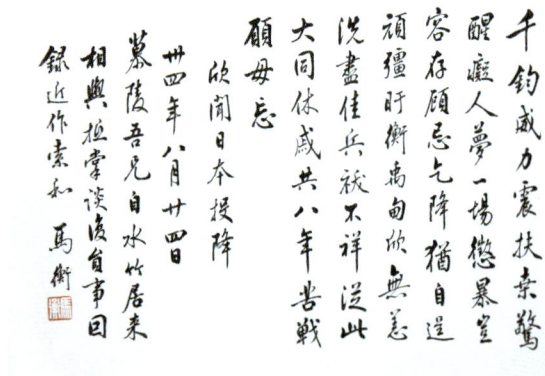

马衡赋诗贺抗战胜利

---

① 马衡讲演稿手稿，现存故宫博物院图书馆。
② 马衡：《凡将斋金石丛稿》郭沫若序，中华书局，1977年。

器、织绣、玉器、景泰蓝、家具、文具等各类文物735件，赴英参加"伦敦中国艺术国际展览会"。这是中国历史文物也是故宫博物院文物首次出国展览。从1935年11月至次年5月，在皇家艺术学院展出，出版了英文版展品目录及图录，皇家艺术学院又举办了20多次有关中国艺术品的讲演会。参观者逾42万，蔚为英国国际艺术展览史上一大盛事，有力地宣传了源远流长、光辉灿烂的中华古代文明。第二次是1939年，故宫又以100件珍贵文物参加莫斯科"中国艺术国际展览会"展出，同时展出苏联国内收藏家收藏的中国艺术品1 500多件。1940年1月，展览会于莫斯科国立东方文化博物馆开幕，后又到列宁格勒展出，6月苏联参加英美同盟，向德宣战，为保障文物安全，提早结束列宁格勒的展出，一年后运回国内。在国内，抗战前和抗战期间，也曾多次举办故宫博物院文物展览，如1937年3月以396件展品参加在南京举办的第二届全国美术展览会，1943年12月在重庆中央图书馆举办书画展览，1946年4月在贵阳贵州艺术馆举办书画展等。这一系列活动正如马衡先生所说："结果不独在阐扬学术与国际声誉方面，已有相当收获，即于启发民智、增进一般民族意识，亦已有影响，成效颇彰。"[①]

三

抗日战争胜利后，马衡院长领导故宫博物院奉命复员，组织西迁文物东归，接收流散文物，并顺应历史潮流，依靠进步职工，使南京政府空运北平本院文物珍品去台湾的妄想落空，拒绝了要其赴台的电令，毅然选择了新生的人民政权。在新中国成立初期，马衡院长又做了许多颇有成效的工作，使故宫博物院的进一步发展有了良好的开端。

---

① 引自《国立北平故宫博物院1944年度业务检讨报告》，现存中国第二历史档案馆。

北平本院的复员是整个复员工作中的重要部分。沦陷初期的故宫博物院曾向国民政府行政院汇报现状，请示机宜。1937年11月，行政院训令寄到故宫博物院，要求留平职工"于可能范围内，尽力维持"①。当时，马衡院长及院内一些主要人员大部分离平，或南下，或转往他处，院内工作则由总务处处长张廷济负责维持。留守职工在极其艰苦险恶的环境下苦撑了八年。抗战胜利，北平地区中国军队接受日军投降的典礼，就在故宫太和殿前举行。北平本院方面的复员工作，本应由马衡院长主持，由于马院长要在重庆筹组西迁文物东归，一时不能返平，就委托文献馆馆长、教育部平津区特派员沈兼士，会同留守北平的故宫博物院总务处处长张廷济负责办理交接事宜。接收工作进展顺利。院里职员，十之八九为抗战前的旧人，全部留任，只有伪院长及少数敌伪派驻的高级职员免职。机构设置仍如旧制。马衡院长、各馆馆长、总务处处长，都恢复了原来的职务。

　　接管古物陈列所也是抗战复员中的一件重要工作。1914年成立的古物陈列所，占有故宫外朝的几个主要宫殿，故宫博物院只占用内廷部分。1930年10月，易培基院长向国民政府行政院提出"完整故宫保管计划"，并以理事蒋中正领衔呈送国民政府，当即得到行政院的批准，同意将设立在紫禁城外朝的古物陈列所与故宫博物院合并等计划，后因有人对合并提出不同意见，以及东北沦陷，时局不宁，合并工作一直未能完成。1946年12月，南京政府行政院决定将古物陈列所合并到故宫博物院。整个接交工作于1948年3月完成，"完整故宫保管计划"终于实现，故宫作为一个整体由故宫博物院管理。

　　正像当年精心策划把南迁文物运往西南一样，马衡院长又忙于筹办这些文物的出川东归。比较起来，没有了战火，则容易得多。早在1946年1月以后，这些在四川三地储藏的故宫文物就分头集中到重庆，到1947

---

① 转引自刘北汜：《故宫沧桑》，（香港）南粤出版社，1988年，第131页。

年年底以前全部运回了南京。但碰到的困难也不少，即如石鼓，在重庆本拟用船运输，因太重改装10辆汽车从陆路出发，原拟取道川、湘、赣、皖、苏公路直达南京，但因很多地段公路损坏，桥梁失修，途中甚至两次翻车，加之汽车又大都破旧不堪，行车速度极慢，车到南昌后不得不改取水路，从南昌转道九江用船装运，在九江又等了24天才租到船只，到南京已用了将近两个月。所以郭沫若先生在谈到马衡院长保护南迁文物功绩时，特别提到石鼓，"即以秦刻石鼓十具而论，其装运之艰剧是可以想见的"。

故宫博物院此时还陆续接管和收购了许多散失在外的故宫旧有文物和物品，接收了一批私人收藏家捐献的文物，其中不少是具有极大的艺术价值和历史价值的珍品。有天津溥仪旧宅留的文物及天津溥修宅中留有的溥仪物品，合计1 307件；有北平清宗人府余存的834册玉牒、册簿；以及陈仲恕收存的501件汉印，法兰克福中国学院友谊会的741件古物图书，存素堂的3 319件丝绣、铜器、玉器、象牙、书画等文物。接收个人捐献的，主要有郭葆昌的"郭瓷"和杨宁史的"杨铜"。郭葆昌，字世五，号觯斋，对瓷器以"精鉴别，富收藏"闻名中外，他收藏的瓷器、书画都极精良，曾任故宫博物院陶瓷、书画审查委员，于抗战期间去世，藏瓷为其子女数人所有。马衡先生很重视这批瓷器，他对去平津地区清理文物的王世襄先生说，郭瓷是一批重要文物，其中宋瓷有的很精，清官窑古铜彩牺耳尊连故宫都没有，你到北京要注意这批瓷器，向郭家的人恳切地谈一谈，最好不要让它散掉，将来完整地归公家收藏才好。王世襄先生费了好多周折，终于使427件珍贵瓷器入藏故宫博物院。①杨宁史是德国侨商禅臣洋行经理，在北平沦陷期间从市肆收购了古铜器、兵器240余件，多是当时河南等地出土的，藏于东交民巷瑞典百利

---

① 王世襄：《回忆抗战胜利后平津地区文物清理工作》，《锦灰堆》第3卷，生活·读书·新知三联书店，2003年。

接收杨宁史捐献文物时的合影，1946 年 1 月 22 日

公司。杨收购的铜器中有极为重要的器物，如经唐兰先生定名为宴乐渔猎攻战纹的战国铜壶，商饕餮纹大钺及鼎、卣、爵杯、玉柄钺等，艺术价值极高。杨宁史1946年将这批文物献给故宫博物院。故宫博物院还特为他辟专室进行展览。马衡先生于1946年7月3日从南京回北平，到后立即去库房观看这两批新入藏的文物。

在此期间，故宫博物院还参加了南京有关方面举办的展览。在参加1946年10月教育部举办的"故宫博物院、中央研究院及京沪名人私人藏品展览"时，马衡院长表现出的可贵的职业责任感，令人称道。当时，教育部要故宫选新入藏的文物若干件参加展出。马衡院长和故宫人员从"杨铜"陈列室中选了几十件精品参加。展览期间，傅斯年、李济等来参观，盛赞"杨铜"中的宴乐渔猎壶，认为花纹真实地反映了战国时的

宴乐渔猎攻战纹壶

宴乐渔猎攻战纹展示图。引自《故宫博物院藏文物珍品全集·青铜礼乐器》，香港商务印书馆，2006年，第186页

生活，是其他青铜器所没有的。他们提出将这批青铜器暂留南京，把花纹器形拓完一份后再送回北京。李济先生时为南京中央博物院筹备主任，又是故宫博物院理事，与马衡先生同为"清理战时文物损失委员会"副主任，傅斯年先生更是他的老熟人。但马先生不顾情面，当面婉言谢绝。他说，这些铜器是从新辟的"杨铜"专室中提出的。因精品已去，北京的陈列室只得暂时关闭，如留在此处传拓，陈列室开放延期，观众会有意见。他马上叫随行的王世襄把带去的几份拓片，包括铜壶的花纹展开图送给李济，以免他们再提出要求。事后，马先生对王世襄说，铜器留在此处，夜长梦多，说不定他们要打什么主意，还是早送回去为妙。[①]笔者曾专访过王世襄先生。王先生对马衡先生离开北平时要求把参展铜器拓印一份的决定十分叹服，认为马先生很细心，料事如神。

1948年9月下旬，中国人民解放军发动的辽沈战役行将解放东北全

---

① 前揭《回忆抗战胜利后平津地区文物清理工作》。

境，全国战局发生根本变化，南京国民政府准备逃走，时任故宫博物院理事长的翁文灏和理事王士杰、朱家骅、杭立武、傅斯年、李济，以及故宫古物馆馆长徐森玉等在南京开会决定，把故宫博物院南迁的文物运往台湾。行政院又函电马衡院长启程赴京，并嘱选择北平故宫博物院的文物菁华装箱分批空运南京，与南京分院的文物一同迁往台湾。当时马衡先生在解放区的亲属，通过地下党组织和他取得了联系，要求他尽可能使北平文物的空运不能成为事实。在国民党的高级官员中，马衡始终是无党无派的。在这重要关头，他做出了保护国宝、拒绝赴台的决定。他之所以如此选择，是因为他一贯以研究与保护国家的历史文物为己任，完全从对祖国的利害得失出发，视政治形势的顺逆和人民的意愿而决定的。当南京政府忙于作逃离准备并挑选南迁文物拟运台时，在北平的马衡院长却镇定自若，继续推进各项业务工作。1948年11月9日，他主持召开故宫复员后的第五次院务会，讨论决定了一系列重大事项，如清除院内历年积存秽土，修正出组与开放规则，把长春宫等处保存原状辟为陈列室，增辟瓷器、玉器陈列室及敕谕专室，修复文渊阁，继续交涉收回大高殿、皇史宬等。[①]马衡院长以实际行动表达了自己的立场与决心。

南京分院迁往台湾的文物，先后于1948年12月22日、1949年1月6日和1949年1月29日分三批自南京起运。北平本院的文物迁运工作却一拖再拖。马衡院长在职工警联谊会和高层职工的支持与配合下，先是布置古物馆、图书馆、文献馆的工作人员，编写可以装运的文物珍品目录，报南京行政院审定；然后又让准备包装材料，并告诫有关人员"不要慌，不要求快"，绝不能因装箱而损伤文物；至于装箱工作进展如何，他却从未催问。[②]他还于1948年底下令将故宫对外出入通道全部关闭，严禁通行，致选装文物精品箱件无法运出。南京分院虽函电催促，马院长则以

---

① 引自《国立北平故宫博物院第五次院务会议纪录》，现存故宫博物院档案室。
② 朱家溍：《马衡院长保护故宫文物的故事》，《紫禁城》1986年第2期。

故宫博物院用笺

故宫博物院用笺

故宫博物院用笺

故宫博物院用笺

故宫博物院用笺

故宫博物院用笺

马衡院长致杭立武函，以心疾初愈，婉拒南下，并阻文物继续运台

"机场不安全，暂不能运出"为由拖延。其时解放军已进关，形势日新，北平几乎是一座孤城。又过几天，东西长安街拆卸牌楼，计划用长安街的路面作跑道，以使飞机在城内起飞降落。但这个城内机场尚未使用，北平已和平解放了，故宫文物一箱也未运出。

1949年1月，北平对外交通断绝，南京政府派专机接运文教界名流。马衡院长1月14日致函南京政府教育部政务次长、故宫博物院理事会秘书杭立武，以病后健康未复婉拒赴南京。信中说："弟于十一月间患心脏动脉紧缩症，卧床两周。得尊电促弟南飞，实难从命。因电复当遵照理事会决议办理，许邀鉴谅。嗣贱恙渐痊而北平战起，承中央派机来接，而医生戒勿乘机，只得谨遵医嘱，暂不离平。"又望停止迁运文物赴台，并以第三批作为结束："运台文物已有三批菁华大致移运。闻第一批书画受雨淋湿者已达二十一箱。不急晾晒即将毁灭。现在正由基隆运新竹，又由新竹运台中。既未获定所，晾晒当然未即举行；时间已逾二星期，几能

不有损失。若再有移运箱件则晾晒更将延期。窃恐爱护文物之初心转增损失之程度。前得分院来电谓三批即末批，闻之稍慰。今闻又将有四批不知是否确定。弟所希望者三批即末批，以后不再续运。"①

北平1949年1月底和平解放，故宫博物院3月6日被北平市军事管制委员会接管，马衡先生留任院长，全体工作人员均留原工作岗位，职薪不变。1949年2月19日，北京市军管会接管北平文物整理委员会工程处，11月改名为北京文物整理委员会，马衡任主任委员，俞同奎任秘书。这时，故宫博物院各项工作陆续恢复并有新的进展。宫殿开始进行整修。在总务处成立了测绘室，对古建筑进行普查，并对乾隆花园进行测绘。军管会做出了售票款不必缴库，用作恢复费用，并请制定修缮计划的决定，当时故宫博物院开列了21项修缮工程，首先开工的有乾隆花园、畅音阁、造办处大库、西六宫屋顶保养等项目。从1950年开始，对从清代堆积下来的外东路箭亭前的垃圾山进行清理。陈列展览也积极进行。1949年9月，故宫博物院开辟了"帝后生活陈列室""禁书陈列室""纺织陈列室""玉器陈列室"4个陈列室。1950年10月举办"清代帝后生活与农民对比展览""国内各民族文物展览""清代帝国主义侵华史料陈列""清代升平署戏曲资料展"等。1952年1月，故宫博物院明代馆、钟表馆和"乾隆时代装潢陈列艺术展"开放。1950年1月，南迁文物第一批1 500箱从南京运回。1951年11月，根据周恩来总理批示，文化部社会文化事业管理局副局长王冶秋和马衡院长等从香港以重金赎回王献之的《中秋帖》和王珣的《伯远帖》，并入藏故宫博物院。在新中国成立初期，马衡院长为故宫博物院工作的全面恢复及以后的发展付出了大量心血，打下了基础，做出了重大的贡献。

---

① 转引自《故宫跨世纪大事录要：肇始　播迁　复院》，台北故宫博物院，2000年，第200页。

四

马衡先生又是一位治学谨严的学者。郭沫若先生对其学术成就给予了中肯的评价，他说："马衡先生是中国近代考古学的前驱。他继承了清代乾嘉学派的朴学传统而又锐意采用科学的方法，使中国金石博古之学趋于近代化。他在这一方面的成就是有目共睹的。"①

马衡先生是金石学大师。1922年北京大学研究所国学门成立，他任考古研究室主任兼导师，并在历史系讲授中国金石学。金石学形成于北宋时期。它是在尚未进行科学发掘的情况下，以零星出土的古代铜器和石刻为主要研究对象的学问，是中国考古学的前身。金石学偏重于著录和考证文献资料，以图达到证经补史的目的。宋人欧阳修的《集古录》，为金石有专书之始，其后吕大临、赵明诚等的书为铜器、石刻的研究奠定了基础。自此以后，代有著作，特别是清代乾嘉学派的影响，金石之学大为发展。不少学者通过对金石的研究，补载籍之缺佚，考文字之演变，做出了相当的贡献，对史学的发展也起到促进作用。但总的来说，其研究范围仅限于对古器的分类定名及对文字的考释疏证，其研究方法也是孤立的、支离破碎的。19世纪末，不断有地下文物大批出现，殷墟甲骨、西北简牍、齐鲁封泥、燕齐陶器等纷纷出土，丰富了金石学研究的内容，扩大了它的研究范围。在此基础上，马衡先生总结金石学研究的成果，并使之系统化，写出了《中国金石学概要》。这部对旧金石学一千年来系统总结的著作，对金石学这门学科的含义、研究对象和范围、研究方法以及它和史学的关系等，都加以系统论述。马先生以他金石学各个方面的研究成果及治学方法，对于旧金石学向考古学过渡，起到了承先启后的重大作用。

马先生重视和提倡科学的考古发掘，并亲自参加发掘实践。他继承

---

① 前揭《凡将斋金石丛稿》郭沫若序。

了清代考据学的一些宝贵经验，又不因循守旧，倡导用西方近代考古学发掘和研究方法丰富中国的金石学。他突破了旧金石学足不出户的书斋式研究，主张到野外实地勘察和进行科学的考古发掘。他说：我们所以要研究历史，并不是想复古，是要晓得我们的老祖宗怎样工作和生活的整个知识，"所以要讲考古，是非发掘不可的"，"有计划有组织的大规模发掘"，以打开"更精确、更复杂的地下二十四史"[①]。他认为，在有计划发掘时，"虽破铜、烂铁、残砖、断壁，亦必记其方位，纤悉靡遗。如此，则一、地点不致谬误，可借以知为古代之某时某地；二、器物之种类、数量、方位不致混淆，可以明各器物之关系及其时之风俗制度；三、建筑物不致有意毁坏，可以觇其时之工艺美术；凡此种种，胥于学术上有所贡献"[②]。他还多次主持或参加野外考古和调查，如1923、1924年赴河南新郑、孟津、洛阳等地现场调查，1928年参加辽东半岛"貔子窝"的发掘工作，1930年主持燕下都的考古发掘。马衡先生从一位金石学家向考古学家转变的历程，说明他既是我国传统金石学的集大成者，又是近代考古学的开拓者。

马衡先生金石学的成就，主要集中在《凡将斋金石丛稿》一书中。除过金石学概论，他在铜器、度量衡制度、石刻、石经和书籍形制等方面都有开创性贡献，亦为世所重。

马衡率北京大学燕下都考古团赴易县途经涿州，左五为马衡

①《考古与迷信》，《晨报副镌》1925年12月6日。
② 马衡：《新郑古物出土调查记》，《凡将斋金石丛稿》，中华书局，1977年，第303页。

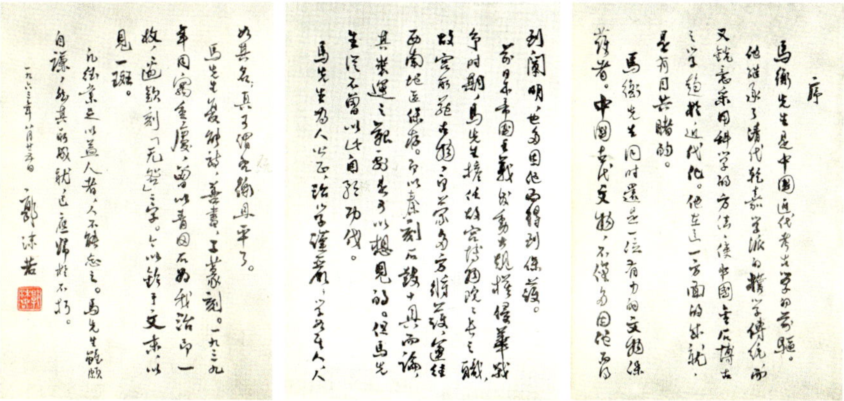

郭沫若为马衡《凡将斋金石丛稿》作序

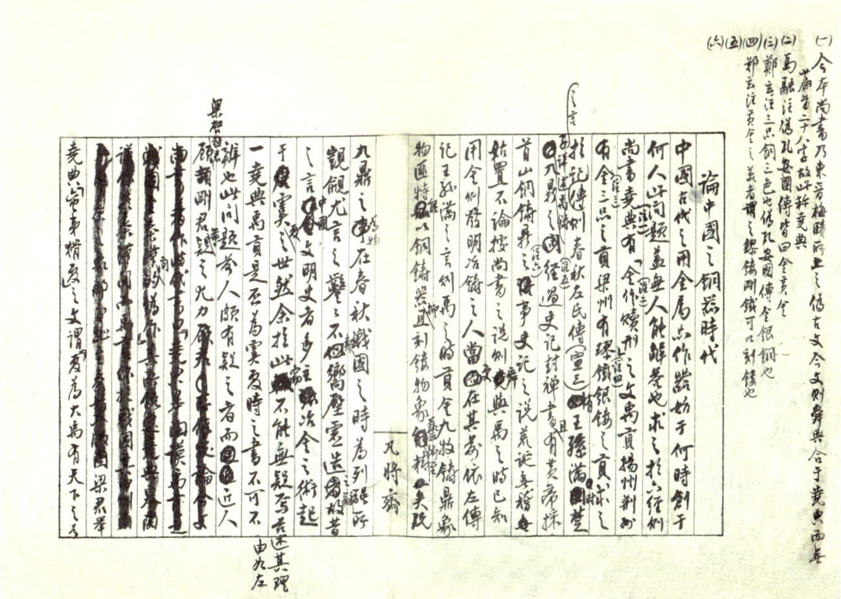

马衡《中国之铜器时代》手稿

对于铜器的断代研究。马衡先生1927年
3月在日本东京帝国大学作了《中国之铜器时
代》的讲演，提出我国青铜器以商代为最早的
论断，举出7件标准器，并从其记年月日、祖
妣称谓、祭名和祭人等事实，证明它们属于殷
器。此文发表于殷墟发掘的前一年。马先生的
论点已为嗣后殷墟发掘出的实物所证明。这是
铜器断代的一个先例。《戈戟之研究》，据当
时出土的实物，校正了清人程瑶田的旧说。

对于度量衡制度的研究。度量衡等计量
器是检测一切物品的标准。但度量衡制度在历
史上是有所变化的，只有弄清历代度量衡的差
异，才能对历史上的经济现象有深刻的认识。
马衡先生对历代度量衡的研究十分重视，常自
称"耿耿此心，固未尝一日忘也"。《新嘉量
考释》《隋书律历志十五等尺》等文，集中了
他的研究成果。他曾以新莽货币4枚试制"王莽
尺"，用以度量新朝铸行各种铜货币，其尺寸
与文献记载一一相同。后在故宫坤宁宫发现王
莽时所造"新嘉量"，以王莽尺度量其长度，
与"新嘉量"铭文所注明各部位的尺寸，无一
不合。马先生进而以王莽尺为标准，对《隋书
律历志》中所载唐以前的15种古尺进行测量，
并得出它们之间的比率和实际长度，还由琉璃
厂仿造了"隋书律历志十五等尺模型"，附加
说明书，作为大学教学之助。这一成果至今仍
然是研究古尺的依据。

《中国之铜器时代》正式出版物

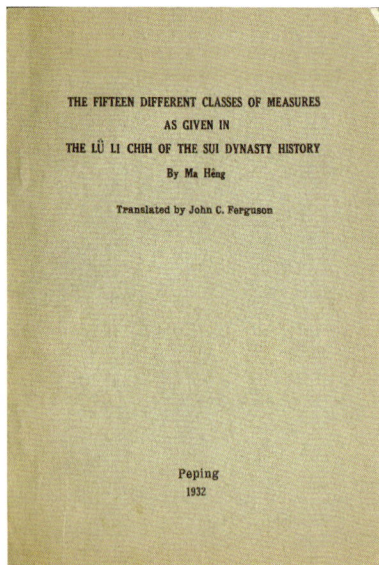

THE FIFTEEN DIFFERENT CLASSES OF MEASURES
AS GIVEN IN
THE LÜ LI CHIH OF THE SUI DYNASTY HISTORY

By Ma Hêng

Translated by John C. Ferguson

Peping
1932

福开森翻译的马衡院长的著作《隋书律
历志十五等尺》，1932年北平出版

对于石鼓制作年代与国别的研究。唐代出土的石鼓，对于其刻石年代和国别，长期以来聚讼纷纭，迄无定论。马衡的《石鼓为秦刻石考》一文，从文字的演变和传世秦国多种铭刻的比较研究以及石鼓文的内容与称谓、石鼓出土地点等几个方面综合研究，认为它是东周时秦国缪公时所刻。这一结论，虽然在具体年代上尚有可以商榷前推和后移之处（郭沫若先生考定，石鼓为秦襄公时所作），但确定它为东周时秦国的刻石，则已为学者所公认。正如郭沫若先生所说："石鼓之年代，近人马衡著《石鼓为秦刻石考》论之甚详。石刻于秦，已成不刊之论。"①

对于汉魏石经的研究。马衡先生于此用功最深，成就也最为突出。汉魏石经是经书最早的官定本，对于经学史、版本学、书法等方面的研究，都具有重要的价值。但自刻成以后至于唐代，中经火灾，几经迁徙，仅遗留下来支离破碎的断石残字。马先生积30余年精力，撰写成《汉石经集存》一书（科学出版社，1957年）及论文多篇，对石经刻石的缘起、经数、经本、字体、行款、石数、书碑姓氏以及出土情况详为考订。是目前研究熹平石经的集大成巨著，亦是先生学术的结晶。

对于书籍制度的研究。近世出土的汉代简牍，为古代书籍制度的研究提供了新的资料。马衡先生的《中国书籍制度变迁之研究》一文，概括了书籍材质和形式的演进，以及装帧的变化。后来在整理研究居延汉简时，除考释了简牍内容、史事外，还特别注意到编册之制、书写工具和简札材料等。②

马衡先生又是中国博物馆事业的开拓者。1934年，马衡院长与北平图书馆馆长兼故宫博物院图书馆馆长袁同礼、中央博物院筹备委员傅斯年等联络博物馆界，倡议组织中国博物馆协会。1935年4月，中国博物

---

① 郭沫若：《石鼓文研究》，上海商务印书馆，1951年影印本，第6页。
② 关于马衡先生的学术贡献，参阅魏连科：《读〈凡将斋金石丛稿〉》，《中国史研究》1979年第2期。傅振伦：《马衡先生在学术上的主要贡献》，《傅振伦文录类选》，学苑出版社，1994年。

中国博物馆协会第一届年会开幕。第一排右起第五人为马衡

馆协会在北平成立，通过了《中国博物馆协会组织大纲》，确定协会的
宗旨是"研究博物馆学术，发展博物馆事业，并谋博物馆之互助"，推
举马衡为会长。协会下设专门委员会负责博物馆学术研究、博物馆建筑
和陈列、审查出版博物馆学术专著和论文、召开学术讲演等。协会还编
印有关博物馆丛书，刊行《中国博物馆协会会报》，两月一期。1936年
中国博物馆协会和中华图书馆协会在青岛联合召开第一届年会，印发了
《联合年会的希望》，主张"图书馆博物馆亟应增设，以补充学校教育
之不足，且可保存文艺，提高学术"，并且"愿政府与社会时锡匡助，
以期促进图书馆及博物馆事业"。年会通过了博物馆行政、建筑、陈
列、保管、考古发掘、整理档案等决议35项。中国博物馆协会的成立，
促进了博物馆学术研究和博物馆事业的发展。抗日战争时期，会务陷

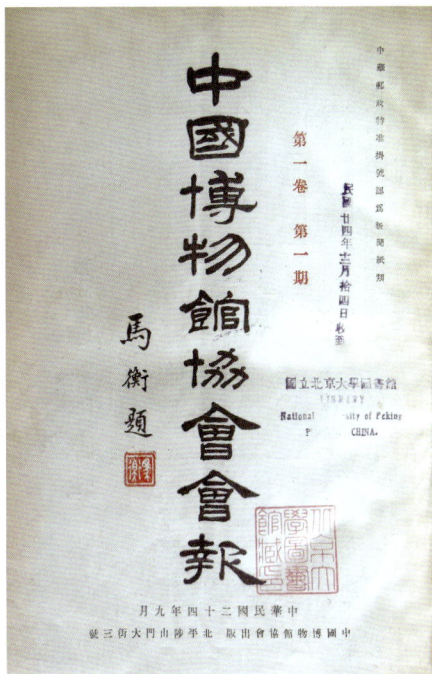
《中国博物馆协会会报》

于停顿。1948年6月中国博物馆协会在北平复会，修订《中国博物馆协会组织大纲草案》，马衡先生再次当选理事长。复原后的第一次会员大会在故宫传心殿召开，马衡主持，列出了编印"中国博物馆一览"、每月出会刊两期、举办学术讲座、编印会员录、每年编印国宝审查报告并编印"国宝集"等工作计划。[①]

马衡先生1952年离开了他以身相许的故宫博物院，心情当是很复杂的。但他对故宫的挚爱不仅没有改变，反而得到了升华。也就在这一年，他将珍藏的包括宋拓唐刻颜真卿《麻姑仙坛记》卷在内的甲骨、碑帖等400多件文物捐献给了故宫博物院。在他去世后，子女遵其遗愿，又把1.4万余件（册）文物捐给了故宫博物院，有青铜器、印章、甲骨、碑帖、书籍以及法书、绘画、陶瓷、牙骨器等，种类众多，数量惊人，精品不少。这是马衡先生日积月累收购来的，花费了他一辈子心血，现在全部捐给了国家，捐给了与他的生命联结在一起的故宫博物院。这批文物不仅有着巨大的价值，而且其中表现出的马先生的品格和襟怀更是培育故宫人精神和形成故宫传统的宝贵的精神财富。

"凡德业足以盖人者，人不能忘之。马先生虽颇自谦，然其所成就，

---

① 引自《中国博物馆协会会议纪录（1948年6月6日—9月1日）》，现存故宫博物院档案室。

已应归于不朽。"[1]故宫人永远感念马先生，全国人民也没有忘记他。在马先生逝世50周年时，故宫博物院特举办马衡先生捐献文物展，选出200多件珍品，以飨世人，同时出版其佚文集，以缅怀他的不朽功绩，并决心以80周年院庆为契机，大力推进他曾为之奋斗的事业，把故宫博物院建设得更加美好，以此告慰马先生及海内外所有关心故宫的人士。

（原载《故宫博物院院刊》2005年第2期，《新华文摘》2005年第14期转载，收入郑欣淼著《故宫与故宫学》，紫禁城出版社，2009年。）

---

① 前揭《凡将斋金石丛稿》郭沫若序。

在紫禁城经过了580余年的风雨沧桑、故宫博物院也即将庆贺80华诞之际，在社会对故宫日益关注、故宫研究成果不断涌现的情况下，提出并加强"故宫学"的学科建设，对于从整体上提高故宫研究的水平，进一步挖掘与弘扬优秀的中国传统文化，有着十分重要的意义。

一

故宫学的研究领域

要确立一门学科，首先应明确它的内涵，弄清它的研究领域。故宫学的研究对象是故宫。我们说的"故宫"，一般有两方面含义：一是紫禁城古建筑（故宫），一是故宫博物院。故宫博物院是以明清两代皇宫（紫禁城）和宫廷旧藏文物为基础建立起来的，以宫廷建筑群、古代艺术品及宫廷文化史迹为主要展示内容的大型综合性国家级博物馆。二者密不可分。因此故宫学的研究内容十分丰富，大致来说，它的研究领域主要有以下六个方面。

（一）紫禁城宫殿建筑群

故宫即明清两代皇宫紫禁城。建筑史学一般认为，明清紫禁城的范围包括护城河环绕的全部地域，向南包括外金水河围合下的天安门、太庙和社稷坛。紫禁城是明清两代中央集权国家的重要象征，它的营造集全国之人力物力，汇天下之能工巧匠。从公元1420年建成至今，虽经多次维修、重建、改建，但仍保持了始建时的基本格局并遗存了许多不同时期的建筑物。宫城分为"城池""外朝"和"内廷"三大部分，占地100公顷，现存建筑980余座、房屋8 700多间，建筑面积约16公顷，是世界上现存规模最大、保存最完整的古代宫殿建筑群。紫禁城承袭了中国古代宫殿的传统形式、典制规范，在总体布局上最接近"左祖右社""面朝后市""五门三朝"等封建礼制，其建筑设计反映了中国传统哲学思想（如天人合一）、伦理思想（如皇权至上）、美学思想（如壮丽崇威、平衡对称）以及阴阳五行学说。它集中体现了中国古代建筑艺术的优秀传统和独特风格，代表了明清时期中国古建筑工程技术的最高水平。1961年国务院公布故宫为第一批全国重点文物保护单位，1987年联合国教科文组织把故宫列入第一批中国世界文化遗产名录。

以紫禁城为主体的明清皇家建筑是一个整体，宫室、园囿、祭坛、寺观、行宫、陵寝、藏书楼及王府等，是一个有统一规划、统一规制、统一管理的庞大的体系。从建筑布局来说，整个北京城都是以紫禁城为中心规划设计的，它西与西苑三海，北与景山、大高玄殿等，东与皇史宬等紧密相连。天坛、地坛、日坛、月坛、先农坛等都是它的重要组成部分。不仅整个皇城，西郊的三山五园、散布京城的皇家寺院道观以及各地的行宫等，更与紫禁城有着异乎寻常的关系，如承德外八庙就因为都属皇宫内务府直接建造、管理又地处京城之外而得名。在封建时代，事死如事生，帝王的陵寝与皇宫亦有着密切的关系。明十三陵和明孝陵、明景泰陵、明显陵以及清永陵、清福陵、清昭陵、清东陵、清西陵，埋葬着明清两代的帝王、后妃，是中国封建皇陵的集大成者。它综合体现了中国传统的风水学、建筑学、美学、哲学、景观学、丧葬祭祀文化等，是皇家建筑的极其重要部分，具有极高的历史价值和艺术价值。为放置《四库全书》，清代专修了7座藏书楼，紫禁城内只有文渊阁，其他的则建在沈阳、承德、扬州、杭州等地。至今保留的清代"样式雷"的清宫建筑设计档案，就充分说明了皇家建筑的整体性。

紫禁城与满洲建筑也有不少关系。清代既保护与利用了明代宫殿，也继承与发展了满洲宫殿的特色，主要是满洲的宗教、祭祀、寝居及其他一些习俗，在紫禁城建筑物上有明显体现。特别是乾隆帝重修宁寿宫，将江南与塞北、汉族与满族诸多特色融合在一起，为清宫建筑的成功之例。

北京市现有全国重点文物保护单位约60处，其中皇家宫殿、园林、陵墓、祭祀、城市公共建筑、寺观等有关的建筑物约29处，占到近二分之一。中国的世界文化遗产及世界文化和自然双遗产共26处，其中明清皇宫（紫禁城、沈阳故宫）、颐和园、承德避暑山庄、天坛、明清皇家陵寝（明显陵、清东陵、清西陵）等皇家建筑就占五分之一。

（二）文物典藏

清宫收藏，承袭自宋、元、明三朝宫廷遗产，再加上清朝的重视，宫廷内不但汇集了从全国各地进贡来的各种历史文化艺术精品和奇珍异宝，而且集中了全国最优秀的艺术家和匠师，创造新的文化艺术品。到乾隆时期，宫中收藏之富，超过以往任何时代。清末因战乱及多种原因，损失严重，但收藏仍然可观。故宫博物院成立时，由"清室善后委员会"清点整理后刊印公布的文物数，共计117万余件（套）。新中国成立前夕，抗日战争时期南迁的故宫文物2 972箱被运往台湾，虽只占故宫南迁文物（13 491箱）的四分之一，但颇多精品。至今仍有2 211箱约10余万件文物存放在故宫博物院当年建造于南京的库房中。

故宫博物院现有文物藏品150万件左右，其中85%以上为清宫旧藏。这些文物大致可分为两类，一类是清宫的各类艺术品收藏，一类是反映宫廷典制与皇家文化生活的遗存，当然两者也有交叉之处。宫廷旧藏的各类艺术品承载着中华文明的历史进程，蕴藏着中华民族历史文化艺术极其丰富的史料。其远自原始社会及商、周、秦、汉，经魏、晋、南北朝、隋、唐，历五代、两宋、元、明，而至于清代和近世，历朝历代均有精品，从未中断。其文物品类，一应俱有，青铜、玉器、陶瓷、碑刻造像、法书名画、漆器、珐琅、丝织刺绣、竹木牙骨雕刻、金银器皿以及其他历史文物等，可以说是一座巨人的东方文化艺术宝库。每一品种，又自成历史系列。特别是许多艺术精品，都是流传有绪的传世文物，作为宫廷收藏，不仅有着曲折的流传过程，而且一些书画、瓷器等工艺品，是奉皇帝命令制作出来的，更有重要的研究价值。

故宫共藏中国古书画15万件左右。据估测，这个收藏量约占世界公立博物馆所藏中国古代书画的四分之一，其中约三分之一具有较高的学术价值和欣赏价值，有近420件元以前的绘画，310件元以前的书法。故宫的藏品反映了各个历史时期的绘画面貌。其中元代绘画的众多收藏量和完善的艺术品质，几乎代表了元代画坛诸画科和各流派的艺术成就。一些举世无双毫无争议的五代、宋代人物画藏在故宫。故宫绘画藏品种类较全面，除卷轴画外，还藏有版画、年画、清宫油画、玻璃画、屏风画、贴落及历代壁画等。书法的收藏量和品质都居第一位，碑帖精品占据全国大多数。陶瓷类文物有35万件，一级品1 100多件，明清时期的二级品为5.6万余件，还有20世纪以来在全国100多个窑口所采集的3万余片陶瓷标本。有历代青铜器1.5万余件，其中先秦青铜器约1万余件，有铭文的1 600余件，这三个数量均占中外传世与出土数量总和的十分之一以上，是国内外收藏中国青铜器数量最多的博物馆。有玉器2.8万余件，故宫重逾万斤的"大禹治水"玉山及重量数千斤的几件玉山，为世所罕见。漆器、珐琅、玻璃、金银器、竹木牙角雕刻以及其他"杂项"等，则有10万余件。故宫博物院藏有2 000余件从西方引进的科技文物，包括天文学、数学、物理学、地理学、机械钟表及医学六大类。每一类中又可分为若干小类，如天文学类中就有天体仪、浑仪与晷仪的区别，数学类中又有计算工具与度量仪器的区别，甚至在计算工具中又可分出计算尺、计算筹、计算机等。从这些仪器进入清宫的时间上，可以想见其强烈的时代色彩。如意大利伽利略将望远镜用于天文活动，半个世纪后这些望远镜就在清宫出现，现尚存数十架。世界上第一台计算加减法的手摇计算机，是由法国数学家巴斯柯于1642年在巴黎研制成功的，仅半个世纪左右就进入清宫，并被加以改造：在阿拉伯数字旁附加汉文数字，将加减二法增至加减乘除四法，又独创横排筹式计算机。故宫藏品中，还有一批西洋钟表、西洋乐器、西医器械等。郎世宁以及后来的王致诚、艾启蒙、贺清泰等西方传教士画家，其"泰西画法"曾深刻影响清代中叶近百年间宫廷绘画的发展，他们的弥足珍贵的作品，在清宫旧藏中占有特殊的地位。为数不少的日本、英国、法国等国家的文物，是中外文化交流的见证。

（三）宫廷历史文化遗存

宫廷是封建社会国家的中枢，是朝廷的中心。故宫在491年中一直是明清两代国家政治中心和24位皇帝的居所，许多重大的历史事件在此决策和发生。遗存至今的大量宫廷文物，不仅是研究明清史的重要资料，而且是了解宫廷历史文化的珍贵实物。这些遗物内涵丰富，有的数量相当大。但许多遗物过去并未引起足够的重视。从文化遗产的角度看，这些宫中独有的遗物都具有重大的历史价值。

反映典章制度的遗物，有清代玉玺"二十五宝"、完整的卤簿仪仗、大量的武备、大朝时官员站立位序的"品级山"、反映"大阅"制度的乾隆帝的甲胄、记录引见制度的上万件红绿头签，还有见证禁卫制度的3 000多个腰牌以及皇帝的舆轿、帝后的冠服，等等。

反映宫廷文化艺术的遗存，主要是音乐、戏剧、绘画、书法、雕塑、园林等方面的遗物和遗迹。清代宫廷更多的娱乐活动是演戏。宫内有管理演戏的机构。乾隆五十五年（1790）四大徽班进京，人们称之为京剧纪元年。在京剧形成过程中，宫廷的偏好起了重要作用。故宫今存三层崇台的畅音阁戏台及漱芳斋戏台，还有几个室内小戏台，有戏衣、道具、盔头、切末等4 000余件，剧本10 000多本，还有清末一些名角的唱片，当年盛况可见一斑。大量的各式家具，1 000多件中外钟表，精美的文房珍玩、珠翠首饰，宫室内的各种摆设，以及医药、眼镜、进口灯具等，使人可以想象当日皇宫生活的景象。

宫中宗教和习俗的遗存很多。故宫既有崇奉道教的钦安殿、玄穹宝殿，又有祭祀萨满的坤宁宫，还有西北隅的城隍庙，但最有名的是数十处佛堂。明、清两代宫廷与藏传佛教均有着极为密切的关系，藏传佛教文物十分丰富。有清一代，共有两位达赖、一位班禅进京朝觐，其中六世班禅所献马鞍完好地保存着。数万件造像、唐卡、法器、经籍与佛殿建筑共同构成了独具特色的宫廷藏传佛教体系。故宫博物院成立后，整个宫廷的这一部分文物都被完整地保存下来了。满人夺取天下后，在宫中既保留了本民族的一些习俗，亦接受了汉族的年节等习俗。现保存有不少门神像、春联，数千个造型各异的宫灯等。开笔书"福"、除夕拈香、浏览时宪书、元旦写《心经》等，都有大量遗物，反映了皇宫特有的这些习俗。

反映帝后文化生活的遗物也不少，2万多幅清代帝后所作书画，虽然水平高低不等，有的可能为代笔，但总体上反映了这些作者的文化素养及对中华传统文化的认识和感受。雍正着假发扮洋人的行乐图，则使人们得以窥探这位皇帝复杂的内心世界。大量清代晚期的宫廷人物照片，更成为人们进一步了解宫廷的形象化材料。留有照片最多的是慈禧太后，这又大都拍摄于她的70岁前后，形象大同小异，但其服饰、头饰、陈设等却不尽相同，而扮观音的照片更引起人们的兴趣。

（四）明清档案

明清档案与殷墟甲骨、敦煌写卷，被誉为中国近代文化史上的三大发现。清代末期，有一部分大内档案移出宫外，屡遭劫难，其中尤以1921年历史博物馆处置"八千麻袋事件"最为典型。故宫博物院一成立，就在图书馆内设立文献部，以便保管清宫档案，明清档案开始得到专门的保护和整理。1929年3月，文献部从图书馆分离出来，改称文献馆，我国开始有了第一个具有近代意义的历史档案专业管理机构，同时也产生了我国近代第一批从事历史档案工作的专业队伍。经过20多年的努力，把分散各处的大部分档案进行清理编目，初步奠定了明清档案工作的基础。1951年又将文献馆改为档案馆，后档案馆的隶属关系几经变更，直至1980年4月，故宫博物院明清档案部的800余万件档案再次划归国家档案局，正式建立中国第一历史档案馆（馆址仍在故宫博物院内）。现该馆所藏则逾1 000万件。台北故宫博物院文献馆现藏清代档案约40万件，台北"中央研究院"存有31万件。此外，尚有一些珍贵的明清档案散落在日本、英国、美国、俄罗斯、法国、德国等国。明清档案内容十分丰富，有着多方面的重要价值。

故宫博物院一成立，就把档案视为文物，一方面因为档案本身的重要价值，另方面它的规范整肃的外形、精美的装潢、优质的纸墨等，反映了当时的文书制度和文化用品的工艺水平，特别是各种字体有很高的艺术水平和鉴赏价值。当时故宫曾在外东路宁寿宫一带陈列这些档案，又举办过专门陈列式档案展览，档案与文物一起展出。这些档案不仅长期由故宫博物院管理、整理，而且大多数档案本来就存在紫禁城内，与宫中建筑物及各个机构连在一起；这些档案不仅与宫中发生的重大事件有关，而且是了解宫廷历史文化的重要依据。宗人府、内务府、銮仪卫等管理皇族及宫廷王府事务机关的220多万件档案，对了解清宫典章制度及历史文化有重要价值。内务府所属机构的文件，如升平署所藏的剧本、曲本、戏单，御茶房的脉案、配方，敬事房的宫廷陈设账，御膳房的帝后膳单等，都是研究宫廷历史文化极其珍贵的资料。故宫藏品中明清两代工艺美术品占最大比重，要考证这些器物的制作，内务府活计档是重要依据。活计档是清代内务府造办处承办宫中各项活计档册的总称，现存这类档册1 500余卷册。它对查考清代文物，研究各类活计制作工艺特点及其历史地位，宫中文化艺术的发展，一些文人的艺术风格和成就，都有重要的历史价值。

由于明清档案中有大量的不同时代对故宫及与皇家园囿、寺观、陵寝等修建或维修及其他方面的记载，这就成为今天修缮或进行古建研究所依据的宝贵资料。在这方面，清代"样式雷"的清宫建筑设计档案更有特殊的价值和意义。有清一代，雷氏家族累世供职于清廷样式房，从事皇家建筑的设计与营造，包括城市、宫殿、坛庙、园林、陵寝和府邸等，制作了大量画样（建筑设计图）、烫样（建筑模型）及工程做法（设计说明）等图籍，保留至今的约有1.7万余张，主要珍藏在国家图书馆、故宫博物院、中国第一历史档案馆等单位。从中可见这些皇家建筑在选址、规划设计和施工方面的详细情节，是中国古代建筑史上最丰富翔实、最直观形象，而且大多是能与遗存的建筑物对应的珍贵的文物性资料。它对于中国古代建筑史、传统建筑图学、传统建筑设计思想、建筑施工技术和工官制度，以及相关古建筑保护和复员等多个方面的研究，均具有其他历史舆图和文献无法替代的巨大价值。

（五）清宫典籍

明清两朝皇帝，都很重视典籍的收藏、编刊。两朝皇室藏书除前代皇室遗存外，还大力搜采购求天下遗书，使皇宫荟萃了许多极其罕见的宋元明各代的孤本，其中不少是历史上流传有绪、著名收藏家所藏的珍品。清代统治者推行文化专制主义政策，禁毁了不少书籍，但在图书编纂方面，成绩亦是空前的。清宫中开办过的编纂机构有国史馆、实录馆、圣训馆、则例馆、经史馆、图书集成馆、四库全书馆等达数十个。最有名的武英殿修书处自康熙时起就成为宫廷刊书机构，参与整理、校刊、辑佚、汇编、出版、发行的最多时达到上千人，形成了一套完整的图书出版体系，无论编刊质量还是数量都为历代宫廷刻书所不及。武英殿及其他修书各馆奉敕编刊的书籍也成为皇宫藏书的重要来源。

故宫博物院成立后，专设图书馆典藏图书。图书馆以明清两朝宫廷藏书为基础建成，到1930年藏书总数逾50万册。抗日战争时南迁的《四库全书》《四库全书荟要》《天禄琳琅》《古今图书集成》《武英殿聚珍版书》《宛委别藏》以及一批明清方志、文集杂著、观海堂书、佛经等稀世珍本、善本共15.7万余册，现存台北故宫博物院。

部分善本南迁后，北京故宫博物院图书馆继续清点和整理清宫遗存下来的古书，重建了善本书库、殿本书库。现在善本已建账者19万多册，现存的明清抄、刻本，品种、数量众多，包括内府修书各馆在编纂过程中产生的稿本，呈请皇帝御览、待刻之书的定本，从未发刻的清代满、蒙、汉文典籍，还有为便于皇帝阅览或携带而重抄的各式书册，以及为宫内外殿堂陈设而特制的各种赏玩性书册。此外还有翰林学士、词臣自撰的未刊行书籍，各地藏书家进呈之书等。还有清代皇帝用泥金、朱笔、墨笔在绫绢、菩提叶、蜡笺纸等特殊材料上抄写的佛经、道经。故宫藏书现收入《中国古籍善本总目》者2 600多种10余万册。还有一批书籍分别编入《全国满文图书资料联合目录》《全国蒙文联合目录》《中国医书联合目录》《中国地方志联合目录》及《中国丛书综录》。这些明清皇家善本旧籍，流传有绪，代表明清两代宫中藏书的基本特色，不少图书具有较高的学术和资料价值，至今仍发挥着积极的作用。

另外，故宫还收藏一批图像资料，如约成于清代中、晚期的帝后服饰和器物小样，系定制实物之前，由内府画师绘出纸样，局部施以彩色，以供内府按样制作；大量的旧藏照片、各种舆图，等等。

清宫的一些建筑也与藏书有关系。为存贮《四库全书》，在紫禁城专建文渊阁，还利用宫中原有宫殿，设立专门藏书处所，如武英殿存贮殿本书；昭仁殿集中庋藏宋辽金元明和影宋抄本，匾额为"天禄琳琅"，可谓宫中的善本书库；养心殿则专贮《四库全书》未收之书的《宛委别藏》。这也是了解宫廷历史文化的一个重要方面。

这些典籍及保存的不少实物，是研究中国古代印刷史、图书史和清代文化的重要资料。武英殿修书处现仍矗立在它的原址，武英殿及清内府刊刻书籍的大量原始档案资料及所刊刻的图书大多仍完好地被保存下来，大量的原刻书版，如满文《大藏经》经版，殿版《二十四史》《南巡盛典》《养正图解》《钦定国子监志》等书版及全部的《皇舆全图》铜版等达20余万块，依然存世。

（六）故宫博物院的历史

故宫博物院成立于1925年，负责"掌理故宫所属各处之建筑物、古物、图书、档案之保管、开放及传播事宜"。这时国立历史博物馆尚在筹备之中。在此之前的1914年，民国政府在故宫前朝部分的文华殿、武英殿成立古物陈列所，以前朝典章文物和沈阳故宫、承德避暑山庄的20多万件珍贵文物为藏品，开展博物馆业务。所展出的全是皇家藏品，又设在故宫内，它不仅是中国历史上正式成立的第一个国家博物馆，也是名副其实的皇家博物馆。但由于它的宗旨在于"保持古物"，博物馆的职能并未很好发挥，可谓"始具博物馆之雏形，此外大规模之博物馆，尚无闻焉。有之，自故宫博物院始"①。研究故宫博物院，不能不研究这个中国成立最早的国立博物馆。故宫博物院是民国时期成立的规模最大的国家博物院。1948年古物陈列所并入故宫博物院。

---

① 马衡：《组织中国博物馆协会缘起》，《中国博物馆协会会报》1935年第1卷第1期。

故宫博物院是在反对废帝溥仪复辟的激烈斗争中由社会进步人士坚持力争并倡议成立的，成立后又受到北洋军阀的百般干扰，经历了艰难的岁月，本身有着不平凡的历程，与中国现代革命史、文化史有着重要的关系。故宫博物院1928年由南京国民政府接管后，直属国民政府，1933年改隶行政院。当时一批专家学者及社会名流参加了故宫博物院的工作。第一届理事会的30多名理事，包括了当时全国政界、军界、文化界、宗教界及其他方面的众多的知名人士。由国民政府颁布的《故宫博物院组织法》，是我国博物馆事业的第一部法规。1935年，中国博物馆协会在北京成立，作为主要发起人的故宫博物院院长马衡被推选为第一任会长。

1931年"九一八"事变后，为了保护中华民族的珍贵文化遗产，故宫博物院数十万件文物分五次南迁上海，后转存到南京，抗日战争爆发后，又分三路西迁至贵州、四川，历时十余年，行程数万里，经历艰苦卓绝，文物基本无损，创造了第二次世界大战中保护人类文化遗产的奇迹。

新中国成立前夕，故宫博物院南迁文物中的一部分被运往台湾，1965年在台北近郊外双溪建立了"故宫博物院"。北京、台北两个故宫博物院的同时存在，引起国际社会和两岸同胞的关注。基于台北故宫博物院在台湾地区受到特别重视的特殊地位，基于虽有两个故宫博物院但故宫只有一个的中华民族文化认同感，两个博物院收藏的文物都是中华文化遗产的事实，故宫在两岸文化交流中起着特殊的作用。对文物迁台及台北故宫博物院成立近40年历史的研究，也是故宫学一个不可或缺的方面。

故宫博物院是我国文物藏品最多的博物馆。经过近80年的发展，至今已成为一座在文物保护、陈列展览、研究出版、宣传教育、信息化建设等方面都具有国内先进水平的博物院。近些年每年接待观众600~700万人次，其中境外观众约占六分之一，在世界博物馆的参观人数中也名列前茅。故宫博物院的历代艺术馆、绘画馆、青铜器馆、陶瓷馆、织绣馆、珍宝馆、钟表馆等专题展览，在观众中留下了深刻印象。而它的保留宫廷史迹与生活原状的陈列，更成为富有故宫特色的引人入胜的展览。故宫博物院又是我国最早（1935年）参加在国外举办文物展览的主要博物馆，近年来在海外频频举办展览，屡获好评。故宫博物院因收藏丰富，20世纪30年代就有修理钟表与装裱贴落的技工，以后又发展为有书画装裱及铜器、陶器、石刻、漆器、雕嵌、木器、钟表等修复的技工队伍，成立了科技保护部，涌现出一批著名技师。其中许多传统工艺是宝贵的无形文化遗产。长期以来，故宫有一支古建筑维修队伍，在中国古代建筑技术的传承方面起着重要作用。

故宫博物院是世界上极少数同时具备艺术博物馆、建筑博物馆、历史博物馆、宫廷文化博物馆等特色，且符合国际公认的"原址保护""原状陈列"基本原则的博物馆和文化遗产，也是中国博物馆事业发展的一个缩影和代表。

二

故宫学的研究历程

故宫学研究是从故宫博物院成立开始并逐步发展的。回顾故宫博物院近80年的历程，学术研究约可分为三个时期。

（一）1925至1948年

作为故宫博物院创始人之一的李煜瀛，在商组"清室善后委员会"时，就明确提出要"多延揽学者专家，为学术公开张本"，后又提出，故宫博物院"学术之发展，当与北平各文化机关协力进行"[1]。由于

---

① 李煜瀛：《故宫博物院纪略》，《故宫周刊》1924年第2期。

"五四"新文化运动的原因，北京大学已成为当时全社会在文化思想与新学科研究方面的先导，在点查清宫物品及后来故宫博物院的业务建设上，北京大学研究所国学门出力最大。[①]被聘为清室善后委员会委员的蒋梦麟、陈垣、沈兼士、俞同奎，被聘为顾问的马衡、袁同礼、徐鸿宝、李宗侗、徐炳昶、黄文弼等，以及一些事务员，都是北大的教授或刚毕业的学生，有些后来成为故宫的重要职员。为学术研究的需要，1935年又成立了书画、陶瓷、铜器、美术品、图书、史料、戏曲乐器、宗教经像法器、建筑物保存设计等9个专门委员会，专门委员分特约及通信两种，除本院人员，还聘请社会上颇有名望的专家学者，如特约专门委员有陈垣、朱文钧、郭葆昌、福开森、陈汉第、唐兰、张允亮、余嘉锡、赵万里、孟森、胡鸣盛、马裕藻、汪申等13人。从研究人员的阵容上，可见故宫博物院的学术研究一开始起点就较高，并且具有开放性、社会性的特点。

故宫博物院成立后，主要精力用于清点、整理清宫藏品，包括档案、图书，同时注重向社会公布。在档案史料方面，出版了《掌故汇编》（后改称《文献丛编》）58辑，编印《史料旬刊》40期，汇编了《筹办夷务始末》《清代文字狱档》《故宫俄文史料——清康熙间俄国来文原档》等史料。据不完全统计，新中国成立之前，共编辑出版各类档案史料书刊达54种、358册，约1 200万字，发表研究文章80余篇。图书馆印行了《故宫所藏殿版书目》《故宫方志目》及《续编》《清乾隆内府舆图》《故宫善本书影初编》，影印《天禄琳琅丛书》（第一集）及罕见书籍多种。出版《故宫书画集》47期及各种书画集册、单幅图卷近300种，谱录15种。

影响最大的还是1929年10月10日创办、连续出版510期的《故宫周刊》。该刊图文并重，图为介绍院藏各类文物包括古建筑物，文字部分

---

① 吴十洲：《紫禁城的黎明》，文物出版社，1998年，第128—130页。

有专著、考据、史料、笔记、校勘、目录、剧本等。这反映了一种新的学风——从清室善后委员会形成的"绝对公开"作风的发扬光大，清点的文物向社会公开，各种档案文献也尽量向社会公布，供学术界研究。《故宫周刊》后因战争原因停刊，但它及故宫博物院其他出版物向社会提供的清宫文物史料特别是这种学术为公器的指导思想，产生了重大的影响。

从1925至1948年，故宫博物院由于建院初期的屡受干扰以及1933年以后的文物南迁，仅有六七年时间维持了正常的工作秩序，这对业务工作及学术研究都有很大影响，但取得的成果不容忽视。比较突出的是对清宫档案的整理及档案管理的探索研究。沈兼士任文献馆馆长，对档案的整理制订了较为细密的计划，并开始对档案整理的原则和方法进行研究，先后撰写了6篇有关明清档案管理的论著。馆中所编珍贵系统史料，他都进行审定并亲写序文。结合实际工作的一批论文，也是中国现代档案科学起步并发展的记录，如《清代档案释名发凡》（单士元）、《清代制、诏、诰、敕、题、奏、表、笺说略》（单士魁）、《整理档案方法的初步研究》（方甦生）等。还组织有关档案的学术讲座等。陈垣曾任图书馆馆长，他是中国近现代史上全面调查研究《四库全书》的第一人，撰写了许多关于《四库全书》的论文。傅增湘的《故宫殿本书库目录题辞》、余嘉锡的《书册制度补考》等都是很有分量的研究文章。一些学者对故宫的文物藏品进行了研究，如对王莽时的"新嘉量"，有马衡的《新嘉量考释》《隋唐律历志十五等尺》，励乃骥的《新嘉量五量铭释》《释瘂》等；对"石鼓文"，有马衡的《石鼓为秦刻石考》、沈兼士的《石鼓文研究三事质疑》等；以及唐兰对宗周钟铭辞研究的《周王𩰚钟考》，傅振伦以院藏西藏银币研究中国铸造银元历史的《西藏银币考》，郭葆昌的《故宫辨琴记》等。在历史研究方面，有易培基的《〈清史例目〉正误》、朱启钤的《明太祖御罗帕记》、陈垣的《语录与顺治朝廷》以及孟森对清史几大疑案的考证等，都很有影响。

对于故宫博物院历史的记述，有李煜瀛的《故宫博物院纪略》、李宗侗的《玄武笔记》等文章，吴瀛《故宫博物院前后五年经过记》一书，所收资料极为丰富。古物陈列所1948年与故宫博物院合并，《古物陈列所廿周年纪念专刊》记述了古物陈列所历程及各项规则等重要资料。值得提及的还有文献馆章乃炜、王霭人合编的《清宫述闻》及章乃炜独编的《清宫述闻续编》，专述清禁垣内宫殿旧制遗事，80余万字，是继《日下旧闻考》后的又一巨著，征引史志、杂记、诗文集及年谱约700余种，以历史档案为主，且附以大量佐证，又不加损益，为紫禁城研究提供了大量丰富而珍贵的资料。

1930年，朱启钤创办中国营造学社，这是一个专门研究中国古建筑工程学的学术团体。该学社首先对故宫的前三殿、后三宫、文渊阁、角楼、景山五亭等古建筑进行勘测制档，开创中国古建筑以实地勘测为基础的优良传统，并成就了梁思成、张镈、刘敦桢等一代古建筑大师。当年绘制的750张图纸，属于故宫建筑的占到一半以上，现由故宫博物院保存。

（二）1949至1978年

这一时期又大致分为两个阶段：一是1949至"文化大革命"前，二是从"文化大革命"开始到党的十一届三中全会前。

新中国的成立，使故宫博物院有了稳定的发展环境，各项工作全面开展，有许多是开创性的事业。在吴仲超院长主持下，直至"文化大革命"前，按照博物馆的基本要求，从自身实际出发，故宫博物院主要是进行基础性的建设工作。为了改变紫禁城破败面貌，大力整治内外环境，清除垃圾，进行一系列古建筑修缮工程；清理、鉴别、分类和整理藏品，建立统一账号，设立文物库房；努力征集文物，丰富院藏；设立保管、群工、古建等部门，建立和健全规章制度；先后成立了学术工作委员会、文物鉴别工作委员会、编辑工作委员会、文物收购委员会、铜器专门委员会、陶瓷专门委员会、文物修复委员会，由院内外专家担任委员；做好古代艺术品的陈列及宫廷史迹的陈列，从1949至1966年，举办各类陈列展览116次，等等。为了把各项工作搞上去，除充分发挥原有工作人员积极性外，还大量引进人才，如唐兰、徐邦达、沈士远、罗福颐、孙瀛洲等一批名家，都是在这一时期调入故宫的。主要出版物有《宋人画册》《故宫藏瓷选集》《中国历代名画集》等，刊物有《故宫博物院院刊》，但仅在1958和1960年各出了一期。

故宫博物院的学术研究与业务工作密切相关。由于工作重点在基础建设上，其学术的研究方向也体现在这一方面。唐兰对古文字和商周铜器研究造诣精深，1935年故宫博物院参展伦敦中国艺术国际展览会，其中的铜器说明就是他撰写的。他50年代到故宫工作后，亲自动手，对每件青铜器的编目制档，实际上都是一篇篇浓缩的论文。罗福颐是随大批铜印到故宫的，参与"铜器馆"陈列工作，撰写了《印章概述》等书。

在故宫瓷器的研究、鉴定上，陈万里、孙瀛洲做出了重大贡献。陈万里重点研究宋代以前瓷器的窑口即产地问题，20世纪三四十年代，他就运用考古学的方法对古窑址进行过实地考察，撰有《瓷器与浙江》，为现代陶瓷学奠定了基础。50年代初，又带领一批年轻人对北方瓷窑展开调查，发表了一系列文章，《一九五〇年以来对于古代窑址的调查》一文就是他这十年陶瓷考古的总结。更为难得的是，他和助手们在百余古窑址采集的3万多片陶瓷标本，现因许多古窑址已被破坏而弥足珍贵。孙瀛洲则运用类型学方法对明清瓷器进行排比研究，使清宫旧藏的一些被错划时代的瓷器得到纠正，尤其是对明清带年款的官窑瓷器的研究取得突破性进展。他发表的一些论述文物鉴定与辨伪的文章，如《谈哥汝二窑》《成化官窑彩瓷的鉴别》《元明清瓷器的鉴定》等，使丰富的经验上升为理论，为明清瓷器的科学鉴定奠定了基础。

20世纪50年代初，为了给故宫博物院征集到更多的流散在社会的古法书名画，在北海团城设立收购点，张珩、徐邦达在此负责收购鉴定等工作。后徐邦达随这批收购的书画调到故宫，他与王以坤、刘九庵等一起，对院藏书画进行鉴别整理，发现了许多问题，并进行认真细致的考证，《古书画伪讹考辨》一书，就是他这一时期的收获。

用宫廷史迹陈列来展示宫廷原状，是一项极为细致和繁难的工作。因溥仪留居故宫内廷时，各殿、各宫内的装修和陈设多有移动和损坏，朱家溍等人在恢复原状上下了很大工夫。他们既认真调查文献史料，整理鉴别有关文物藏品，并在此基础上进行综合研究，同时还访问过去曾在清宫服役的太监、宫女，弄清了各殿室原状，对三大殿、后三宫、养心殿、西六宫等处均按原状重新布置，为研究清代宫廷陈列、装修、用品、宫廷生活、历史、掌故的人们提供了实物依据。这个恢复的过程，实际上是一次又一次的学术研究活动。

清代《工程做法》是继宋《营造法式》之后又一部官方颁布刊行的建筑工程专书，是维护、修建乃至重建明清古代建筑的"文法课本"。结合故宫古建筑修缮的实践，故宫博物院从1962年起就把整理《工程做法》作为科研项目并列入国家科委的科研计划。王璞子采取以文注文、以表注文、以图注文的方式对此书进行注释，可使今人比较方便地运用这部充满专门术语的古籍。单士元、于倬云等多位专家学者也曾参与该书的整理。

这十多年，是故宫博物院工作扎实平稳前进而又成就斐然的时期。繁忙的业务工作使许多专家学者来不及把重点放在专门研究与著述上，但工作实绩中浸透的他们的研究成果和无私奉献精神，则永令后人感动。在此期间，故宫也成就了一批在国内外极有影响的文物鉴定专家，有些被誉为"国宝"。一些年轻的工作人员也在老一代专家学者的带领和熏陶下，业务水平不断得到提高，为以后的脱颖而出打下了基础。

"文化大革命"开始后故宫博物院停止开放，各项业务工作陷于瘫痪状态。1971年7月恢复开放后，由于"左"的思想路线的干扰，陈列等业务工作仍无大进展，学术研究也处在停顿之中。值得提及的是，为适应当时考古发掘工作的需要，故宫博物院一些专家学者参与了全国性的有关研究工作，如唐兰参加马王堆帛书的整理，论证侯马盟书的主盟者，做出了可贵的贡献；对于当时陕西宝鸡出土的一批青铜器，他先后发表了4篇研究文章，《用青铜器铭文来研究西周史》则是综论这批青铜器重要历史价值的论文。罗福颐、顾铁符二人整理山东临沂汉墓出土汉简，著有《临沂汉简整理纪要》等。

（三）1979年以来

中国共产党第十一届三中全会的召开，宣告中国进入改革开放的新的历史时期，故宫博物院也如沐春风，各项事业得到快速的发展。从故宫的学术研究来看，这25年又可分为两个阶段。

第一个阶段是20世纪80年代，主要标志是1979年恢复《故宫博物院院刊》、1980年创刊了以发掘展示中国宫廷历史文化为核心内容的文化艺术性杂志《紫禁城》、1981年成立了出版工作委员会以及1983年建立了紫禁城出版社。两刊一社开始都由资深编审刘北汜担任主编。为老专家配备了助手，既为老专家总结一生的业务学术成就服务，也在其传帮带下得到提高。这一切都为故宫学术研究提供了良好的条件，形成了比较浓厚的有利于学术发展的氛围。许多老专家勤奋撰著，成果迭出，出现了一批著作集中出版的小高潮。一批经过长期培养与实际工作锻炼的专业人才成长起来，许多人先后担任了《中国美术全集》《中国大百科全书》《当代中国》等丛书的主编、副主编、编委等重要工作。

第二个阶段是20世纪90年代以来，主要标志有两个：一个是1990年，故宫博物院、中国第一历史档案馆、承德避暑山庄、沈阳故宫博物院、清东陵、清西陵等单位一起成立了"中国史学会清代宫廷史研究会"。另一个是在故宫名列世界文化遗产名录后，于1990年倡议、1995年正式成立了中国紫禁城学会。学会的任务是联络国内外中国古建筑及有关历史、艺术、自然科学等相关学科研究力量，对故宫进行深入研究和加强保护。现有学会成员，包括了全国与明清皇家建筑有关的主要单位，汇聚了全国古建方面的硕彦泰斗及知名人士。这两个学会成立有重要的意义，使故宫研究的力量从故宫博物院扩大到更多的相关机构与专家学者。社会力量的广泛参与，给学术研究带来了新鲜的空气与力量，使研究成果不仅数量明显增多，而且扩展了研究的视角。随着故宫博物院对外交流的加强，许多研究人员到国外讲学，参加学术研讨会或当访问学者，增长了专业知识，开阔了学术视野，提高了研究能力。这时开始的《故宫博物院藏文物珍品全集》60卷的编写，动员了各个业务部门，本身是对文物的一次整理和专题研究。2000年8月，故宫博物院与中国第一历史档案馆、中国社科院历史所、北京大学历史系、中国人民大学清史所等在故宫建院75周年时，共同发起召开了第9届国际清史研讨会。这次会议反映了故宫博物院在学术研究上主动与国内外最有影响的学术机构进行合作交流，是一个很好的开端。进入21世纪以来，故宫博物院一些有较好的专业基础的比较年轻的研究人员，经20年的业务实践，出了一些成果，逐渐崭露头角。为了进一步提高故宫博物院的学术研究水平，更好地展示故宫学者的研究成果，从2001年开始，编辑出版"故宫博物院学术文库"，现已出了7位专家的论著集。

《故宫博物院院刊》是主要发表院内研究成果的阵地。自1979年复刊至2003年底，共刊登各类研究文章1 260多篇，其中古代书画研究350多篇，明清历史（包括明清档案）研究350多篇，古器物研究200多篇，古建筑研究130多篇，图书文献研究约100篇，博物馆及考古研究约80篇，文物保护研究近10篇。从1979年以来，故宫的研究人员共出版学术专著、文集100多本，图册图录70多本。

在明清史研究方面，有朱诚如撰著的《管窥集——明清史散论》、主编的14卷的《清朝通史》以及作为该书附录的12卷的《清史图典》；由故宫博物院与北京大学主办的《明清论丛》从1999年至今已出版5辑，每辑30来篇文章，50余万字，对明清政治、经济、思想、文化、艺术、科学诸多方面进行研究。在宫廷史研究方面，朱家溍的《故宫退食录》

既有大量关于清宫史的精辟论文，也有不少有关古器物、工艺的重要论述；万依主编的100余万字的《故宫辞典》，收有明清宫殿建筑、宫廷文化及宫廷古代艺术及历史文物藏品词目5 100余条，大体涵盖了故宫的全部内容；万依、王树卿、刘潞的《清代宫廷史》，清代宫史研究会编的《清代宫史论丛》《清代皇家礼俗》等，反映了近年来宫廷史研究的主要成果。

　　故宫博物院院藏有15万件左右中国古代各类书画，故宫研究人员也形成了重文献考据及鉴定的特色，其科研成果不断补充着艺术史的实际内容。主要有徐邦达的《古书画过眼要录》《改订历代流传绘画编年表》《古书画鉴定概论》等，刘九庵的《宋元明清书画家传世作品年表》《刘九庵书画鉴定集》等，工以坤的《书画装潢沿革考》《古书画鉴定法》等，马子云的《碑帖鉴定》《金石传拓技法》等，杨新的《扬州八怪》《项圣谟》《杨新美术论文集》等，肖燕翼的《故宫藏石涛绘画》等，单国强的《中国绘画史讲义》《明代绘画史》《古书画史论集》等，聂崇正的《宫廷艺术的光辉》《清代宫廷绘画》等，施安昌的《唐代石刻篆文》《善本碑帖论集》等，余辉的《画史解疑》，等等。由于故宫的专家学者掌握了大量的具有鉴定标尺作用的书画，并对古代书画有着较为广泛的涉猎，因此在书画鉴定方面受到国内外的相当重视。故宫博物院1994年曾受国家文物局委托举办了一个《全国赝品书画展览》，同时开办了书画鉴定高级研讨班，讲课的绝大多数是故宫专家，根据讲稿整理出版的《中国历代书画鉴别文集》，凝结着这些专家积年的心得经验。

　　古陶瓷收藏在故宫博物院是最大一宗，这方面也是专家辈出，成果颇丰。《陈万里陶瓷考古文集》问世，距陈先生1969年去世已28年。《孙瀛洲的陶瓷世界》收录了孙先生为数不多但又篇篇珍贵的所有论文。冯先铭是中国陶瓷研究会首任会长，主编《中国陶瓷史》并执笔宋代部分，这是我国第一部详尽系统的陶瓷通史巨作。他主编的《中国古陶瓷图典》被列为"九五"国家重点图书，收词1 603条，约60万字，又配图480幅。他主编的《中国陶瓷》是全国文物博物馆系列教材之一。《冯先铭古陶瓷论文集》则是冯先生的论文结集。耿宝昌的《明清瓷器鉴定》、李辉柄的《中国瓷器鉴定基础》，都是有分量的著作。一些年轻的专家也在推出研究专著。由中国古陶瓷学会编辑的《中国古陶瓷研究》，紫禁城出版社已出到第10辑，其中有一批故宫研究人员的文章。

在金石考古方面，有《唐兰先生金文论集》《殷墟文字记》《中国文字学》《西周青铜器铭文分代史征》《甲骨文自然分类简编》等，顾铁符的《夕阳刍稿》，罗福颐的《古玺汇编》《古玺文编》《汉印文字征补遗》《近百年来对古玺印研究之发展》《三代吉金文存释义》等，叶其峰的《古玺印与古玺印鉴定》《古玺印通论》等，张忠培的《中国考古学：走进历史真实之道》等，刘雨的《信阳楚墓·信阳楚简释文与考释》《乾隆四鉴综理表》《近出殷周金文集录》等，杜廼松的《青铜器鉴定》《中国青铜器发展史》《吉金文字与青铜文化论集》等。

在工艺方面，朱家溍以其在漆器、竹木牙角、家具、珐琅、文房用具、织绣等多方面的精深造诣，承担了一些国家级大型丛书的主编；杨伯达不仅有《中国古代艺术文物论丛》《古玉史论》等论著，他主持的中国玉文化研究会也相当活跃，举办了四次中国玉文化玉学学术研讨会，并出版了《传世古玉辨伪与鉴考》《出土玉器鉴定与研究》《中国玉文化玉学论丛》等。还有陈娟娟与人合作的《中华服饰艺术源流》《中国历代装饰纹样》及《中国丝绸科技艺术七千年》。郑珉中关于古琴研究的十多篇论文颇有影响。另外，关于雕塑、文房四宝、古漆器、古玻璃、古代珐琅器、鼻烟壶、竹木牙角等门类都有一些鉴赏与收藏的专著。

在图书文献的整理与研究方面，出版了《清代内府刻书目录解题》，影印出版《故宫珍本丛刊》《永乐北藏》及用原书版刷印的《满文大藏经》等。专著有朱赛虹的《古籍修复技艺》、向斯的《中国宫廷善本》、齐秀梅的《〈古今图书集成〉与〈四库全书〉》等。中国第一历史档案馆20多年对明清档案史料进行了认真整理及大量出版，为明清史研究提供了珍贵的资料。故宫博物院有单士魁的《清代档案丛谈》等专著。这些档案的研究与利用，多是结合业务工作来进行，主要有三项成果：一是《紫禁城建福宫花园资料汇编》。为了复建建福宫花园，从大量的档案、图书、资料中，包括"内务府奏销档""工部档""内务府旨意题头底档""内务府奏案"和《清史稿》《清会典》等中查阅、摘抄，整理了50万字的资料，保证了这项工程的顺利完成，也留下一部有价值的宝贵资料。二是朱家溍选编的《养心殿造办处史料辑览》第1辑"雍正朝"，该书收集雍正朝13年里养心殿造办处制造和贮存皇帝御用的金器、玉器、铜器、珐琅器、玻璃器、绘画、舆图及兵器盔甲等物的档案记载，是了解清宫艺术品来龙去脉的第一手材料，是基础性工作。全书共5辑，正在继续选编。三是适应故宫大规模维修的需要，正把明清档案"内务府奏案""奏销档"中的古建筑档案数字化，进入古建筑数据库，通过提要的关键词，可在电脑中查阅和检索，并拟整理出版。

古建筑研究方面，有故宫博物院编的《禁城营缮记》，庆祝建院70周年的《紫禁城建筑研究与保护》，于倬云的《中国宫殿建筑论文集》《紫禁城宫殿》，收录古建筑与明清档案研究两部分内容的单士元的《我在故宫七十年》《故宫札记》等。1995年成立的紫禁城学会，每两年召开一次学术研讨会，已出版了3辑《中国紫禁城学会论文集》，每辑50来万字。学会还组织编写"紫禁城文化丛书"，举办"紫禁城文化"系列讲座。

故宫博物院于1952年成立文物保护科技部，现有80余人，其中有一大批经验丰富、从事文物保护研究的科技人员和各具特长、身怀绝技的专门人才。除长期承担古旧书画临摹、修复、装裱及青铜器、钟表、宫廷明清家具等的保护修复外，近年来又重视科学技术在文物保护中的作用，加强科学研究，取得了一系列成果。如在古建筑的修缮保护中，利用剥釉琉璃文物原件挂釉复烧和高分子材料加固两种方法，解决剥釉及破碎琉璃构件的保护问题；对传统的地砖"钻生"工艺及材料进行改性试验，提高其耐候性能；对传承与发展传统修复保护工艺的探索等。

从院藏的大量宫廷文物保护的需求出发，完成了《纳米材料及其在保护石质文物上的应用研究》《大型环氧乙烷熏蒸消毒设备的定制与应用研究》《大型低温冷冻杀虫设备的定制与应用研究》《应用EVA热熔胶膜加固糟朽丝织品》《蜡笺纸及其复制的研究》《古代丝织品文物霉斑清除研究》《负压书画保存筒的研制》等课题，并在实际中取得了明显效果。2004年，苗建民、陆寿麟的《古陶瓷产地及年代判别的科学研究》课题荣获国家文物局科技创新二等奖。

在对故宫博物院历史研究方面，有吴瀛的《故宫盗宝案真相》、单士元的《故宫史话》、刘北汜的《故宫沧桑》、王树卿和邓文林的《故宫博物院历程（1925—1995）》等著作。溥仪的《我的前半生》也从另一个方面提供了极有价值的资料。段勇的《古物陈列所的兴衰及其历史地位述评》则是为数不多的研究古物陈列所的专文。

新中国成立以来，社会上一些机构及专家学者也从不同方面对故宫进行研究。故宫博物院庋藏着丰富的中国历代艺术瑰宝，凡是研究中国艺术史，一般都离不开故宫的藏品。明清史研究在我国一直比较活跃，其中一些成果也丰富并推进了故宫研究。由于清朝统治时间长，距今又不到100年，反映清代历史特别是清宫的文艺作品很多，这也促进了对清宫史研究的关注与深入。故宫作为中国古建筑艺术的代表，一些出版社出版了从不同角度研究与介绍故宫的书籍。中国紫禁城学会、清代宫廷史研究会，团结和组织社会上更多专家学者从不同方面开展关于故宫的研究。关于故宫博物院包括文物南迁的曲折历程的书籍也有多种，学术价值较高的有吴十洲的《紫禁城的黎明》等。

近年来，明清之际中西文化的交流引起学术界的关注，大量有关当时基督教耶稣会士来华的材料编译出版，如《利玛窦中国札记》《在华耶稣会士列传及书目》《明清间入华耶稣会士和中西文化交流》《中西交通史》等。这些传教士中一些有较深学问或较高技能的人，多年在皇宫为朝廷和皇帝本人服务，他们的书信、日记、报告等记录了许多中国官修史不屑于记载或不敢记载的内容（如宫廷斗争等），有着重要的史料价值。国内也出版了一些研究这段历史的著作。据统计，从1980至1999年间，中国大陆出版的中文著作154种，论文942篇。[①]其中一些著作和不少论文是故宫学研究的重要成果。2001年10月，中国社会科学院世界宗教研究所和美国旧金山大学利玛窦中西文化历史研究所联合主办了"相遇与对话——明末清初中西文化交流国际学术研讨会"，20多个国家和地区的上百名学者与会或听会，其中《清朝宫廷中的"耶稣会士透视理论"》《奉教天文学家与"礼仪之争"（1700—1702）》《为了谁的荣耀？——康熙统治时期（1662—1722）耶稣会士的策略》等论文，也是故宫研究的新成果。[②]

成立于1965年的台北故宫博物院也是故宫学研究的重镇。其藏品主要由故宫南迁文物运台部分组成，计2 972箱，其中器物46 100件，书画5 526件，图书文献545 797册件，合计597 423件册；另有中央博物院筹备处的11 562件，以上共运去608 985件。至2001年底，又新增44 612件册，藏品总数为65万多件。台北故宫博物院对文物重新进行了点核、整理。文献馆所存的清代档案，经几十年的努力，已基本整理就绪，编有目录卡片及各种索引，以供学者检索。同时还先后编辑出版了《袁世凯奏折》《年羹尧奏折专辑》以及"宫中档"康熙、雍正、光绪朝的奏折等史料。

台北故宫博物院办有学术性的《故宫学术季刊》、普及性的《故宫文物月刊》，并先后出版了多种专书、目录，以及书画、器物、善本古籍等书册和裱装画轴、手卷等。20多年来已出版那志良、庄吉发、嵇若昕、李霖灿、江兆申、廖宝秀、索予明、吴哲夫等人的学术著作数十部。在明清史研究方面，有《朱载堉研究》《清高宗十全武功研究》

---

① 徐海松编：《耶稣会士与中西文化交流论著目录》，《东西文化交流论谭》第2集，上海文艺出版社，2001年，第455—494页。

② 卓新平主编：《相遇与对话——明末清初中西文化交流国际学术研讨会论文集》，宗教文化出版社，2003年。

故宫论学

《清代天地会源流考》《清代奏折制度》《乾隆重要战争之军需研究》《木兰图与乾隆秋季大猎之研究》等；典籍文献方面，有《四库全书荟要纂修考》《四库全书纂修之研究》《故宫档案述要》等；古器物及工艺研究方面，有《陶瓷汇录》《珐琅器之研究》《漆园外摭》《中国漆工艺研究论集》《中国古玉图释》《玉器辞典》《古玉论文集》《漆屏风与中国漆工艺之西传》《铜器概述》《明清竹刻艺术》等；古书画研究方面，有《山水画皴法点苔之研究》《元书画史研究论集》《元代皇室书画收藏史略》《中国绘画史》《双溪读画随笔》等，以及王原祁、蓝瑛、文征明、戴进、唐寅、吴镇等画家的专题研究；对于故宫博物院的历程、文物南迁以及台北故宫博物院近40年的经过，也有一些书籍问世，如台北故宫博物院编写的《故宫跨世纪大事录要：肇始　播迁　复院》、庄尚严的《山堂清话》、那志良的《故宫四十年》《典守故宫国宝七十年》等。除了举办规模比较大的专题学术研讨会外，台北故宫博物院还经常举办一些小型的学术研讨会以及专题演讲。台北故宫博物院还注意与其他机构合作，如1971年起协助台湾大学历史研究所增设中国艺术史组，这是台大艺术史研究所的前身，培养出许多艺术史研究人才；1978年与"国史馆"合作校注《清史稿》，后由"国史馆"整理出版为《清史稿校注》。[①]

　　国外有关故宫的研究也值得重视。法国、美国、英国、德国、俄罗斯、日本等国，长期以来都有一批研究中国的"汉学家"，且取得了令人瞩目的成果。其中关于明清史的研究以及对中国古代艺术的研究，许多都与故宫研究有密切关系。这里仅介绍法国的有关研究及国外对中国书画研究的一些情况，由此可见一斑。近年来，似乎是与中国关于"西学东渐"的研究热相呼应，法国汉学家们以16—18世纪中国文化西传及重大影响为核心，就"中学西渐"问题进行了广泛深入研究，出版

---

① （台北）《故宫博物院巡礼》，2002 年。（台北）《故宫博物院刊行图书目录》，2003 年。

了大批研究专著。安田朴撰写的两卷本、70余万字的《中国文化西传欧洲史》，系统介绍了这一时期中国文化向欧洲的传播以及在那里掀起的"中国热"风潮。安田朴《入华耶稣会士和礼仪之争》，介绍从1552至1773年耶稣会士在中国的活动以及由此而在欧洲引发的礼仪之争。法国汉学家对作为中学西渐媒介的传教士的研究也成果丰硕。如博西埃尔夫人撰写的《17—18世纪中国宫廷中的比利时官吏——安多传》、舒特元编的《利玛窦和其他入华耶稣会士们论中国的艺术和日常生活》等。这些作品都包含着对当时中国宫廷及皇帝的认真研究，其中由传教士提供的新鲜材料及研究者的不同视角，对我们都是有启发的。

法国在对中国明清皇家建筑研究方面，比较有影响的是对圆明园西洋楼的研究。1983年，法国成立了一个由法国当代研究中国考古和艺术的专家毕梅雪主持的专门研究小组，研究圆明园中的西洋楼。这座楼是由清朝宫中的入华耶稣会士们为乾隆皇帝设计的。研究组从不同角度对这些宫殿及其御花园进行了研究：建筑的年代及乾隆对于这一套具有异国情调建筑的使用，供建筑术研究的可视资料——1783年的版画和照片，建筑复原问题，对植物的鉴定，西洋的模式等。该课题的部分研究成果曾在《亚洲艺术》上发表，1994年出版了有关圆明园西洋楼（欧式宫殿）的一份总结报告。该研究组还在著名的《亚洲杂志》上发表了一部分对清朝宫廷艺术的研究成果，如藏嘉伯研究乾隆年间战争功臣画像的论文，特琳娜·帕加尼对康乾时代钟表制造业的研究。1985年，安娜·莎耶还出版了《热河寺庙及其西藏原型》的专著。①

国外对中国书画的研究主要集中在古代绘画尤其是元以前的古画。有的学者的博士论文就是以故宫所藏名画为题目。1978年，美国学者高居翰编撰《古画索引》，其中相当篇幅是将北京故宫和台北故宫博物院出版的元以前古画印刷品编成索引，供研究者查询。西方学者对故宫绘

---

① ［法］戴仁主编：《法国当代中国学》，耿升译，中国社会科学出版社，1985年。

画的研究主要是以图像学的理论，集中比较一批包括故宫藏品在内的图像，找出造型发展中带有规律性的东西。20世纪50年代以来，出现了一些研究单幅书画作品的成果，如美国旧金山大学阿诺德·劳伦研究一件明摹元代周朗《佛朗国献马图》卷（故宫博物院藏品），出版了《王侯的礼物和教皇的财富》一书；日本学者铃木敬用两岸故宫博物院的绘画藏品写成一部《中国绘画史》，也说明两岸故宫博物院藏品的互补性。因为复杂的历史原因，欧美及日本等国家的一些博物馆，收藏一些清宫散佚或其他传世的中国古书画，有些著名的博物馆还设有东方部，重视进行整理、鉴定和研究，有的还举办专题学术研讨会，如1989年美国克利夫兰博物馆的"明清绘画国际研讨会"、1992年美国纳尔逊博物馆的"董其昌世纪艺术国际学术研讨会"、1993年美国马里兰大学的"近代海派研究"、1999年美国纽约大都会博物馆的"董源《溪岸图》真伪研讨会"、2001年英国大英博物馆的"顾恺之《女史箴图》研讨会"等，这些研讨会都邀请故宫博物院的专家学者参加。大约有数百件北京故宫的书画藏品是境外、国外专家常引用的。从总的研究情况看，以故宫书画为个案进行研究的论文逐渐增多，较多的是在研究中国书画中以故宫的藏品作为例证之一。这也说明故宫书画藏品是研究中国艺术史不可或缺的重要资料。

在对故宫博物院的研究上，庄士敦的《紫禁城的黄昏》以他特有的视角和感受，使我们看到逊帝溥仪在紫禁城内廷的"小朝廷"生活，了解到古物陈列所以及故宫博物院成立前的许多重要情况。

回顾近80年来的故宫学研究，第一个时期应是发轫阶段，以清理文物资料并向社会公布为主，也出现一些有影响的研究成果，发展势头很好，但因战争原因而停了下来；第二个时期可看作以个案研究为主的阶段，重点是博物院的各项基础业务建设，有一些专著也产生了较大影响，深入研究有了较好基础，一场"文化大革命"则使研究工作停滞了十多年；第三个时期是专题研究蓬勃开展并向综合研究转变的阶段。总的来说，故宫研究的领域逐渐扩大，有分量的研究成果不断涌现，以故宫学者为主体的研究队伍不断扩大。但还存在一些问题，主要是缺乏长远、统一的规划，重点不很明确，一些重要课题的研究还不够深入，有些方面还很薄弱，研究方法比较单一，研究力量缺乏必要整合，海内外的学术交流还不够广泛，故宫博物院对院外研究者提供必要的条件还做得不够好，等等。

三

故宫学的提出及其发展机遇

以上我们探讨了故宫学的研究范围，说明它有着丰富深邃的内涵；我们又回顾了近80年故宫学的研究历程，看到它已取得了令人瞩目的成果。但是从故宫本身的地位、作用及研究状况看，故宫研究还需要提升、创新、突破，因此有必要提出并加强"故宫学"的建设，即明确故宫学是一门学科。近80年的故宫学术研究无疑多属故宫学研究，但尚属于学科发展的自发阶段。一门学科的建立，不只是要有深广的研究领域，还必须有一定的研究成果为基础，这是学科形成发展的必要的过程。故宫博物院成立近80年后明确提出故宫学学科建设，其实符合学科发展的规律。由于故宫学材料的丰富，以前的研究多在不同的领域中进行，故宫学则要求把这些基础研究整合起来，统一在一个内在的逻辑之中，这是故宫研究不断深入的必然要求。很显然，没有长达80年的故宫研究的实践和成果，就不可能明确提出故宫学概念，而故宫学的提出并确立将使故宫学研究进入自觉阶段，将从整体上提高故宫研究的水平。

（一）故宫学与故宫文化

如何理解故宫学？它是以故宫为对象或与故宫有关的一门知识和学问呢，还是一门相互关联、有着内在规律的有系统的学科？这是需要共同探讨的问题。笔者认为，弄清这个问题，首先要把握故宫文化的内涵和定位。故宫是中国封建时代最后两个朝代——明清时期皇权的中心所在地，是政治枢纽，故宫文化是以皇帝、皇权、皇宫为核心的皇家文化。这种文化的生成既有更为久远的中国封建社会皇家文化的传承，又有其新的特点。它延续近500年，虽然其间有变异，并且反映了皇权衰落的历史，但相对来说有着稳定性，充分体现了中华传统的主流文化，同时更带有多民族文化融合的特征。"皇宫"与"宝藏"往往连在一起。皇家的收藏自然是中国历代艺术的瑰宝，是中国人民智慧与创造的结晶。宏伟的皇宫建筑、珍贵的皇家收藏、丰富的宫廷遗存，以及大量的宫中所藏档案及图书典籍，就成为中华文明的最重要的载体和象征，是皇家文化不可分割的组成部分。国运的兴衰、帝王个人的爱好以及典章制度的变化，都可从皇家文化的嬗递中探求出带有规律性的东西来。从这点来看，故宫学不是杂乱的、零碎的、毫无关联的，而是有完整的内在体系的一门独立的学科。它的重点是与皇家文化有关，而不同于一般的明清史研究，也不同于一般的艺术史研究或建筑史研究。

研究历史上有关紫禁城及明清宫廷史的一些资料，有助于我们对故宫文化内涵的认识和把握。明太监刘若愚的《酌中志》，记述了由万历朝至崇祯初年的宫廷事迹。他在宫内多年，把耳闻目睹的有关皇帝、后妃及内侍的日常生活、宫中规制、内臣职掌以及饮食、服饰等，全都详细地记了下来。到了清代，康熙初年曾入值南书房的朱彝尊，从1 600多种古籍中选录历代有关北京的记载和资料，编成《日下旧闻》，是研究北京的颇有价值的一部书。奉乾隆帝命根据《日下旧闻》加以增补、考证而成的《日下旧闻考》，偏重皇家的宫殿、官署、坛庙、园林，大量引用乾隆的诗文，从此书可以看到乾隆初、中期北京建筑的情况和康熙中叶以来北京城市的变化，其中主要有城内宫殿、三海、景山，城外圆明园、清漪园、静宜园等。它记述了这些园囿的建筑名称、建造年代，悬什么匾额，挂什么对联，什么人居住，诗文中题咏这些建筑表现了什么思想等。乾隆帝命人编纂的《国朝宫史》，汇编和记录了从顺治、康熙、雍正和乾隆二十六年（1761）以前的宫闱禁令、宫殿园囿建置、内廷事务和典章制度等资料，是清代中叶以前的宫廷史。嘉庆帝命人编纂的《国朝宫史续编》，承袭《国朝宫史》的体例，为乾嘉时期清宫史料集大成之书。此书1806年完成，直到1932年才有故宫博物院图书馆据懋勤殿所藏之本校印面世。这些都是进行故宫研究的珍贵资料。上述20世纪30年代章乃炜、王蔼人的《清宫述闻》，亦是这类重要著作。

我们也看到，正由于故宫学研究对象的深广，例如浩如烟海的明清宫廷档案，它是整个明清王朝历史的全方位记录，凡是研究明清史都离不开它。不是说每条史料都与以皇家文化为重点的故宫学有直接关系，但也不能说毫无关系。丰富的宫廷典籍也是如此。这类研究也属于故宫学研究，但反映的是有关故宫的知识和学问。

上述说明，故宫学以故宫及其丰富收藏为研究对象，从其反映皇家文化的特点来划分，它有狭义与广义之别。狭义的故宫学是指人文科学的一门独立的学科，广义的故宫学则是一门知识和学问。故宫学研究的六个方面是互相关联的，如再具体划分，约有三个层次：最核心的层次是故宫（紫禁城）；中间的层次是故宫古建筑、与其密不可分的院藏文物及宫廷历史文化遗存；最外面的层次为所有六个方面及与其相关的丰富内涵。为什么紫禁城研究是故宫学的核心呢？这是由紫禁城本身的特殊地位以及它与故宫学研究范围的其他五个方面的密切关系决定的。[①]核心层次和中间层次大约属于狭义的故宫学研究对象，最外面层次或为狭义、或为广义的故宫学研究对象。

需要说明的是，现在故宫藏品中有少数并非清宫旧藏，这与我们倡导的故宫学研究是不矛盾的。新中国成立以来，为充实故宫的收藏，通过国家调拨、出资购买、社会捐赠以及各方面支持，故宫陆续增加了20余万件珍贵文物。其中一部分不属于清宫旧藏，例如8万多件法书名画，

---

① 郑欣淼：《紫禁城与故宫学》，《故宫博物院院刊》2004年第5期。

2万多件历代名瓷，1万多件青铜器，还有各种工艺美术品等。这些藏品约占总收藏量的14%，但许多文物比清宫旧藏毫不逊色。以绘画为例，清宫收藏在乾隆帝去世后日趋衰落，18世纪的"扬州八怪"、19世纪的"京江画派""改、费派""海派"等许多流派的绘画和书法为清宫所缺，清初属于非正统画派的"金陵诸家""四僧""新安派"等也是乾隆朝不屑于收藏的艺术品，如今已是国之重宝。北京故宫抓住广阔的收藏机遇，于20世纪60年代初已将上述几个时期书画收藏齐备。突破清宫旧藏局限的努力收藏，使故宫成为名副其实中国历代文化艺术的巨大宝库，它是清宫艺术品的十分必要的补充，为中国文化艺术史研究提供了更为全面、丰富的资料，在故宫学研究中发挥着更为重要的作用。

任何一门独立学科必然与相关联的若干学科存在一定的重叠或交叉现象，对于具有丰富的研究对象的故宫学来说更是如此。故宫学涉及到历史、政治、建筑、古器物、档案、图书、艺术、宗教、民俗、科技、博物馆等诸多自成体系的学科。我们之所以把其中一部分研究整合进故宫学，是因为在围绕着以故宫（紫禁城）为核心的综合研究中，这些不同的研究对象成为故宫学课题的有机组成部分而获得新的研究视角、途径、方法和结论，也就形成了新的学科体系。比方说对于古代书画、陶瓷等的研究，作为故宫学的概念，主要会侧重于与明清宫廷和故宫博物院有关的搜集、鉴赏、著录、流传等，并不涵盖这些学科本身的全部研究。同样，故宫博物院自成立以来，故宫研究构成了学术研究最有成就、最富特色的主体，但并不是说凡是故宫博物院的学术研究成果都属于故宫学的范畴，多年来故宫博物院的专家学者在超越这个范畴的诸多领域都做出了海内外公认的卓越贡献。

故宫学很显然是综合性学科，在研究中需要运用历史学、考古学、文献学、建筑学、文艺学、美学及相关的自然科学的理论和方法。这种综合性特点，在故宫学研究中表现得很突出：一是需要把院藏文物、古建筑和宫廷史迹这三方面作为互相联系的整体来研究，防止孤立对待。这是最能体现故宫特色的研究。这也要求研究人员不仅具有某类文物的专业知识，而且要有与此相关的历史知识，包括宫廷史知识以及其他知识。二是需要多学科协作，全方位展开，才能得出科学的结论。三是由于故宫文化的特殊性，文物藏品一般都有相当丰厚的内涵，需要不断地探求。例如武备、宫廷生活用具类藏品，既涉及工艺美术，更与宫廷史、文化史、典章制度等有关，且随着资料的挖掘与研究视野的扩大，这种研究会不断深入。从多方面去探寻文物的价值，这也是综合研究的一个方面。

提出并确立故宫学，目的是不断推进对故宫的综合研究，努力挖掘故宫文化的深邃内涵，具体来说有这么四点：其一，希望研究故宫的学者特别是新一代中青年学者，把故宫作为一个大文物来看待，弄清故宫学的学术覆盖面及其内涵，明确自己的研究课题处在哪个层面，在学术视野上解决点和面及面和体的关系。其二，使流散在院外、海外、国外的清宫旧藏文物、档案文献有一个"学术归宿"，它们的文化精神是故宫学的一个部分。其三，增强全社会对包括古建筑在内的各种故宫文物的保护意识。故宫学的确立，不仅仅是个要引起学术界关注的问题，而且是整个社会都要关心文化遗产的问题。不仅加强对物质文化财产的保护，还应注重对非物质文化财产的保护，因此对故宫的保护是全面的、立体的保护。其四，便于向社会公众普及和提高对故宫的总体认识。故宫是最能代表中华传统文化与古老文明的载体，应该使观众从一般"游览"的心态转到对优秀传统文化的景仰、熏陶、启迪，在很大程度上有赖于故宫学的传播。

（二）故宫学的价值和意义

故宫学的价值和意义是由其研究对象的博大精深所决定的，是由故宫文化在中国文化史上的特殊地位所决定的。单士元先生1997年在中国紫禁城学会第二次学术讨论会开幕式致词中有一段话，高度概括了故宫的地位，从中也可看到故宫学研究的重大意义。他说："故宫是一部中国通史，不只是皇宫。从它建筑布局、空间组合，从匾额楹联里，都能体现出中国五千年的社会发展史、文明史、文化史。其收藏文物是传统。不少文物，除近年田野考古发达以后出土的以外，大都是传世珍品。而传世珍品又多是来自商周及以后的宫殿、堂庙中，最后到明清两代，体现了中国文化传统。因此，它蕴藏的都是历史。"①

故宫学的内涵很丰富，涉及的范围很广泛，从已发布的研究成果看，许多都是中国文化史、中国艺术史、中国明清史的重大课题。故宫学又可包括紫禁城学、明清宫廷史学、明清档案学以及中国古代书画、工艺、金石等多种研究学科，我们试列举以下20个与故宫学研究有关的方面，对故宫学的价值和意义当会有更具体的认识：

——故宫学与紫禁城皇宫建筑群研究的关系

——故宫学与明清皇家建筑物研究的关系

——故宫学与中国古代建筑技术与艺术研究的关系

——故宫学与中国古代艺术（古书画、古青铜器、古陶瓷及各类工艺品）研究的关系

——故宫学与明清民族问题研究的关系

——故宫学与明清时期中外文化交流研究的关系

——故宫学与明清皇家艺术品收藏与制造研究的关系

——故宫学与明清时期皇宫修书藏书研究的关系

——故宫学与明清典章制度研究的关系

——故宫学与明清宗教政策及宫廷宗教活动研究的关系

——故宫学与明清重大政治、军事事件研究的关系

——故宫学与明清皇帝、后妃子嗣、太监生活研究的关系

——故宫学与明清朝臣疆吏研究的关系

——故宫学与明清档案整理、利用研究的关系

——故宫学与中国近现代革命史研究的关系

----

① 《中国紫禁城学会论文集》第 2 辑，紫禁城出版社，2002 年，第 386 页。

——故宫学与80年来中国文物保护的关系

——故宫学与中国博物馆事业发展的关系

——故宫学与故宫专家、学者及中国现代学术史研究的关系

——故宫学与无形文化遗产保护传承的关系

——故宫学与文物科技保护的关系

（三）故宫学研究的新机遇

进入21世纪以来，故宫学研究又面临新的发展机遇，主要有两个方面：一是快速发展的中国世界文化遗产保护事业，一是正式启动的清史编纂工作。

中国于1985年正式加入《保护世界文化与自然遗产公约》。1987年故宫、长城等成为中国第一批世界遗产。多年来中国世界遗产数量增加很快，截至2004年已达30处，居世界第三位，其中文化遗产及自然与文化双遗产占28个。在众多文化遗产中，故宫及明清皇家建筑占有一定比例。2004年世界遗产大会批准的我国两个拓展项目——明清皇家陵寝的拓展项目辽宁盛京三陵和明清皇宫的拓展项目沈阳故宫，都是明清皇家建筑。有些明清皇家建筑正在积极申报。为了申报世界文化遗产，更好地挖掘它的文化内涵，加强保护工作，各遗产单位都重视学术研究，先后举办研讨会，如2000年的"纪念颐和园（清漪园）建园250周年暨迎接21世纪学术研讨会"，2001年的"清东陵文化研讨会"，2003年的"承德避暑山庄肇建300周年学术研讨会"，2004年的"世界遗产论坛——中国明清皇家陵寝学术研讨会"等；出版了一批有关这些建筑的历史档案汇编，如关于承德避暑山庄的《清宫热河档案》、关于沈阳故宫及清永陵、福陵、昭陵的《一宫三陵档案史料选编》等；有的还进行重点修复，如天坛对神乐署的修复，颐和园对耕织图景区的复建，故宫博物院对建福宫花园的复建等。对世界遗产保护的重视也促进了对整个明清皇家建筑的研究与保护。据报载，被誉为"皇都第一行宫"的北京大兴团

河行宫即将开始进行修复，这是乾隆皇帝在南海子建造的四座行宫中规模最为宏伟的一座，被认为是目前国内最大的文物修复工程；地坛古建筑修缮工程近日在地坛公园内的方泽坛正式启动，这是地坛公园有史以来最大最完整的一次修缮。①由世界遗产热引起的对明清皇家建筑的重视，对故宫学研究的广泛深入起着明显的推进作用。

在方兴未艾的世界遗产热中，故宫更是一直受到世人的关注。20世纪90年代中期花费6亿元的筒子河治理，使故宫的外部环境得到根本的改观。2002年底正式开始的故宫维修，是故宫百年来规模最大的修缮工程。从维修的任务和要求看，它不仅要用已有的多方面的科研成果，而且维修过程中更需要进行深入地研究，如每座宫殿的完整档案的编写，对中国传统的建造修缮技术工艺与材料制作的抢救继承，对不可移动文化遗产的科学保护等，都需要认真地研究探讨。已报请国务院审批的《故宫保护总体规划大纲》将使故宫保护与博物院建设提升到新的水平。根据联合国教科文组织的要求，故宫将建立保护缓冲区。当北京市于2004年9月公布了两个草案后，反响热烈，许多人积极参与，有1 698人在北京市文物局的网站上投票，其中1 420人赞同范围更大的第二方案，这一方案的缓冲区范围将达1 463公顷。故宫缓冲区一经确定，区内原有的胡同、四合院将受严格保护，并保持传统风貌。②这一切不仅促进着故宫的保护，也是故宫学发展的大好机会。

2003年正式启动的国家清史编纂是一项规模宏大的文化工程。清统治中国长达268年之久，其前期在发展经济文化、巩固国家统一、加强民族团结等方面有重大功绩，其政策措施多可借鉴。中叶以后，内外矛盾尖锐，实行闭关锁国，拒绝进行改革，政治日益腐败，其失误和教训实足发人深省。且清朝灭亡至今不足百年，和今天的政治、经济、军事、

---

① 《北京文物保护又有大手笔》，《中国艺术报》2004 年 11 月 5 日。
② 《保护故宫周围风貌，市民倾向更大范围》，《人民日报》2004 年 9 月 17 日。

文化各个领域息息相关。因此要了解和掌握中国的国情，建设有中国特色社会主义，就要对清代历史进行全面、深入的研究，编纂出一部高质量、高水平的清史。中央决定编写清史，要求在专家学者的共同努力下，动员各方力量，用10年左右时间完成这个任务。由于故宫博物院的特殊地位，与清史编纂有着密切关系。2001年4月，季羡林教授领衔的13位专家关于纂修大型清史致李岚清副总理的信，其中有两位是故宫博物院的专家。由中央14个部委组成的清史编纂领导小组，故宫博物院院长亦列为领导小组成员。在清史编纂中，学术界、文博界、档案界、科技界、出版界将协同配合，这是清史研究不断深入的过程。故宫博物院不仅将在清史编纂中发挥自己特殊的作用，而且故宫学研究在这个学术大潮中也肯定会有丰硕的成果。

（四）清宫旧藏的散佚可望海内外更多的机构和个人参与故宫学研究

清宫旧藏，至乾隆年间最为丰盛，尔后渐告式微。特别是清末，国势日衰，政治腐败，外患频仍，清宫文物珍藏多次遭到劫掠或毁损，许多被抢到异域，不少流失民间。清宫文物近代以来有三次大的厄难：

第一次是1860年英法联军对圆明园的野蛮劫掠和焚烧。圆明园是清代皇帝的别宫，也是一座收藏丰富的博物馆。经过侵略者的洗劫和焚毁，原有的陈设、收藏现存国内已不多，大量旷世瑰宝流落国外，最为集中的是在英国大英博物馆和法国枫丹白露宫，其他如美国、日本、西欧各国博物馆和一些个人，也都有所收藏。这些文物包括商、周著名的青铜器，历代的陶瓷器，古代名人书画，清朝皇帝的御玺，以及玉如意、时钟、金塔、金钟、玉磬等宫廷陈设品，清代的瓷器、漆器、玉器、牙雕、珐琅、珊瑚、玛瑙、琥珀、水晶、宝石、朝珠、木雕等精美艺术品，此外还有外国进献的贡品和无数的金银珠宝。现藏英国大英博物馆的顾恺之《女史箴图》就是这次被掠走的。2000年，香港佳士得和苏富比两家拍卖公司的拍卖品就有当年被英法掠走的4件圆明园文物。

第二次是1900年八国联军对皇室财宝的抢劫与破坏。从1900年8月15日北京陷落，直至1901年9月《辛丑条约》签订，八国联军撤离，这场浩劫长达一年之久。从皇宫禁城、三海、颐和园到坛庙陵寝、官署部衙、王宫府第，悉遭厄运。对这次损失，清廷档案虽有部分统计，但很不完整。例如，光绪二十六年（1900）八月初四的档案中记载，洋人从宫中"拿去"的物品有玉器、瓷器、挂轴、册页、手卷、铜器等331件，以后的宫中档案又有侵略者若干次从紫禁城内抢劫物品的记录。①《五牛图》就是这次抢走的。据《平等阁笔记》作者狄葆贤目睹所记，宫中已"所失过半"，三海、瀛台文物珍品"荡然无存"，"紫光阁内，书籍狼藉满地"，瀛台院内到处堆积着残碎的玻璃瓷器和家具杂物。②

第三次是清逊帝溥仪"小朝廷"时期对宫廷文物的盗运。1924年11月，溥仪被驱赶出紫禁城"后廷"以前，大量的宫廷珍藏以赏赐、赠送及变卖、盗窃、典当抵押等方式源源不断流失出去，不少为外国人所得。1923年日本地震，溥仪派人给日本天皇送去一批当时价值30万美金的古玩字画珍宝。溥仪还把1 200多件极为珍贵的书画、200多种古籍，以赏赐溥杰的名义盗运出宫。清室善后委员会根据"赏赐"清单和收到单，编印了《故宫已佚书画目录三种》，这批书画后来大都散佚。新中国成立后，曾组织专门力量查找这些书画，故宫博物院收回相当一部分，不少流失国外，为私人或博物馆收藏，以美国、日本居多。已知美国大都会博物馆收藏17件，普林斯顿大学博物馆、弗利尔艺术馆、纳尔逊博物馆、克利夫兰博物馆、波士顿博物馆以及日本和欧洲的许多博物馆都有收藏。国内的辽宁省博物馆、上海博物馆等也有收藏，有的还在私人手里，2003年故宫博物院从拍卖行购买的隋人书《出师颂》，就是

---

① 转引自万依等：《清代宫廷史》，辽宁人民出版社，1990年，第542页。
② 《平等阁笔记》第1卷，有正书局，1918年。

这时流失出去的。^①

　　由于多种原因，国外一些研究机构、学校及图书馆还藏有清宫的图书、档案。例如，美国国会图书馆同治八年（1869）收到当时清廷赠送书籍10种933册，还保存有光绪皇帝两个妃子——瑾妃和珍妃的日常生活记录；美国耶鲁大学和哥伦比亚大学都收藏有清廷赠送的《古今图书集成》，耶鲁大学还从中国购买了不少清廷文件的影印本；康奈尔大学亚洲图书馆有不少中国典籍，包括《永乐大典》6册以及康熙玉玺、慈禧书签等文物；英国大英图书馆所属的印度事务部档案馆有明《永乐大典》、清朝的《实录》《圣训》等；英国东方和非洲研究院档案馆保存有溥仪赐给其师傅庄士敦的清代十一朝的《实录》，这是装潢极为精美的清宫藏品，等等。^②

　　国内一些博物馆也藏有不少清宫文物。沈阳故宫博物院是一座展出清代宫廷建筑和生活历史的艺术博物馆，它的3万多件藏品，以清前期宫廷遗物为主。辽宁省博物馆有一部分清宫旧藏，主要是溥仪带到东北的一批书画名品和玉器，其中有为数六七十件之多的晋唐宋元书画，还有一批著名的缂丝绣品。南京博物院藏品中的一个重要部分，是前古物陈列所移交的清热河、奉天行宫的宫廷文物，内有大宗瓷器、各类陈设品及工艺品。吉林省博物馆收藏一些原藏长春溥仪伪皇宫内的清宫流散书画。上海博物馆收藏一些清宫旧藏的书画名品及精美青铜器等。

　　新中国成立以来，故宫博物院的藏品充实得到社会各界的支持，同时也把大量宫廷藏品及珍贵文物调拨给一些博物馆、图书馆及其他机构。例如，把包括《乾隆南巡图》、虢季子白盘等在内的3 781件珍贵文

---

① 张健：《国宝劫难备忘录》，文物出版社，2000年。张自成：《百年中国文物流失备忘录》，中国旅游出版社，2001年。

② 秦国经：《中华明清珍档指南》，人民出版社，1994年，第167—169页。朱政惠：《美国清史资料及其研究情况述略》，国家清史编纂委员会编译组《清史译丛》第1辑，中国人民大学出版社，2004年。

物拨给了当时的中国历史博物馆，把包括部分善本在内的14万册宫廷藏书拨交给国家图书馆及部分省市、大学的图书馆，把一部分官窑瓷器赠给了一些古窑址博物馆。在一些寺院和我驻外使馆等，都有调去或借用的故宫文物。也有一些清宫文物赠送国外博物馆，例如1957年就赠给苏联国家博物馆清代瓷器、玉器、漆器、珐琅、织绣等文物550件，赠给前捷克斯洛伐克国际美术院铜器、造像等65件，赠给新西兰坎特伯雷博物馆近代木器等14件。

可见清宫藏品的散佚情况比较复杂。流失海外文物不少是战争期间被掠夺的。这是一页令中国人伤痛的屈辱的历史。根据现代国际法的原则，任何因战争原因而被掠夺或丢失的文物都应归还，没有任何时间限制。1996年中国政府签署了《国际统一私法协会关于文物返还的公约》，郑重声明中国保留对历史上被非法掠夺文物的追索权利。清宫文物在海内外的大量散佚，客观上也为更多的机构与个人参与故宫学研究提供了条件，尤其在国内，这方面的合作研究近年来有了较快的进展。

四

故宫博物院在故宫学研究中的责任和举措

尽管不少清宫旧藏散佚各地，但故宫（紫禁城）只有一个，大量的宫廷历史遗存仍在，最为丰富的中国历代各类艺术精品在故宫，近80年数代故宫人的研究成果引人注目。在故宫学研究中，故宫博物院有着特殊的地位，它不仅要利用自身优势，在已有基础上有新的提高，而且要为海内外故宫学研究提供服务。近期加强故宫学的主要举措有以下四点：

（一）制定故宫学研究规划，发扬故宫学研究的传统

在已完成的《故宫保护总体规划大纲》和着手编制的《故宫人才

规划》中，把建立故宫学的学科目标、规划故宫学的学科框架以及相应的人才培养作为重要内容，制定全面系统的故宫学研究计划。学科建设是个长期的系统工程，要防止急功近利。在规划制定中，既考虑学科自身发展的规律性，又明确故宫博物院自身的特点，坚持规划层面的科学性、可行性。根据学科建设需要，积极培养和引进各类人才。建设高水准的文物研究学者、文物保护专家和博物馆管理专家团队，拥有相关学科带头人并形成合理的知识结构和年龄梯次。

要加强薄弱环节。薄弱环节就是潜力。在故宫学研究对象的六个方面中，明清宫廷历史文化研究是比较薄弱的环节。故宫有相当多的反映清宫历史、文化、生活的遗物，过去由于认识上的局限，对它的价值缺乏足够的重视。近20年来虽有较大进展，但一些仍待深入研究，有些领域还未曾认真涉足，近几年要加强这方面研究。故宫的学者要与全国从事明清宫廷史研究的同道合作，扎扎实实地推进。一是重视基础性研究、个案研究，主要包括从古建筑遗存角度，研究宫殿（或陵寝）的时代、规制、使用功能、建筑技术等；从遗存的可移动文物角度，研究宫廷中制作、使用这些文物情况，以及文物的断代、艺术价值、科技价值等；从文献（档案）的角度，对宫廷中的各个方面，如制度、人物、事件等进行考证。二是重视宏观性研究，即具有宫廷史的大视野，能够综合阐述宫廷历史某一方面的规律性认识。这项研究需要较高的史学理论素养以及各类材料的综合驾驭能力，难度较大，成果的价值也更大。近期初步拟定的研究课题有《清代皇帝大婚研究》《咸福宫与清代皇家丧葬研究》《毓庆宫与清代皇子（包括太子）研究》《清代帝后万寿庆典研究》《清代宫廷文化系列研究》《清代宫廷与藏传佛教》《清代皇家礼制研究》《清宫医药制度研究》等以及一些佛教、道教殿堂的研究。此外，在其他几大方面的研究中，有的虽然成就斐然，但也有薄弱之处，例如书画研究成果较丰，但4万多件明清名人尺牍、2万多件帝后书画等，都有待整理和研究。薄弱环节的加强，可望研究领域的扩大与研究成果的突破。

由于故宫学研究是以文物（包括可移动文物和不可移动文物）为主，因此自有其研究特点。具体地说，故宫学术研究不是经院式的烦琐论证，也不是从书本到书本，它是直接面对故宫的文物、档案文献，对之进行客观分析、比较，解决宫廷历史人物和事件的物证、历代文物的真伪鉴定及其艺术价值、文化联系等诸多问题。总而言之，即以物证史、以物论史，或以物鉴物、以史论物等，都离不开史与物的辩证关系。故宫学术研究的成果体现不仅仅是学术著作，而且包括各种形式的陈列、编纂文物目录、文物著录等。故宫博物院的学术研究，20世纪40年代以前主要是吸收传统考据学，进入50年代后逐步融入了历史唯物主义和辩证唯物主义的方法论。长达80年薪火相传的研究历程，故宫形成了良好的学术传统，包括学术成果、学术思想、学术风格、研究的思路和方法，以及不同师承的专家之间的团结和合作等，这也为形成"故宫学派"打下了良好基础。这是一笔宝贵的财富，在更加深入的故宫学研究中需要发扬光大。

（二）加强基础建设，为故宫学研究服务

为了更好地为海内外故宫学研究提供服务，故宫博物院已做出宏大的计划，投入大量人力物力，进行文物藏品的公布，加强故宫基础资料、史料的整理，编辑出版有关故宫文化遗产的志书、实录、编年、纪事等，并重视学术著作的出版等。

彻底清理文物藏品，编印文物藏品总目及珍品图录。故宫已开始为期七年的文物藏品清理工作。清理重点是宫廷藏品。过去由于传统的文物观念的影响，许多珍贵的宫廷遗物仅作为"文物资料"对待，有些储放过文物的殿堂未进行彻底清理，还有不少文物本体与附属于它的各种质地（紫檀、雕漆、玻璃等）的匣、盒、座、托等实物分离等。这次清理又与提高文物管理的信息化水平、进行抢救与修复等工作结合在一

起。及时、全面公布文物藏品是清室善后委员会点查清宫文物时形成的好传统。50多年来故宫藏品变化较大，但未向社会公布过，不只是一般群众，一些专门研究者对故宫藏品也不甚了了。这次在认真清理基础上，适时编印《故宫文物藏品总目》，陆续分类出版，向社会公开发行，以俾世人了解故宫藏品奥妙，更好地为各界人士的观赏、研究等不同需要服务，也利于社会的监督。拟在《故宫博物院藏文物珍品全集》60卷的基础上，编辑出版《故宫博物院藏品大系》，这是多达数百卷的、需要长时期努力的文化建设工程。

结合故宫古建筑维修，编写《故宫古建筑实录》大型丛书。故宫虽出过不少有关古建筑的书籍，但缺乏系统性，使人难以窥见全豹。在这次古建筑维修中，将对每处宫殿编制完整的档案，公开出版，总名为《故宫古建筑实录》，其性质是科学报告，是故宫古建筑维修的真实记录，以期长期保存其历史信息。这部丛书大致为总卷、传统工艺、维修保护三个部分。传统工艺又分大木、油饰彩画、装修裱糊、琉璃、砖石、图样等类，内容主要是对故宫古建筑传统工艺和技术即无形文化资产的搜集、整理、记录，以利总结和传承。维修保护亦分城池、外朝、内廷、园林设施、衙署库府、城外等类，内容包括两方面：一是搜集排比历史资料，明确建筑的历史、沿革、用途、史迹、价值、保存和使用状况；二是记录这一次维修项目、保护措施、基础设施配置及实施过程。每类还可根据内容分册，如城池类可分《端门及朝房》《午门》《东华门》《西华门》《神武门》《城池与围房》《角楼》《城隍庙》等册；城外类包括《皇史宬》《大高玄殿》《御史衙门》等。大致每册以一座重点建筑为题，包括一组建筑群。"维修保护"部分各册随大修工程进度，原则上每项工程立项之时即确定报告的编写人员，要求竣工后4个月内完成该建筑的资料收集工作，文字、图片、照片都要齐备，编写工作一般不超过3个月。争取2005年院庆前完成《故宫古建筑实录总卷》和《故宫古建筑实录·外朝编·武英殿》两册。该丛书约50册以上，从2004年开始，2022年完成。这部重要的档案丛书的编写出版也是专题研究的成果，更为海内外的故宫古建筑研究提供前所未有的大量系统而翔实的资料。

迎接故宫博物院成立80周年，集中编辑出版一批基础性、资料性的书籍。有撰写的《紫禁城志》《紫禁城消防史》《故宫明清建筑大事纪年》；有整理的《故宫博物院藏清宫陈设档案》《武英殿修书处档案汇编》；有收录80年来海内外所有研究故宫的文章和著作的《故宫研究论著索引》，包括北京、台北、沈阳三地故宫博物院的出版物及其他期刊、论文集中的相关部分，按建筑、皇家园囿、历史、古籍、器物、书画等类编排，分若干册出版；有约100万字的《民国时期故宫出版物总目及篇目索引》；有故宫博物院图书馆现藏全部古籍善本的"古籍善本特藏书目"系列，每本书著录书名、卷数、撰者、版本、册数、类别等，并附书名和著者索引，总字数也在100万左右。一批研究论著也陆续出版。明年将出版《故宫博物院1995—2004年学术文选》。除了《故宫博物院学术文库》收录一些研究者的论著精华外，还为一些卓有成就的大家出文集。2005年，约500万字的《徐邦达集》、100万字的《唐兰文集》将面世，马衡、朱家溍等人的文集也将陆续出版。

（三）发挥优势，陆续成立几个研究中心

故宫博物院为了推动故宫学研究，拟在近几年陆续成立古书画研究中心、古陶瓷研究中心、古建筑研究中心及明清宫廷历史文化研究中心等。古书画、古陶瓷两个研究中心已着手筹建，于2005年院庆80周年时正式成立。

成立研究中心是从故宫藏品实际、研究力量和研究基础等情况出发的。故宫的古书画藏品多达14万件左右，有各个历史时期的巨作名篇，80年来涌现出几代专家学者，研究成果也颇丰，在社会上有相当影响。故宫藏瓷器多达35万件，又有几万件陶瓷标本，也是专家辈出，世所瞩目。

故宫的古建筑是中国古代官式建筑的集大成者，凡是研究中国古建筑，故宫是绕不开的。故宫古建筑技术的研究、传承是一项长期的任务。作为明清两代的皇宫，丰富的宫廷遗存是故宫研究明清宫廷历史文化的得天独厚的条件。这几个研究中心都突出了故宫特色，发挥了自身优势。它们的成立，有利于突出重点，整合研究力量，以取得比较重大的成果。在2003年10月故宫博物院举办的中国宫廷绘画国际研讨会上，成立古书画研究中心的设想获得与会的海内外研究中国书画的专家的赞同并被寄于厚望。成立古陶瓷研究中心也得到古陶瓷界同行的大力支持。

研究中心将根据不同的研究对象和范围，采取不同的活动方式，创造必要的条件。研究中心不是个空牌子，为了确保研究质量，从研究场所、研究设备、文物资源的利用与保护、学术成果的出版与管理等方面都将有一套完整的章程和办法。例如，书画研究中心的研究对象主要为故宫所藏的历代中国书法、绘画、碑帖和流散在外的清宫旧藏书画，研究范围包括鉴定文物的时代和作者、考释其内容和形式及诸多深层次、多视角的科学研究，并研究书画类文物的科学化管理和修复、复制技术。为此，将在研究中心下设小型研讨室、书画专题展厅和电子画廊。书画专题展厅展示需要合作研究的专题性书画，以书画实物和解说文字展示故宫和国内外专家学者的学术观点，适时举办有关书画特展。电子画廊以高科技手段展示经过电子化处理的高清晰书画图像。信息量丰富的资料室也为研究者提供必要的帮助。适应古陶瓷研究需要，正在筹建中的古陶瓷研究中心将包括以下四个方面内容：一是举办"清代官窑瓷器展"；二是举办"中国古陶瓷窑址标本展"；三是建立"古陶瓷标本资料观摩室"；四是建立"古陶瓷科学测试中心"。这就为古陶瓷研究创造了一定的基础和条件。

研究中心的成立将为国内外专家学者开展合作性课题研究提供学术平台。故宫在北京，故宫学在中国、在世界。研究中心人员一般由两方面组成：一是院外、海外、国外有关大学、博物馆和科研机构的著名专家学者；一是院内专业部门人员及相关部门的专家。院内外、海内外专家学者的共同努力，可望在已有的基础上取得更大成果，或攻克一些难点问题。院外尤其是国外专家学者的积极参与，可使故宫及其藏品的诸多内涵更为世人所知，使国际学术界更深入地认知中华民族传统文化的精髓。同时，故宫努力借鉴国内外同行的研究方法和学术成果，对本院的学术研究及各项业务工作起到积极的促进作用，并不断培养出学术新秀。

研究中心不能代替丰富的故宫学的多方面研究，但研究中心的重点突破和研究方法上的创新，对从整体上提高故宫博物院的学术研究水平将起到重要促进作用。随着经验的积累和研究的深入，也可能增加新的研究中心。

（四）加强与有关方面的合作，发挥社会学术团体的作用

故宫学研究是个开放的系统。故宫博物院要树立开放的心态，吸引社会学术力量介入，加强与海内外的合作、交流，共同促进故宫学研究的不断深入。

加强与台北故宫博物院的交流与合作。两岸故宫博物院珍藏的都是中国传统文化艺术的精粹，都负有弘扬中华文化的责任，而且双方的藏品本来就是一个整体，有着很强的互补性，因此，两岸故宫博物院都是研究故宫的重镇，两岸学人的交流、合作，既是学术研究深入的需要，也是两院自身发展的需要。两岸故宫博物院交流合作虽未有正式的方案和计划，但总是向前推进的。1992年两院合编《国宝荟萃》，各选有代表性的艺术品76件，由两院副院长主编，"长河一脉，璧合珠联"，足以全面反映五千年来中华民族文化艺术之成就，迈开了可喜的第一步。两院的一些人员因业务关系，也曾到对方进行工作访问或学术交流，有的研究文章也出现在对方的刊物上。现在两院都有加强联系、扩大交流的愿望，相信也会有切实的行动。此外，故宫博物院还要加强同沈阳故宫博物院以及与故宫有关的单位的合作。

重视社会学术团体在故宫学研究中的作用。专业性的学术团体，有着高度民主的组织程度，其成员之间的平等身份，形成了自由宽松的学术环境。一般来说，它们具有专业学科人才的荟萃、集聚功能，思想文化交流的平台功能，重大学术研究的组织协调功能，学术成果的评价功能。多年来与故宫及故宫学研究关系较多的是中国紫禁城学会、中国史学会清代宫廷史研究会、中国文物保护技术协会、中国博物馆协会、中国古陶瓷协会、中国玉文化研究会等。

这些与故宫关系比较密切的学会、协会，有些在故宫学研究及故宫业务工作中发挥着重要的作用。其共同特点是：故宫的一批专家学者参加了该学术团体，不少人是其中的骨干，有些还是主要负责人；故宫博物院加强与该团体的联系，重视就业务或研究中的问题进行咨询，或委托完成某项研究任务，有些来自不同地区和单位的专家学者被聘为院内某项工作的顾问；这些学术团体的活动比较规范，进行理论研究、学术交流、业务培训及书刊编辑等，故宫的一些人在这些经常性的活动中也得到提高。有的学会、协会可以发挥更多作用，但由于重视不够，为故宫服务的效果则不明显。今后要加强这方面工作，借助社会学术力量，共同推进故宫学研究的深入。

故宫学是实际上存在且已有近80年历史的学科。笔者认为，现在明确提出加强故宫学学科建设，构建故宫学学科体系，时机已经成熟，它对于整合研究力量、规划研究方向和重点、加强薄弱环节、提高研究水平，更好地挖掘故宫丰富多彩的历史文化内涵，具有重大的意义。这是中国文化建设的一件大事。我们对它的发展前景充满信心。

（原载《故宫学刊》2004年总第1辑，收入郑欣森著《故宫与故宫学》，紫禁城出版社，2009年。）

一

故宫学概念

其一，故宫学是2003年10月首次提出的学术概念。

其二，故宫学是以故宫及其历史文化内涵为研究对象，集整理、研究、保护与展示为一体的综合性学问和学科。

其三，故宫学有狭义和广义之别：狭义的故宫学指人文社会科学的一门独立学科，广义的故宫学是一门知识或学问。

二

故宫学的研究对象和范围

其一，故宫学研究主要包括紫禁城宫殿群、文物典藏、宫廷历史文化遗存、明清档案、清宫典籍以及故宫博物院史六个方面，有着丰富深邃的学科内涵；如果把文物典藏、宫廷遗存、明清档案、清宫典籍合在一起，简称为故宫遗藏，那么故宫学的研究对象就是故宫古建筑、故宫遗藏、故宫博物院三个方面。

其二，故宫学研究范围不应局限在紫禁城，而要树立"大故宫"的观念。明清故宫作为世界文化遗产，是指明清宫城——紫禁城内的72万平方米地面上的一切，而实际完整的明清故宫文化遗产，则不止这个范围。从横的联系看，如明清太庙、社稷坛、天坛、先农坛等，都是以皇宫为中心的整体规划中的重要部分。此外，遍布京城的皇家寺观、园囿与王府、衙署，京外的行宫、离宫（包括避暑山庄）、陵寝，以及朱元璋在凤阳修的明中都、南京的明故宫、沈阳的清故宫，也都与故宫有着不可分割的关系。从纵的方面看，故宫与中国历代皇宫以及相关园苑、陵寝等，也都有着密切的关系。

其三，故宫学的研究对象还包括一切流散于故宫外的清宫旧藏，如台北故宫博物院的60余万件器物、典籍、档案；台北"中央研究院"史语所的30余万件清宫档案，国内外有关博物馆、图书馆、档案馆、学校、研究机构及个人收藏的清宫器物、档案、典籍等。

其四，1925年10月成立的故宫博物院，是一所依托于故宫古建筑及以宫廷原有珍藏为主要藏品的综合性古代文化艺术博物馆。抗日战争中故宫文物珍品曾避寇南迁，在新中国成立前夕其中部分文物迁台，后成立台北故宫博物院。除了两个故宫博物院，成立于1914年的古物陈列所也与故宫关系密切。古物陈列所设在紫禁城前朝的文华殿和武英殿，其藏品来自沈阳故宫和承德避暑山庄，1948年撤销并入故宫博物院。

其五，故宫古建筑的土木结构特点，决定对其需要经常进行维修和保养的要求。故宫的文物藏品，也需要进行认真的保护。对故宫文化遗产全面保护的研究也是故宫学的一项重要内容，包括物质文化遗产的保护研究和非物质文化遗产的保护研究。

故宫学提出的基础、依据与机遇

（一）对故宫价值与意义的深刻认识是提出故宫学的基础和依据

第一，故宫包含着丰富的内涵，最重要的是古建筑、文物藏品和博物院三个方面。明清皇家宫殿建筑是最能代表中国古代建筑风格和成就的类型，而紫禁城是中国古代宫殿发展的集大成者，是中国古代建筑史中最辉煌的篇章。故宫收藏曾是皇权的象征，与王朝命运紧密联系。故宫的收藏，延续了中国历代皇家的收藏，凝聚着民族的历史和文化，包括了中国古代文化艺术的主要门类，拥有大量的珍品，是一部浓缩的中华五千年文明史。故宫及其皇家收藏凝固了传统的特别是辉煌时期的中华文化，是几千年中国的器用典章、国家制度、意识形态、科学技术等积累的结晶，是中华传统文化精神的体现，也成为中华传统文化最有代表性的象征物。故宫博物院的成立，将昔日帝王居住的宫苑禁区变成平民百姓可以自由出入的场所，使象征君主法统的清宫旧藏为人民所共有共享，故宫也被赋予了新的意义。抗日战争时期故宫文物南迁18年，使故宫文物与中华民族的命运联系在了一起，倾注了深厚的民族感情。海峡两岸一个故宫两个博物院的存在，在弘扬中华民族文化以及促进两岸文化交流上发挥着重要作用。

第二，故宫承载了以皇家、皇权、皇宫为核心的皇家文化。故宫古建筑与文物藏品是皇家文化的重要载体，它们与24位在此居住执政的明清两朝皇帝、长达491年的明清宫廷历史以及长达85年的博物院历史联系在一起，与在此发生过的人物和事件联系在一起，这些联系不是杂乱的、零碎的，而是一个有其内在逻辑的文化整体，其遗产价值是完整的、不可分割的。作为一个文化整体，故宫得以完整保存并持续发展，这是故宫学的重要基础。

（二）社会环境与内在发展需要的深刻变化是提出故宫学的条件与机遇

故宫学作为一个学术概念于2003年首次提出，但有关故宫的研究可追溯至1924年清室善后委员会的文物点查工作。可以说，故宫学的提出是一个水到渠成的过程，它是建立在多方面的内外部条件与机遇之上的。

第一，自20世纪二三十年代以来，故宫博物院及有关故宫研究经过了80余年的发展，其丰硕的研究成果是提出故宫学的内部条件。故宫学的提出并确立，推动故宫研究由自发进入自觉阶段，并从整体上提高研究水平。

第二，21世纪以来，文化遗产理念的不断提升，对作为传统文化载体的故宫的日益重视，国家清史编纂工程的全面启动以及故宫大规模修缮等，都是催生故宫学的外部机遇。

第三，故宫学的提出既有其客观基础，也是故宫研究进一步深入的需要。从故宫博物院来说，故宫学的提出具有学术转型的意义。故宫研究虽然已有了相当的基础，但仍存在学术视野不够宽阔、知识结构仍有欠缺、研究方法比较单一、研究所涉及的方面不够系统、必要的相关理论不足等问题，从整体上影响着故宫研究的继续深入和重大成果的出现。故宫学也是针对上述情况提出来的。从整合研究力量、规划研究方向和重点、消除薄弱环节、提高研究水平，从而加强故宫学学科建设，构建故宫学学科体系上来说，可以说是一种转型，是在继承与发扬故宫80年来形成的良好的学术传统，包括学术成果、学术思想、学术风格、研究的思路和方法以及不同师承的专家之间的团结与合作等基础上的转型。这种转型是向更高层次、更高境界的提升。

四

建立故宫学的目的与意义

第一，建立故宫学，总的目的是不断推进故宫的综合研究，努力挖掘故宫文化的深邃内涵，并实事求是地分析研究其中的精华与糟粕。

第二，建立在故宫学基础上的文物保护观念，要求深化对文物的理解与认识，把故宫作为一个"大文物"来看待，对历史文化遗产进行全面保护。

第三，故宫学要求把遗藏文物、古建筑和宫廷史迹作为相互联系的整体来研究，有利于打破故宫文物研究的学科界限，深化和拓展对宫廷历史文化的研究。

第四，故宫学的建立，将使流散海内外的清宫旧藏有个"学术归宿"，它们的历史意蕴和文化精神是故宫学的一部分。

第五，故宫学的建立有利于吸收社会上多种专业的机构与人员加入故宫学研究。

第六，故宫学的建立有利于国家重要文化机构故宫博物院的建设和全面持续发展。

五

故宫学的学科特点

第一，故宫学关于故宫的建筑、遗藏与历史文化的整体论，以及故宫学的研究对象与范围，决定了故宫学是一门新兴的综合性学科，具有多学科交叉或者说跨学科的特点。

第二，故宫学以故宫古建筑及故宫遗藏为主要研究对象，其中又可分为古遗址、古建筑、古器物、历史档案与文献等方面，其研究内容涉及哲学（美学、宗教学）、社会学（民俗学）、民族学、文学、艺术学、历史学（考古学、博物馆学、历史文献学、中国古代史、中国近现代史）、建筑学、理学、工学、管理学、图书馆学、档案学等学科领域。在围绕着以故宫（紫禁城）为核心的综合研究中，这些不同的研究对象成为故宫学课题的有机组成部分而获得新的研究视角、途径、方法和结论，也就形成了新的学科体系。

第三，故宫学的研究带有博物馆科研的特点，即其成果不只以论文、著作的形式体现，还反映在文物的整理、展览、保护之中。

八

故宫学的研究方法

（一）多重论据法

考证一直是故宫研究的重要方法之一，借助于文物藏品及历史文献，以物证史，或以史论物，史物结合。史学研究的一项任务就是"复原"历史，确切地说，是"复原"接近真实的历史。为此学术界曾提出"二重证据法""三重证据法"等研究方法，以推动史学研究方法的发展。故宫不仅拥有保存完整的明清宫殿建筑群，还保存有大量珍贵的文物藏品以及档案典籍，甚至还保留有"师徒传承"的传统工艺技术。因此，故宫研究的证据可谓是多重的、立体的。这也是故宫学生存发展的生命力所在。它可以借鉴相关学科的理论与方法，充分发挥多重证据的优势，以"复原"丰富的、多面的、立体的历史与文化，从而形成独具一格的多重论据法。

（二）整体性思维

文化整体性是故宫学方法论的哲学基础。故宫学将故宫作为一个文化整体来研究，从文化整体的角度去评估故宫的文物价值和文化内涵。同时故宫学也从文化整体的角度来认识和理解故宫学的各个领域（如古建筑、文物藏品、宫廷历史文化和博物院史）的深刻内涵及各领域之间的紧密联系。

（三）开放性视野

清宫文物在海内外的大量散佚，客观上为更多的机构与个人参与故宫学研究提供了条件，因此故宫学从一提出就强调其开放性的特点。从故宫学的视野来看，这些流散文物不是孤立的个体，而与故宫及其他文物有着一定的联系。这些文物从而也就有了生命，其内涵也才能被深刻地发掘出来。学术为天下公器，故宫学一直倡导"故宫在北京，故宫学在中国、在世界"的学术理念。故宫学不只是两岸两个故宫博物院乃或是海内外收藏有关清宫文物的机构或个人的事，而应该是海内外学术界的共同事业。事实上，故宫博物院也难以完全承担这一任务，需要社会上多方力量的共同参与。只有国内外研究力量广泛参与、交流合作、取长补短，才能进一步激发与活跃学术研究活动，取得更大的成果，也才能使故宫学真正发展为一门国际性的显学。

七

故宫博物院的使命和研究特点

其一，故宫博物院负有保护世界文化遗产故宫和发展博物院事业的责任，"宫"和"院"是一而二、二而一的问题。故宫博物院因有故宫古建筑与最为宏富的清宫旧藏以及80余年来的丰富的研究成果，在故宫学的建构和发展中负有重要的历史使命。

其二，故宫作为博物院，是以文物（可移动文物与不可移动的古建筑）作为研究对象，这不同于一般的主要以文献为对象的研究机构。故宫研究与文物的收藏、保护、展示不可分割。因此，故宫学术研究不是经院式的烦琐论证，也不是从书本到书本，它直接面对故宫的文物、古建筑、档案、文献，对此进行客观分析、比较，解决宫廷历史人物和事件的物证和历代文物的真伪鉴定及其艺术价值、文化联系等诸多问题。总而言之，即以物证史、以物论史，或以物鉴物、以史论物等，都离不开史与物的辩证关系。

其三，故宫博物院包括故宫保护和博物馆职能发挥等多个方面的工作和任务，故宫的学术研究也涉及多个方面，故宫博物院自成立以来，故宫学研究成为故宫学术研究中最有成就、最为重要、最富特色的研究主体，但并不是说凡是故宫博物院的学术研究成果都属于故宫学的范畴，多年来故宫博物院的一些专家学者在超越这个范畴的诸多领域都做出了海内外公认的卓越贡献。

其四，在故宫学研究中，"故宫学派"已逐渐引起学界关注。80余年来，故宫研究者的研究重点从最初的文物点查、整理、刊布逐步转向文物保管、研究与展示等方面，再逐步转向文化遗产保护与利用等综合方面，并且在研究过程中逐渐形成自成体系、独具特色的"故宫学派"。所谓"故宫学派"，即故宫博物院的研究者在进行故宫学学科理论建设和文物研究过程中所形成的具有一定特色的学术流派，其共性是要求研究者从具体文物入手、以相关的文献档案为依据，利用、借鉴有关研究方法，坚持史与物的结合，力戒空论。如徐邦达等先生在书画研究上创立的"鉴定学派"，陈万里、冯先铭等先生在古陶瓷研究上创建的"窑址调查派"，单士元等先生开辟的"宫廷建筑派"等。由于各个分支学科条件、机遇等综合因素的差异，故宫博物院的学科发展并不平衡，有的还处在起步阶段。

八

故宫博物院在故宫学研究中的主要举措

（一）建立五个研究中心，搭建开放、联合的国际性学术平台

故宫博物院从本院的特点和优势出发，陆续成立了古陶瓷研究中心、古书画研究中心、古建筑保护研究中心、明清宫廷史研究中心、藏传佛教文物研究中心。2009年12月，又设立古陶瓷保护研究国家文物局重点科研基地。五个研究中心和国家级科研基地是高层次的国际性学术研究机构，为国内外专家学者开展合作性课题研究提供一个"开放、流动、联合、竞争"的学术平台，努力把故宫学研究推向一个新的阶段。

（二）加强对外学术交流与合作，拓宽学术研究的视野与渠道

近年来，故宫博物院全力拓展与国内外知名博物馆、高等院校、科研院所及其他学术机构的学术交流与合作，如签署战略合作协议、合作开展文物保护项目和科研课题项目、合办学术会议、合办学术刊物、联合办学等，在数字故宫和信息技术方面、文化遗产保护方面、陶瓷考古发掘和藏传佛教艺术研究和保护方面以及培养人才方面，都取得了明显的成绩。

（三）编写出版有关故宫的大型丛书或资料汇编，为海内外故宫学研究提供方便

1.《故宫博物院藏品大系》和《故宫博物院藏品总目》

500册左右的《大系》和规模浩大的《总目》的编辑出版既是博物馆的基本建设项目，也是故宫学研究的重要基础。《大系》是首次基本完整、系统、大规模地出版院藏文物珍品。作为故宫藏品七年清理工作的延续，《大系》和《总目》的编撰出版必将为公众更好地了解北京故

宫，满足人们观赏、研究故宫的需要提供便利。《大系》已出版30册。《总目》试编本已供专家讨论。

2.《故宫博物院学术成果总目（1925—2005）》和《故宫研究论著索引（1925—2005）》

《故宫研究论著索引（1925—2005）》全面搜集海内外发表的所有关"故宫学"的研究成果，包括已发表或出版的图录、著作、论文、译文、译著、论文集等，约11 000余条，今年内出版。《故宫博物院学术成果总目（1925—2005）》已出版。二书不仅可以成为院内外、国内外研究人员了解故宫和进行故宫学研究的重要参考，而且为将来进一步回顾和总结故宫博物院80年来的学术发展状况提供了完整的基础资料。

3.《故宫百科全书》

《故宫百科全书》是一部以故宫的历史、文化与文物为记述和研究对象的专业百科全书，由故宫与生活·读书·新知三联书店合作出版。该书有25 000个条目，约1 200万字，10 000余幅图片，分10卷出版，内容涵盖明清宫廷史、明清宫廷典制、明清宫廷生活、明清皇家建筑、故宫博物院藏品、故宫博物院院史六大板块。故宫学的学科体系以"百科"的形式向学界和全社会展示，这在向海内外传播、研究故宫学有着不可替代的作用，约在三五年内可以出版。

4.《明清宫廷建筑大事史料长编》与《明清宫廷建筑图集》

《明清宫廷建筑大事史料长编》是由故宫博物院和中国紫禁城学会共同编纂的大型工具书。以编年体将有关明清宫殿、坛庙、陵寝、苑囿、行宫等皇家建筑的营造、修缮、使用等文献记载汇编成册。总计收录明清宫廷建筑史料419 000条，约计2 000万字。相应编制出部分史料长编的《编年目录》《分类目录》和《关键词索引》，以便读者从不同的角度检索文献史料，今年已开始陆续出版。

（四）重视本院学术成果的整理、出版，为中青年学者创造良好的发展条件

1. 整理出版著名老专家文集

《徐邦达集》《单士元集》《罗福颐集》已陆续出版，《唐兰集》正在整理编辑之中。并为一些老专家配备助手，帮助他们总结自己的学术成果。

2. 出版《故宫博物院学术文库》

此为故宫老专家论文的精选集，已正式出版10多种。

3. 出版《紫禁书系》

《紫禁书系》是故宫学研究的重要成果系列，该系列以学术专题专论为特点，倾向于为中青年业务人员搭建一个学术平台，至今已出到第5辑，共22本。

4. 出版《故宫学刊》

2004年创办的《故宫学刊》是专门刊登故宫学研究成果的大型学术刊物，迄今已出版了6辑，发表论文约150篇。

（五）成立故宫学研究所

2010年在纪念故宫博物院成立85周年的故宫学国际学术研讨会上，宣布成立了故宫学研究所，为常设机构，研究所将以体制机制的创新，在资源整合、重点课题突破、研究信息的沟通等方面做出努力。

（六）故宫学理念指导下的故宫保护和博物馆事业发展

故宫学不只是个学术概念，它也成为指导故宫保护和博物馆事业发展的理念。从故宫是个文化整体的观念出发，开展了为期七年的文物清理工作。摸清了文物底数，使大量宫廷遗存进入文物保管行列，为故宫学研究提供了更为丰富、完整的资料。从全面保护故宫的要求出发，重视非物质遗产的保护。用故宫学来看待故宫价值，既有物质遗产，也有非物质的文化遗产，非物质遗产主要是传统的文物修复技术以及故宫官式建筑修造技艺。这些非物质遗产既是保护故宫及其文物藏品的重要手段，也是故宫学的内容。现列入国家级非物质文化遗产的有"官式古建筑营造技艺""古字画装裱修复技艺""青铜器传统修复复制技艺"和"古书画人工临摹复制技艺"4项。故宫这些传统工艺技术都有着清晰的传承脉络。故宫珍视这些工艺技术，对其进行着有效保护，并重视传统工艺与现代技术的结合。

九

两岸故宫博物院的交流合作对于故宫学的意义

其一，海峡两岸两个故宫博物院同根同源，其藏品都以清宫旧藏为主，都是中国传统文化艺术的精华，且藏品原来就是一个整体，互补性强，联系面广，既各有千秋，又不可孤立存在。将这些藏品放在一起，更能全面认识中华文明的源远流长与灿烂辉煌。1925至1948年，又为两个博物院的共同院史。这种血脉相连的渊源，决定了两个博物院之间有着难以割断的关系。故宫学则是连接"一个故宫"和"两个博物院"的纽带，也是两个博物院交流合作的内在动力。

其二，两岸故宫博物院都有重视学术研究的良好传统，都是故宫学研究的重镇，在故宫学研究上也都有相当的成果和基础。台北故宫博物院对故宫学亦持积极肯定、认可的态度。两岸故宫博物院加强学术交流，对于合作开展重大课题的攻关，互相取长补短，以及在整体上提高故宫学的研究水平，有着重要意义。

其三，2009年，两岸故宫博物院在分隔60年后再聚首，迈开了交流合作的步伐，联合举办展览，共同召开学术研讨会，加强学术交流，扩大人员来往，并不断拓宽交流渠道，逐步使交流合作制度化。故宫文物南迁是故宫博物院院史中特殊的一页。2010年6月，两岸故宫博物院开展了"温故知新：重走故宫文物南迁路"的活动，以"重走"的方式共同回顾这段不寻常的历史，追寻先辈足迹，让个人记忆变成集体记忆、民族记忆，不仅对文物南迁的精神和意义加深了认识，也进一步增加了两岸故宫博物院的相互了解，有利于继续推进交流与合作。

其四，两岸故宫博物院交流与合作有三方面意义：其一，对于两个博物院来说，加强交流合作是双方事业发展的需要，对两院发展有很大助推作用。其二，这是两岸同胞的福祉，两个博物院交流合作给两岸的同胞呈现出一个完整的故宫，受惠的是两岸同胞和学术界。其三，两岸故宫博物院的交流与合作，对于在世界上弘扬中华文明，让世界人民更深入、更全面地认识中华文明的博大精深有着积极意义。而且，这种交流合作本身体现了中华文化中那种刚健、坚韧、包容、和合等精神内涵，显示着中华文化的旺盛生命力。

十

故宫学的建设与前景

（一）从当代学术发展史的角度看，故宫学是一门新兴的、独特的学科

建立在具有丰富性、特殊性及唯一性的故宫价值上的故宫学，也不是当今人文社会科学学科体系中某一学科门类所能简单涵盖或对应的。学科往往具有系统性、体系性的特点，一般来说，明确的学科概念、特定的研究对象、科学的理论方法、完整的结构体系等，是学科建设的共同追求和比较成熟的标志。从这样的角度看，故宫学还是一门初具雏形、正在建设中的学科。学科建设有其自身规律，不能揠苗助长，不能提出不切实际的要求，而要坚持不懈，切实推进。正因为故宫学是一门初具雏形、正在建设中的特殊学科，对当代学者来说才特别具有挑战性，具有无穷的魅力，因此故宫学提出以来，越来越受到学界的广泛关

注和重视。我们对故宫学的发展前景也充满信心。

（二）故宫学的建设

故宫学的建设与发展需要有关方面专家学者的共同努力，对故宫博物院来说，在今后一段时期内，拟加强四个方面的工作：

第一，加强故宫学学科建设。加强故宫学的学科建设，是故宫博物院的一项重点工作。故宫博物院与关注故宫的专家一起探讨故宫学，取得了不少共识，一些基本思路正在厘清，作为学科的框架正在初步形成，但作为学科建设还需要进一步深化、细化，继续努力，确立故宫学的学科体系。

第二，加强故宫学资料整理。所谓故宫学资料，主要指关于故宫学的原始资料，包括全部藏品目录，全部文物、文献图录等。这是故宫学研究的基础。目前虽已编撰与出版了一批大型资料性书籍，但还只是第一步，还有许多工作需要做。特别是散布国内外的资料，大部分未经系统整理，需要加强与这些国内外有关机构的交流合作，推进整理与出版工作。

第三，加强故宫学人才培养。正在着手编制的《故宫人才规划》，已把故宫学人才培养和梯队建设作为重要内容。今后还会根据学科发展和学科交叉的需要，积极引进各类人才，特别是复合型人才。

第四，加强已有科研组织机构的工作。已成立的故宫学研究所和五个研究中心要探索新的运行方式，出成果、出人才。坚持开放的视野，加强与国内外各有关机构的合作。总结经验，继续与中国紫禁城学会等社团的联系与合作，规划一批重点攻关项目。

（原载《故宫博物院院刊》2010年第6期，收入郑欣森著《故宫与故宫学二集》，故宫出版社，2018年。）

　　故宫学从2003年正式提出的十余年来，故宫博物院与关注故宫学的学者专家共同探讨研究，取得了不少共识。专门研究机构、学术研究人才以及学术研究成果是评判学科发展的几个关键性指标，从这一角度而言，故宫学的基本理论问题已逐步厘清，学科框架体系亦已初步形成。近年来，故宫学研究机构在故宫博物院及中国科研院校中相继成立，故宫学方向硕博士研究生陆续招收，标志着故宫学学术研究和学科发展已进入新阶段。

　　故宫学是什么？故宫学不仅是一门学科、一种学问，而且是认识故宫价值的一把钥匙，还是指导故宫保护与博物院发展的一个理念；就是说，只有从多维视域去考察，才能认识故宫学所具有的多方面的意义与作用。

故宫学的四个关键词

故宫学的四个关键词，概括而言，即"大文物""大故宫""大传统"和"大学科"。"大文物""大故宫"是就故宫学的研究对象及范畴体系而论的，"大传统"是从故宫学研究对象及范围的文化意义层面而论的，"大学科"则从故宫学的学术理念及研究方法角度而论的，可以说，这四个概念基本概括了故宫学的范畴体系。

（一）大文物

提出"大文物"这一关键词，就是要突破传统的文物观念，全面认识故宫文物藏品的价值。从这一角度出发，我认为凡是能够反映宫廷历史文化的遗迹、遗物，都是故宫遗产的一个部分，都要重视，都要保护；或者说，清宫的所有遗存，没有不是文物的。故宫作为一个巨大的稀世之珍，囊括了古建筑、可移动文物以及非物质文化遗产，即现今北京故宫博物院所管理的一切。这是就故宫学研究对象的内涵而言的。

故宫文物藏品分为两大部分，一部分为传统的古物珍玩，如铜瓷书画、各种工艺品等，另一部分是与典章制度、衣食住行等有关的物品。前一部分是国人公认的珍宝，一直在认真保护着；后一部分藏品中的大多数，也一直受到重视，但对这部分藏品价值的认识，则有一个发展提高的过程，这既是一个文物保护理念问题，也牵涉到对于故宫价值、故宫博物院性质的认识问题。

最初引起我对故宫文物藏品的关注，是始自2000年初春故宫斋宫的"清代宫廷包装艺术展"，这也是我与故宫结缘的开始。参加此次展览的展品中有著名的乾隆"一统车书"玉玩套装，日本漆匣为其外包装，匣内错落有序地摆放10层锦盒，锦盒内有造型各异的古玉及为之彩绘的山水、花鸟、诗词咏颂。为防止套匣置放顺序混乱，特将层数顺序与吉祥祝愿的名字合二为一，如一统车书、二仪有像、三光协顺、四序调和、五采章施等，使枯燥的数字成为体现美好意境的组成部分，把实用与博大精深的中华文化底蕴结合起来。这套精美的套匣，无疑是珍贵的文物。但由于认识上的原因，故宫博物院将匣中玉器作为文物保藏，而把套匣弃放它处。这次为了搞展览，费了好大劲才将套匣与玉器合在一起。看了这个展览后，引起我对文物概念以及文物内涵的思考，为此我写了一篇题为《我看"清代宫廷包装艺术展"》①的文章。

后来我又了解到，故宫有为数不少的宫廷历史遗存和遗物，过去长期不作为文物对待，或仅列为"文物资料"，其原因主要是考虑到这些遗存遗物存在缺乏艺术性、不完整性、重复性、时代晚近性、材质普通性等问题。今天，如果我们不把故宫仅仅看作一个藏宝之所，而把它作为一个特定时期的完整的文化体来看待，把它放在中华文明的发展历程中来看待，它的一砖一瓦一草一木就都没有多余的，既是典章制度和宫廷生活的载体和反映，也蕴含着丰富生动的内容和故事，因此就有了重要的历史文化价值。

以陶瓷研究为例，清宫瓷器的精美是人所皆知的，宋代五大名窑（汝、官、哥、定、钧窑）瓷器、明代官窑瓷器以及清代康、雍、乾官窑瓷器等收藏负有盛名。但在过去一个时期，由于传统的古玩收藏认识的影响，研究者的关注点多在于瓷器精品，重视器物本身的研究，而对此类文物自身所表述的发展史料的重要性关注不够，缺乏中国陶瓷史的视野，更不大注意其与清宫历史文化的关系。事实上，这些瓷器的收藏与制作，大多与帝王有关，且蕴含着许多历史故事，留下了大量与之相关的文献与实物。例如，清代御用画师奉乾隆皇帝的诏命绘制了一些关于清宫内陈设的图像资料，其中就有记录瓷器的，如《埏埴流功》《珍陶萃美》《精陶韫古》等。这些图册所绘制的瓷器大多能与传世的清宫

---

① 载《中国文物报》2000 年 3 月 19 日。

旧藏文物一一对应，可以成为研究清代宫廷陈设以及以乾隆皇帝为代表的清宫知识分子瓷器认知水平的第一手资料。而且，有一些器物并不一定精美，但蕴含十分重要的历史信息。例如，台北故宫博物院收藏有一件泰国阿瑜陀耶（Ayudhya）地区窑场生产于15世纪至17世纪的灰陶长颈壶残器，其口部刻有乾隆皇帝的御制诗文。作为在18世纪以前已进入清代宫廷的外国陶器，足以证明古籍记述清明两代泰国、安南、天方等国向中国皇帝进贡瓷器的事件是存在的。[①] 这种以物证史、以物论史研究方法是故宫学研究的一条重要路径。此外，清宫不仅保留大量官窑瓷器精品，而且还保存了为数不少普通的民窑陶瓷品。2014年6月，故宫南三所花房（原明太子宫旧址）工地发掘出的一批瓷片属于明清时代的民窑制品。如何利用文字、图像及实物资料对清宫陶瓷展开研究，这对于了解清宫陶瓷的个案和全貌都将有重要意义。

由此可见，故宫文物藏品虽然数量巨大，且品类繁多，但这些文物藏品之间的关系并不是杂乱的、零碎的，而是一个文化整体，可以从不同方面去梳理研究。"大文物"的概念就是由此而提出的。

（二）大故宫

"大故宫"概念，是近年来故宫学研究中所形成的一个共识，即完整的故宫遗产，既要关注72万平方米内的故宫，也应走出故宫，看到故宫与北京及其以外明清宫廷建筑之间的联系，看到故宫文物与流散于海内外的清宫文物的联系。"大故宫"是就故宫学研究对象的外延而言。

以紫禁城为主体的明清皇家建筑是一个整体，宫室、园囿、祭坛、寺观、行宫、陵寝、藏书楼及王府等，是一个有统一规划、统一规制、统一管理的庞大的体系。从建筑布局来说，整个北京城都是以紫禁城为中心规划设计的，它西与西苑三海，北与景山、大高玄殿等，东与皇史

---

① 余佩瑾编：《得佳趣：乾隆皇帝的陶瓷品味》，台北故宫博物院，2012年，第193页。

戚等紧密相连。天坛、地坛、日坛、月坛、先农坛等都是它的重要组成部分。不仅整个皇城，西郊的三山五园、散布京城的皇家寺院道观以及各地的行宫等，更与紫禁城有着异乎寻常的关系，如承德外八庙就因为都属皇宫内务府直接建造、管理又地处京城之外而得名。因此，"大故宫"概念就是要求在故宫学研究中应该注意到这些建筑空间体系的完整性和联系性。

敬天法祖是历代王朝遵行的政治原则，表现在国家祀典仪式上，就是敬天在坛，法祖在庙。此类建筑又称礼制建筑，北京的坛庙在历史上曾是封建帝都的重要标志。北京现存太庙是明清皇帝的宗庙，祭祀已故帝后，并以功臣配享，在坛庙中占有特殊地位。按"左祖右社"的古制，太庙建在紫禁城前东侧。在中华民国临时政府拟定的《清室优待条件》中，明确约定"所有陵寝宗庙得永远奉祀，并由民国妥为保护"。因此，清帝逊位后，太庙仍归清室保管，其他坛庙则交由民国政府管理。后来太庙作为故宫博物院的一部分，曾设立"故宫博物院图书馆太庙分馆"。目前太庙虽不归故宫博物院管理，但它在文化精神上与紫禁城是联系与相通的，无疑应成为故宫学"大故宫"的研究范畴。

帝王陵寝是皇家建筑的重要组成部分，而陵寝制度的产生与中国古代的丧葬及宗庙祭祀制度有着深刻的渊源关系。它的营造不仅是对逝者的纪念，更着眼于对封建宗法制的肯定与强化，巩固皇朝的正统地位。明代共有16位皇帝，现存皇陵共18处；清代皇陵共有5处，即关外"盛京三陵"及清东陵和西陵。清入关后的陵寝制度，基本继承了明陵的规制，而有少量创益，使陵寝体系更为完整，所以明清两个陵寝为同一规制，也因此作为同一项目列入世界遗产名录。

此外，自近代以来，由于多种原因，清宫旧藏散佚很多，海内外许多博物馆、图书馆及收藏家，都藏有故宫各类文物，也出现了一个故宫两个故宫博物院的局面。从"大故宫"的理念出发，故宫学倡导"故宫在中国、在北京，故宫学在世界"的理念，认为流散世界各地的清宫旧藏有着内在的联系，故宫学是其学术上的归宿，只有在故宫学的视野中看待这些似乎互不相干的一件件孤立的文物，它们才有了生命，有了灵气。特别是近几年来两岸故宫博物院打破60年的隔绝状况而有了良好的交流合作局面，其深层动力就是两岸故宫博物院文物不可分割的内在联系。

"大故宫"理念的实质就是要全面看待故宫遗产的价值，既要关注北京故宫的文物藏品，也要重视流散海内外的清宫文物遗存，并从联系中进行研究。只有这样，我们才能看到一个全面的、立体的、生动的、丰富的故宫。也只有这样，对故宫及其文物的研究，才能获得更为宽广的视野，更为丰富生动的内容，故宫文化也因此可以得到深刻阐扬。

（二）大传统

大传统与小传统是美国人类学家罗伯特·雷德菲尔德（Robert Redfield）所提出的一种二元分析的框架，主要研究一个文化中的上层文化和民间文化的关系。用这种理论来看，在中国的文化谱系中，在中国的大文化传统中，故宫文化属于大传统。这种文化的生成既有对更为久远的中国封建社会皇家文化的传承，又有其新的发展特点。它延续近500年，虽然其间有变异，并且反映了皇权衰落的历史，但相对来说有着稳定性，充分体现了中华传统的主流文化，同时更带有多民族文化融合的特征。

故宫文化的大传统性质，表现为以下四个特点：

其一，独有性。在中国封建社会，皇权至高无上，财富、权力、尊严集中于皇家。这和西方国家有很大不同。欧洲的历史文化积淀，一般不在宫殿，而是在教堂。中国则完全不同，宫廷既是政治中心，也是文化艺术中心。皇家的收藏自然是中国历代艺术的瑰宝，是中国人民智慧与创造的结晶。这些文物包括了古代艺术品的所有门类，具有品级上、品类上、数量上的优势，其历史文化内涵更涉及建筑、园林、历史、地理、文献、文物、考古、美术、宗教、民族、礼俗等诸多学科，在我国历史文化遗产中具有突出的历史、科学和艺术价值，显示出中华民族五千年的文明是一条绵延不断的历史长河。中华民族绵延不断的历史文化在故宫的各类文物藏品里均得到充分的印证，因此宏伟的皇宫建筑与珍贵的皇家收藏，就成为中华文明最重要的积淀和载体。

其二，集大成。清代文化艺术发展有一个重要特征，就是总结性，即集传统之大成的潮流。所谓"集大成"，从本质来讲是对于传统的全面整理和总结。乾隆皇帝不仅重视收藏，还对宫中藏品进行了整理登记。例如，《秘殿珠林》及《石渠宝笈》就是两部大型书画著录，《秘殿珠林》专记宫藏宗教题材的书画，《石渠宝笈》则专记宫藏一般题材的书画及其他，全书的编纂过程，前后长达74年之久，共收录书画作品1万多件。再如，包括《西清古鉴》《西清续鉴》《宁寿鉴古》在内的《西清三编》收录了清宫所藏的数千件古代铜器，虽然在辨伪、断代、释文、考证等方面尚未达到宋代人的水平，但仍有其一定的学术价值，不仅在当时推动了金石学的发展，其中保存的珍贵资料，时至今日仍是十分难得的，无可替代的。《四库全书》则共收书3 503种79 337卷，约9.97亿字。乾隆年间，于昭仁殿庋藏宋元明之精善藏书，编有《钦定天禄琳琅书目》（前编）十卷，嘉庆二年（1797）昭仁殿失火，前编书尽毁，乾隆又令再辑宫中珍藏《钦定天禄琳琅书目后编》二十卷。《天禄琳琅书目》为我国第一部官修善本目录，在版本著录体例方面多有创见，如记载收藏家印记即为其中一大创举，于清代藏书家讲究版本鉴定、注重善本著录之风影响深远，为清代目录书中的典范。明清两代宫廷对瓷器、青铜器、书画的收集基本上达到了文以载道、传承古代文明的效果，在从中世纪到近代的过渡中起到了知识构建与传承作用。以乾隆皇帝为代表的清代宫廷知识分子在文物收集、鉴定中虽有个别讹错与张冠李戴之事，但总体上是继承了明代晚期的相关知识并以文籍、图谱与器物相对应的方式传承下来，尤其是清代宫廷在器物所粘贴的黄签标识的时代、名称，对我们现在的研究与考证意义尤大。

其三，累积性。在封建时代，故宫是封建王朝的中枢所在地，是皇权的象征，有着至高无上的地位。故宫博物院的成立，将昔日帝王居住的宫苑禁区变为平民百姓可以自由出入的场所，象征君主法统的清宫旧藏为人民所共有并同享。因此，故宫博物院被赋予了维系中华民族文化和传续中华文明血脉的新内涵，故宫文物南迁又进一步使故宫文物与国家命运和民族精神产生紧密联系。当下，故宫文化与当代文化建设也有着深刻联系，它在传承优秀传统文化、建设中华民族共有精神家园、扩大中华文明的国际影响力等方面发挥着不可代替的重要作用，故宫仍被赋予着新的价值。

其四，象征性。故宫从物质层面看只是一座古建筑，但它是一座皇宫。中国历来讲究器以载道，故宫及其皇家收藏是几十年中国的器用典章、国家制度、意识形态、科学技术等积累的结晶，是中国传统文化最有代表性的象征物，就像金字塔之于古埃及、雅典卫城神庙之于希腊一样。

要真正了解故宫，要认识宫廷历史文物的价值，就需要了解故宫文化。一方面，故宫文化是以皇帝、皇宫、皇权为核心的帝王文化、皇家文化，或者说是宫廷文化。皇帝是历史的产物，在漫长的中国封建社会里，皇帝是国家的象征，是专制主义中央集权的核心。同样，以皇帝为核心的宫廷是国家的中心，国运兴衰、帝王品味以及典章制度的变化，都可从皇家文化的嬗递中探求出带有规律性的东西来。另一方面，我们也应看到，故宫文化是有生命的活的文化。它承袭着传统文化又接续着现代文明，经历了蜕变的故宫，以博物院的姿态屹立于世界文化之林。故宫是民族的，也是世界的；是传统的，也是现代的；是历史的，也是未来的。因此，要从故宫学的视角对故宫展开文化解读，就要对故宫学研究对象的价值与意义有一个整体把握。

（四）大学科

将故宫学的学科体系以"大学科"这一概念来概括，是因为故宫学研究对象的丰富性、研究方法的跨学科性以及研究成果的重要性。

故宫学的研究对象，主要包括紫禁城宫殿群、文物典藏、宫廷历史文化遗存、明清档案、清宫典籍以及故宫博物院历史六个方面。故宫学是以故宫及其历史文化内涵为研究对象，集整理、研究、保护与展示为一体的综合性学问和学科。因此故宫学有狭义和广义之别：广义的故宫学是一门知识或学问，狭义的故宫学是指人文社会科学的一门独立学科，而且是名副其实的大学科。

建立在具有丰富性、特殊性及唯一性的故宫价值上的故宫学，不是当今人文社会科学学科体系中某一学科门类所能简单涵盖或对应的，而是一门新兴的综合性学科，具有多学科交叉或者说跨学科的特点。故宫学以故宫古建筑及故宫文物为主要研究对象，其中又可分为古遗址、古建筑、古器物、文献档案与图书典籍等方面，其研究内容涉及哲学（美学、宗教学）、社会学（民俗学）、民族学、文学、艺术学、历史学（考古学、博物馆学、历史文献学、中国古代史、中国近现代史）、建筑学、理学、工学、管理学、图书馆学、档案学等学科领域。在围绕着以故宫（紫禁城）为核心的综合研究中，这些不同的研究对象成为故宫学课题的有机组成部分而获得新的研究视角、途径、方法和结论，也就形成了新的学科体系。比如说，对于古代书画、陶瓷等的研究，作为故宫学的概念，主要会侧重于与明清宫廷和故宫博物院有关的搜集、鉴赏、著录、流传等，并不涵盖这些学科本身的全部研究。

将古建筑、文物藏品与历史文化相结合，这使得故宫学研究有着广阔的天地与无穷的魅力。从已发布相关研究成果来看，故宫学的学术研究成果与中国文化史、中国艺术史、中国明清史的重大课题有密切联系。例如，明清为封建社会的末期，也是封建制度最为成熟的阶段，典章制度具有集大成的特点，既有继承又有变革，这在遗存至今的故宫不可移动文物或可移动文物上都有充分的体现。例如宫殿是中国古代最重要的建筑类型，崇宫殿以威四海，是统治者追求的目标。故宫则是中国古代宫殿发展的集大成者。夏商周宫殿的"前堂后室"，朝、祖、社三位一体以及四合院的格局，秦汉宫殿的中轴对称的群体构图方式，隋唐宫殿的左中右三路的对称规整格局，宋金元将宫殿区置于城内中央的形制，等等，都在紫禁城建筑中得到了体现。此外，故宫留存大量有关皇帝衣食住行、礼节仪式等方面所使用的设施和物品，这些都是长时期的礼仪服御制度演变发展的结果。

马克思曾提出"人体解剖对于猴体解剖是一把钥匙"的方法论，即"低等动物身上表露的高等动物的征兆，反而只有在高等动物本身已被认识之后才能理解"①。正是基于这一认识，马克思研究商品，不是从有商品交换的古希腊开始，而是从商品经济走向成熟形态的资本主义社会开始，所以说"资本主义经济为古代经济等等"提供了钥匙。借鉴马克思这一理论，作为封建典制最为成熟的明清时期，故宫这些宫廷文物及遗存所具有的集大成性特点对于研究封建典制的演变过程是有重要意义的。

此外，由于故宫一些文物藏品的特殊地位及重要价值，对其研究往往与某类艺术的发展史结合在一起，并着力于解决其中的一些重大问题。尤其是故宫古书画、青铜器、古陶瓷、古玉器研究都是中国文化艺术史研究的重要组成部分。例如，北京故宫收藏陶瓷器共36万多件，其中明清御窑瓷器超过30万件，明以前的陶瓷器与明清民窑约6万件，另有数万片古陶瓷标本，藏品囊括的文化内涵广博，时间跨度长达6 000多年，产地涉及全国20多个省市自治区，足以具体、系统地反映中国古陶瓷数千年的发展历史。基于藏品特点，对院藏瓷器认知、研究、整理，一直是北京故宫博物院的重点研究内容。2005年故宫成立古陶瓷研究中心，研究内容包括对不同时期、不同产地、不同类型古陶瓷制作原料、工艺、结构及相关性质的科学研究；对古陶瓷年代、窑口、真伪的科学

---

① 《马克思恩格斯选集》第 2 卷，人民出版社，1972 年，第 108 页。

研究；对古陶瓷的科学保管、修复和复制等技术的科学研究以及更多深层次、多视角的科学研究。在此基础上建立最具权威性的古陶瓷研究数据库，以解决目前仅凭传统研究方法无法解决的中国陶瓷发展史和鉴定方面的一些重大学术问题，使故宫博物院在古陶瓷研究领域居于世界领先地位。古陶瓷研究中心自2009年开始，以目前学术界最为关心的宋代汝、官、哥、钧窑瓷器研究中存在的窑址、年代等问题作为大型课题研究的开始，首先确定了"宋代官窑瓷器研究"这一课题，已取得了显著成果。故宫博物院为此还成立了一个古陶瓷检测研究实验室，配备了同行公认的先进设备和相应的专业人员，并聘请国内外著名大学、博物馆和科研机构的著名专家、教授、学者担任研究中心的客座研究员。

二

故宫学是认识故宫价值的一把钥匙

故宫学强调把故宫古建筑、文物藏品及宫廷历史文化联系起来，即把故宫当作一个文化整体。所谓故宫是一个文化整体，也就是说故宫遗产价值是完整的，不可分割的。从空间来看，紫禁城的千门万户、院藏的各种文物及其所蕴藏的历史故事和人物关系，是一个鲜活的统一体。宫廷的历史与文化，是立体的、生动的。很显然，离开了宫阙往事，没有了附着其中的历史内涵，那些宫殿建筑及其文物收藏的意义和价值势必受到影响。从时间来看，故宫文物藏品虽为清宫旧藏，但其中文物则包括了中国古代文化与艺术的各主要门类，而且反映了五千年的中华文明史。正是基于对故宫是个文化整体的认识，故宫学的学术概念才得以形成并提出。

故宫博物院依故宫而产生，"宫"与"院"的合一是其特点。如何看待故宫的价值，就影响到对故宫博物院地位和性质的认识，在这个问题上是有历史教训的。故宫博物院自建院以来，曾多次出现"废除故宫""改造故宫"的争论。1928年，南京国民政府委员经亨颐提出"废除故宫博物院，分别拍卖或移置故宫一切物品"的议案，并获得国民政府的通过。后经张继、易培基、马衡等人的驳斥与反对，经亨颐提案被否决。20世纪50年代，又有人提"故宫革命性改造"方案，要坚决克服故宫"地广物稀，封建落后"的现状，根本改变故宫博物院的面貌。后经吴仲超等人的努力，陆定一在中宣部部长会议上否决了这一方案。对故宫价值及对博物院定性的认识偏颇以及文物观念的局限，特别是以阶级斗争为纲指导思想的影响，曾将故宫与博物院置于十分危险的境地。

综合这些问题的发生，既有"左"倾思潮的影响，也有思想方法上的片面性，但其根本原因都是没有从文化整体来看待故宫价值，没有认识到故宫博物院的性质是由故宫的特点决定的。在此，我借用1928年张继以大学院古物保管委员会主席名义驳斥经亨颐提案的一段话来阐释对故宫的价值及内涵的理解和认识：

> 一代文化，每有一代之背景，背景之遗留，除文字以外，皆寄于残余文物之中，大者至于建筑，小者至于陈设。虽一物之微，莫不足供后人研究之价值。明清两代，海航初兴，西化传来，东风不变，结五千年之旧史，开未来之新局，故其文化，实有世界价值，而其所寄托者，除文字外，实结晶于故宫及其所藏品。近来欧美人士来游北平，莫不叹为大可列入世界博物院之数。即使我人不自惜文物，亦应为世界惜之。还观海外，彼人之保惜历史物品也如彼。吾人宜如何努力，岂宜更加摧残？[①]

---

① 《北京志稿六·文教志（下）》，北京燕山出版社，1998年，第357页。

因此我认为，故宫博物院不只是"中国最大的文化艺术博物馆"，而且是世界上极少数同时具备艺术博物馆、建筑博物馆、历史博物馆、宫廷文化博物馆等特色且符合国际公认的"原址保护""原状陈列"基本原则的博物院和文化遗产，是一座博大精深的中国历史文化宝库。因此，故宫博物院的宗旨就是保护、研究与展示故宫文化，博物院要服从于并有利于故宫遗产的全面保护，而不是相反，让故宫去适应博物院。

　　把故宫当作文化整体看待，全面认识故宫的价值，要注意以下几方面问题：第一，坚持唯物史观，清除极左思潮影响，认识到故宫不等于封建主义，它是中国传统文化精神的物质载体。此外，以博物院形式向公众开放的故宫，被赋予了新的使命和职责，既承接过去，又联系当下。第二，文物保护理念是需要不断提升的。从"古玩""古物"到一切历史文化遗存的发展，从可移动文物到不可移动的古建筑的重视，从有形文化遗产到无形文化遗产的拓展，从文物本体至周边环境的延展，文物概念一直在不断拓展。第三，注意正确认识和妥善处理故宫保护与博物院发展的关系。在努力接受先进的文物保护理念、树立正确的文物观的基础上，认真探求故宫的价值，同时使博物院的内涵更为丰富，从而更进一步加强文物的保护，突出文物的文化价值，实现文化遗产对当代社会的重要作用。

三

故宫学是指导故宫保护与博物院发展的一个理念

　　故宫学将故宫作为一个文化整体来研究。世界遗产视野中"故宫真实性和完整性的结合"与故宫学视野中"故宫文化价值的整体性"诸多理念是相互启发、补充甚至有所交融的关系。故宫学从文化整体的角度来评估和界定故宫的价值和博物院的性质，并指导和推动故宫保护和博物院建设。基于这一点，"完整故宫保护"是故宫博物院的核心工作，并成为推动其他业务工作的一个基础。所谓"完整故宫保护"，就是故宫遗产和故宫价值的完整性保护。

故宫博物院成立近90年的发展历程，是对故宫遗产及价值认识不断深入的过程，是对完整故宫保护不断探索的过程。20世纪30年代，故宫博物院理事会曾提出"完整故宫保管计划"，并通过不懈努力，确定了故宫博物院的管辖范围。1948年3月1日，古物所正式并入故宫博物院，实现了紫禁城的统一管理。建国初期，由于对故宫认识及对博物院定性的偏颇，以及文物观念的局限，特别是以阶级斗争为纲指导思想的影响，"完整故宫"的意识有所淡化，并对故宫保护与文物管理带来很大影响。

自改革开放以来，"完整故宫保护"重新引起人们重视，并逐渐成为一种理念得到不断提升。1987年，故宫被列入世界文化遗产名录，为完整故宫保护带来新的视野和新的机遇。首先，可从世界文明发展历程看待作为中华文明重要载体的故宫遗产的独特价值，同时也更客观地认识不同文明的贡献与地位，并从全球化时代保持文化多元性、传续中华文脉的要求认识保护故宫的意义。其次，强化了遗产的共享意识以及全社会都必须承担管理和保护的理念，促使故宫博物院的管理和故宫保护更加开放。再次，作为世界文化遗产，故宫保护要坚持执行有关国际公约，坚持保护故宫的完整性与信息的真实性，处理好故宫保护与周边环境保护的关系。

故宫的完整性，包括故宫格局的完整、古建筑的完整、文物藏品的完整。故宫的空间是完整的，它不能只有后廷而没有前朝，也不能只有孤立的一个故宫而没有与其关系极为重要的其他一些皇家建筑物；故宫的文物也是一体的，需要完整地保护。这种完整性是其价值的整体性所决定的。因此，争取故宫的完整并不是出于扩大自身地盘的狭隘意识，而是故宫价值自身的要求。"完整故宫"体现了故宫人守护民族文化遗产的责任感。

"完整故宫保护"作为一种理念，对于故宫保护和博物院建设有着积极的推动作用。例如在故宫大修、文物清理、恢复故宫建筑整体格局和历史原貌、对应归还故宫重要文物进行追索等方面都有所体现。从这一理念出发，近年来故宫博物院对多方面的工作进行了调整与改进。

（一）故宫古建筑历史原貌的恢复

过去，一些古建筑的格局、装饰和建筑材料甚至是构造不知因何缘故被改变了原状。例如，钦安殿前原有抱厦被拆除，熙和门与协和门的东西庑房以及坤宁门东板房原后檐柱不知何时因何故被撤去，乾清宫东西庑房的支摘窗改为现代玻璃窗，一些殿宇的室外青砖地面改为水泥砖地面，等等。此外，一些古建筑因陈列展览需要被改变了原状。1914年古物陈列所成立，武英殿、文华殿内部就改建成适合展览的场所。后来为了扩大展室面积，保和殿东西庑房的外廊被取消。1966年11月，为了展出泥塑"收租院"，工字型的奉先殿被改建成了方形大殿，拆除了奉先殿前的"焚帛炉"。1972年，慈宁宫大佛堂近3 000件文物被运往洛阳，慈宁宫内部结构及设施被拆除一空。这些人为改变影响了故宫古建筑的真实性。

21世纪初开始的故宫百年大维修工程，对这些人为的不恰当改变做了调查研究，并根据历史文献及图纸记载对其进行了修复。经研究论证，保和殿东西庑外廊格局、钦安殿前被拆除抱厦、协和门与熙和门的东西庑房、坤宁门东板房被撤去的后檐柱等均得到修复，恢复了历史原貌。此外，乾清宫东西庑房外装修把现代玻璃窗恢复为支摘窗，一些殿庑殿室外的水泥砖地面逐步改用传统青砖。又如，太和殿的外檐旧彩画是20世纪50年代末的作品，已经非常陈旧。但按照今天的认识，当时并没有完全尊重历史原状。这次维修经过多方研究论证，确定了按照太和殿内檐彩画（康、乾时期）复制外檐彩画的方案。复制按照传统工艺技术操作，彩画色彩丰富，龙纹饱满，与维修后的整个太和殿，表现了恢宏富贵的皇家气势等艺术特征。

（二）宫廷历史遗物的清理

诚如上文所述，长期以来，故宫博物院保存的传世的铜、瓷、书、画等艺术品，被视为"宝物"，得到重点保管与研究，而大量宫廷历史遗物则未作为文物对待，或仅列为"文物资料"。在"大文物"概念的引导下，故宫博物院自2004至2010年对故宫文物藏品展开了历时七年的清理工作，其中一个重要成果就是对宫廷历史遗物的彻底清理。

例如约2.5万件的清代帝后书画，因受偏颇观念的影响，一直未将其视为文物，甚至未将其纳入文物资料之列。此次文物清理过程中，通过对这批书画所呈现的帝后的审美取向及其文化思想史料价值的整理与评估，将其纳入文物系统加以保管。此外，13万件清代钱币等得到系统整理，18万件资料藏品提升为文物，20余万件武英殿书版、"样式雷"烫样以及大量建筑构件等也纳入文物账册进行管理。大量宫廷历史遗物进入文物保管行列，为学术研究提供了更为丰富、完整的资料。

（三）非物质文化遗产的整理与申报

据文献记载，清宫造办处专门从全国各地汇集各类专门人才从事宫廷藏品的保管与修复工作。但清末民初的社会变迁，使得大批宫廷文物修复高手逐渐散落民间，仅一批钟表修复师傅在故宫博物院工作。及至新中国成立后的20世纪五六十年代，故宫博物院又陆续将上海的郑竹友、金仲鱼等临摹书画人才，苏杭等地的杨文彬、张耀选、孙承枝等一些裱画名家，京津冀一带的古德旺、赵振茂、金禹民等一批青铜修复专家聚集到故宫，并逐渐在文物修复领域形成了"师徒传承"的保护和生产模式。经过半个多世纪的积累，故宫博物院的文物修复人才及其技术在全国文物保护领域享有极高的声誉。

从现代文化遗产的概念出发，故宫遗产既有物质遗产，也有非物质遗产，非物质遗产主要是传统的文物修复技术以及故宫官式建筑修造技艺。通过对这些文物修复技艺的整理研究，目前"官式古建筑营造技艺""古字画装裱修复技艺""青铜器传统修复复制技艺"和"古书画人工临摹复制技艺"列入国家级非物质文化遗产名录。这些非物质遗产既是保护故宫及其文物藏品的重要手段，也是故宫文化的重要组成部分。

（四）占用故宫古建外单位的迁移

由于历史原因，故宫院内外的一些文物建筑被外部单位长期占用，有的达数十年，严重影响了故宫格局的完整性，有些建筑未得到有效保护，状况很差，有的已成危房。故宫作为世界遗产，这种状况不能再继续下去了。可贵的是，对于收回这些文物建筑，不仅院内，而且在社会上形成共识。自20世纪80年代以来，院内外坚持不懈，多方努力，克服困难，取得显著成效。陆续收回了大高玄殿、端门、御史衙门、雁翅楼、宝蕴楼等。这些建筑物的先后收回，不仅对故宫的完整保护有着重要意义，也极大地拓展了故宫博物院的文化空间，为更好地服务社会提供了契机。

四

故宫学是推进故宫学术研究的一个方法

文化整体性是故宫学方法论的哲学基础。故宫学将古建筑、文物和宫廷历史文化作为相互联系的整体来研究，并从文化整体的角度来认识和理解故宫学的各个领域（如古建筑、文物藏品、宫廷历史文化和博物院史）的深刻内涵及各领域之间的紧密联系。这是故宫学所强调的研究方法。

故宫学的综合性特点，在故宫学研究中表现得很突出：一是需要把院藏文物、古建筑和宫廷史迹这三方面作为互相联系的整体来研究。故宫学关于打通学科界限的要求正是帮助研究者总结实践经验、提高理论认识的基本方法，它将开拓人们对单体文物研究的思路进入哲学化的思维方式即强调联系与发展，进入美学化的思维方式即导向审美与评赏，进入历史化的思维方式即注重社会与背景，并且扩展到对其他学科的认识，防止孤立地看待文物，防止"碎片化"。这是最能体现故宫特色的研究。二是一个课题往往涉及好几个文物门类，是需要多学科协作，全方位展开，才能得出科学的结论。这有利于打破学术研究中的学科界限，进而拓展研究范围和深化研究内容。三是由于故宫文化的特殊性，文物藏品一般都有相当丰厚的内涵，需要不断地探求，逐步地深入。例如武备和宫廷生活用具类藏品，既涉及工艺美术，更与宫廷史、文化史、典章制度等有关，且随着资料的挖掘与视野的扩大，这种研究会不断深入。

　　进入新世纪，我们提出故宫学，组建故宫学研究所，吸收国内外高等院校和科研机构积极参与故宫学的学术研究、学科建设与人才培养。我个人认为，其主要原因在于故宫学所具备的学术转型意义。

（一）对于故宫博物院研究者而言，故宫学具有学术范式转换的意义

　　故宫是明清皇宫，87%的故宫文物藏品源自清宫旧藏，文物保护与利用始终是故宫博物院工作的主题与中心。长期以来，故宫博物院的研究者一般比较注重实践性和应用性，在此基础上培养了一大批具有实际操作能力的文物工作者，如文物鉴定决定该文物是否入藏，文物排序决定陈列的基本结构，这是博物馆工作性质所决定的。因此，故宫博物院研究者的学术研究及其成果也表现出一种群体性的特点，即人们通常总结的"专家多、学者少"。

　　故宫博物院的研究者是以文物（可移动文物与不可移动的古建筑）

作为研究对象，其学术研究自然与故宫文物藏品的收藏、保护、展示不可分割，这不同于一般的主要以文献为对象的研究机构。可将其称之为"故宫学派"。以鉴定来说，要收藏文物，就要鉴别真伪，就要划分等级，这就需要科学地鉴定，这是硬功夫，也是博物馆工作的基本要求。因此，故宫博物院的学术研究不是经院式的烦琐论证，也不是从书本到书本，它直接面对故宫的文物、古建筑、档案、文献，对此进行客观分析、比较，解决宫廷历史人物和事件的物证和历代文物的真伪鉴定及其艺术价值、文化联系等诸多问题。总而言之，即以物证史、以物论史，或以物鉴物、以史论物等，都离不开史与物的辨证关系。

正因如此，故宫博物院的学术研究成果除了学术论著外，还包括与博物院业务工作之间关联的大量成果，例如与文物保管相联系的藏品编目制档，与文物陈列展览相结合的展品图录，等等。我个人认为，在故宫博物院里，专家与学者很难说谁高谁低，因为故宫学术研究的特点决定了故宫博物院既需要专家型的学者，也需要学者型的专家。

随着时代发展，其他学科都在发展中努力打破学科界限，产生新的研究成果。故宫博物院的学术研究也要求研究者重视从理论上对实践工作进行探索和总结，要求研究者站在一定的学术高度来审视自己所从事的具体工作，这是故宫博物院学术发展的大趋势。然而，在故宫博物院研究者群体中，知识结构不完善、研究方法单一、理论知识不足、学术视野狭窄等，仍是一个较为普遍的问题，这从整体上限制了故宫博物院学术成果的生产创造。"故宫学"即是针对这种情况提出来的。

从故宫学的研究使命出发，对故宫博物院的研究人员提出了更高的甚至是一些特殊的要求，即研究人员不仅要熟悉自己所管理的文物，具有某类文物的专业知识，而且要有与此相关的历史知识，包括宫廷史知识以及其他知识。在这一方面，我认为朱家溍先生为我们树立了一个典范。朱先生对有志于清史研究的年轻人指出途径：要了解清代历史和清宫史，最好把《清史稿》读一遍。当然有个次序，首先读本纪，其次读后妃列传、诸王列传，再次是职官志、选举志、舆服志，等等，其余可以后读。在这个基础上再读《国朝宫史》及《续编》。这样就可以从整个清代史转入宫史部分了。[①] 对于管理文物的同志他以自己的体会给予启发：开始接触，会觉得文物太多，情况复杂。怎样将它们从生疏变成熟悉呢？先向书中求教，同时也向熟悉它的人请教。还要多看文物，文物看多了自然会有所认识。只要抱着一种深入研究的态度，对一件文物的认识肯定会有变化。先是图书和档案帮助我们了解文物，慢慢地我们对文物的知识多了，就可以补充图书和档案中的空白。[②]

因此，故宫学的提出，可以通过整合学术力量、规划科研方向、明确研究重点、加强薄弱环节，从而推动故宫学学科建设及学科体系建构，提高故宫博物院学术研究的整体水平。也可以说，故宫学是故宫博物院学术研究的一种转型。

（二）故宫学是推进故宫学术交流、科研互助、资源共享的有力举措

"学术为天下公器"，这是故宫博物院一直秉承的学术传统。建院之初，故宫博物院理事会理事长李煜瀛先生曾明确提出"多延揽学者专家，为学术公开张本"；"学术之发展，当与北平各文化机关协力进行"。在这一理念指导下，20世纪30年代的故宫博物院成为闻名国内的著名学术机构，一大批民国知名专家学者集聚故宫博物院，从事文物整理、鉴定、保管及研究工作，并逐渐形成了公开、开放的学术氛围和研究传统。故宫学的提出，是在故宫博物院近80年来所形成的优良学术传统（包括学术成果、学术思想、学术风格以及研究方法等）基础上的继承与发扬。故宫学是个开放的系统，强调"故宫在中国，故宫学在世

---

① 朱家溍：《研究清代宫史的一点体会》，《故宫退食录》，紫禁城出版社，2009 年，第 281—282 页。
② 上揭《研究清代宫史的一点体会》。

界”，并积极吸收多方学术力量的介入与参与。

　　近年来，故宫博物院着力拓展与国内外知名博物馆、高等院校、科研院所以及其他学术机构的交流与合作，且收到了明显的效果。北京故宫博物院、台北故宫博物院以及沈阳故宫博物院都是故宫学研究的重镇。自故宫学提出以来，两岸三座故宫博物院的交流与合作得到进一步加强。故宫博物院也十分重视与各有关研究机构尤其是高等院校的交流与合作。近年来，故宫博物院先后与中国艺术研究院联合培养硕博士研究生，协助浙江大学成立故宫学研究中心，与南开大学合作成立故宫学与明清宫廷研究中心并招收相关方向的博士生，支持中国社会科学院研究生院、东北师大等院校招收故宫学研究方向的硕士生，与北京工业大学在文物保护科技方面进行合作等。与此同时，故宫博物院就陶瓷研究、藏传佛教研究以及文物科技保护研究等方面与美国、法国、日本以及中国香港等国家和地区的一些大学积极展开合作，并获得了显著的成果。

（三）故宫学是推动两岸故宫博物院学术交流合作的一种外在支持

　　从故宫文物藏品完整性出发，在研究清宫旧藏时，不仅要了解两岸故宫的文物藏品情况，还要了解散佚在外的文物藏品情况，并掌握海内外有关课题的研究状况。特别是两岸故宫博物院是收藏清宫旧藏的主体，且在特殊历史背景中一部分重要文物运到了台湾，使得一些原本成套成组的文物分藏两岸，或是某一同类文物，两岸都有重要的收藏，这在研究时不能不认真考察。

　　以两岸故宫博物院所藏藏传佛教文物研究为例，北京故宫博物院现存历世达赖班禅进献的文物较多，如一件明永乐款铜铃杵，为明初宫廷制造，上镌款“大明永乐年施”，所附黄签写有“达赖喇嘛恭进大利益铜铃杵”，原为明朝皇帝赐赠给西藏高僧，后达赖喇嘛又进献给清朝皇帝。再如木制佛舍利盒，乾隆三十八年（1773）和四十年（1775），八世达赖喇嘛进献的两颗“燃灯佛”舍利和两颗“迦叶佛”舍利就存放在此盒内。此外，乾隆四十五年（1780），六世班禅参加乾隆皇帝七旬万寿庆典，敬献了大量寿礼，相当部分仍保存于北京故宫博物院，如金刚铃、金刚杵、右旋白螺等。

此外，台北故宫博物院收藏的藏传佛教文物虽数量较少，但也十分重要。例如金嵌珊瑚松石坛城，是顺治九年（1652）五世达赖喇嘛入京朝觐顺治皇帝时所献，清帝给达赖颁发了金册金印，封五世达赖为"西天大善自在佛所领天下释教普通瓦赤喇怛喇达赖喇嘛"，由此确立了达赖喇嘛的西藏佛教领袖地位。五世达赖朝觐，是清代西藏佛教领袖人物第一次到北京朝拜皇帝，得到朝廷的册封，标志黄教取得在西藏宗教中的统治地位，五世达赖此行为加强西藏地方与清中央政府的关系起到了积极作用。由此，金嵌珊瑚松石坛城便成为见证这一历史事件的难得资料。

故宫文物藏品同根同源、各有所长、互为补充的特点已经成为两岸故宫博物院开展交流合作的内在动力，而故宫学恰恰可以为这种交流与合作提供外在支持，因为只有全面了解两岸故宫博物院文物藏品，才能看到一个完整的故宫，也才能进行深入的学术研究。

五

故宫学的新平台

推进故宫学研究，是故宫博物院立足于"文化自觉"而肩负的学术使命和责任。故宫博物院为科学整合学术研究力量，合理建构学术研究体系，持续提升学术研究水平，于2013年10月23日成立故宫研究院。在"平安故宫"工程取得显著成效基础上创建故宫研究院，是故宫博物院从博物院事业发展的大格局与长远目标着眼而做出的重大决策，标志着故宫保护与博物院建设迈入新阶段，我将其称之为"学术故宫"建设。

故宫研究院下设一室一站四所五中心，即研究室（包括《故宫博物院院刊》编辑部）、博士后科研工作站、故宫学研究所、考古研究所、古文献研究所、明清档案研究所，并联系故宫博物院的古书画研究中心、古陶瓷研究中心、明清宫廷史研究中心、藏传佛教文物研究中心、古建筑研究中心，在故宫博物院初步形成覆盖全面、专业突出和梯次完备的学术团队。可以说，故宫研究院的成立为故宫学发展搭建了难得的学术平台。

2014年2月25日故宫研究院第一次新闻发布会公布了11项科研课题，其中包括与港台地区以及在京文博单位的合作项目，且许多研究工作在学术界具有前沿性和开拓性的特点，对今后文博界从事大型科研工作的模式具有积极的探索意义。

"故宫藏先秦有铭青铜器研究"这一项目就很有代表性。两岸故宫博物院青铜器因系出一源，故时代序列完整和器类齐全且多传世品是其收藏的共同特色，有不少成组的器物分藏于两岸故宫博物院，如清代晚期山东益都县苏埠屯出土的亚丑组器，台北故宫博物院收藏鼎6件、簋2件、尊5件、角1件、瓿2件、觯1件、卣2件、方彝1件，北京故宫则收藏鼎3件、簋1件、尊1件、瓿1件、斝1件、卣1件、罍1件。成周王铃是一对仅存的西周早期有铭文的青铜乐器，传世仅2件，一件阳文的藏于北京故宫，另一件阴文的藏于台北故宫博物院。西周中期的追簋两岸合藏其三。西周晚期的长铭颂组器，北京故宫藏颂鼎一、颂簋一、史颂簋一，台北故宫博物院藏颂鼎一、颂壶一、史颂簋一。春秋晚期的能原镈存世两件，两岸故宫博物院各藏其一，这是一组用越国文字记事的青铜乐器。越国文字多将越王名等短铭记于兵器上，释读十分困难，是目前金文研究中尚未取得彻底解决的课题之一。这两件镈铭中台北故宫博物院的一枚存60字，北京故宫的存48字，由于长铭便于从上下文推知文意，故两铭等于为我们提供了可能解读全部越国文字的钥匙。宋徽宗倡新乐，制作大晟编钟，流传至今者成为研究音乐史考察宋代雅乐的珍贵标本，该编钟北京故宫现藏6枚，台北故宫博物院藏2枚。两岸故宫博物院藏品中都有大量记录族名的青铜器，其中有几件族名器被考证为记录重要古国名的铭文，如北京故宫有记录孤竹国和无终国国名的铜器等，台北故宫博物院也存有许多族名铜器。族名金文的释读和研究，是一个十分困难的课题，迄今尚未得到很好的解决，两岸故宫博物院这批资料的充分利用，无疑会促进这一课题的研究。这说明，两岸故宫博物院的青铜器合作研究大有可为。"故宫藏先秦有铭青铜器研究项目"就是一个好的开端。现已知古今中外所藏流传至今的先秦有铭青铜器资料约15 000件，其中北京故宫1 600件，台北故宫博物院440余件。北京故宫提出两岸故宫博物院合作，对2 000余件青铜器及其铭文做综合考察与研究，写出新的铭文考释，共同弘扬灿烂的中华文明，这一提议已得到台北故宫博物院的积极回应。该项目已引起学界及文博界的高度关注，社会也给了很大的期盼。

总而言之，"学术故宫"的建设，是中国文化界和学术界的一件大事，也是故宫博物院学术传统的新发展。故宫研究院的成立，将推动故宫博物院学术研究向整体性、体系性、开放性、国际性继续迈进。故宫研究院将深入开展对明清宫廷文化和院藏文物、档案的研究，组织实施国家和故宫博物院的重大科研课题项目，搭建两岸故宫博物院的科研合作平台，在国内外积极开展博物馆馆际之间和与高等院校以及科研院所的学术合作与交流，不断培植新生的学术力量，以此全面带动学术研究、展览和出版等工作的可持续发展，努力成为文博界学术研究的重镇。

（原为作者2014年6月10日在故宫博物院故宫学术专题系列讲座的第7讲，载《华中师范大学学报》2014年第5期，《新华文摘》2014年第23期转载，收入郑欣森著《故宫与故宫学三集》，故宫出版社，2019年。）

2003年，在故宫博物院将近80年的丰厚的学术积累基础上，我们提出了"故宫学"这一学术概念。十多年来，故宫学受到学界的广泛关注与积极参与，大家共同努力，推动着它的建构与建设。这一新生学科按照自身特点与学科规律在成长，并已进入一个新阶段。但是，当我们再一次回顾故宫博物院90余年的发展史、学术史和故宫的保护史，聚焦时代风云与紫禁沧桑，其中的曲折与反复、经验与教训，无疑会使我们有新的启发，也对故宫学生发着新的认识。

一

从故宫的"世界价值"到"世界遗产"的故宫

对故宫价值的深刻认识是提出故宫学的依据。价值是人类评判事物的一种尺度。故宫价值在于它自身所蕴含的历史文化信息。故宫价值是其本身所固有的，是客观的，也是多方面的，但能否对它有全面的评价，则与人们受一定社会历史条件制约的认识水平有关。对于故宫价值的认识，从故宫博物院成立前直到20世纪六七十年代，经历过多次争论或曲折，这是一个反复的、不断提高的过程。

（一）故宫文物藏品是私产还是公产

辛亥革命爆发，清帝逊位，"暂居"紫禁城宫殿，围绕这些清宫旧藏的所有权问题展开了一场旷日持久的争论和斗争。争论和斗争的过程，也是对这些藏品的性质的认识以及赋予新意义的过程，其所有权的最终解决，也就促成了故宫博物院的诞生。

在封建时代，整个天下都是帝王的，皇宫里的所有物品，包括文物珍藏，自然都是帝王的财产。民国虽然成立了，但是皇宫、皇室文物与"皇权至上"之间的政治认同并没有消失。1914年民国政府在紫禁城外朝即三大殿一带成立古物陈列所，陈列从今沈阳故宫和承德避暑山庄运回的珍宝，共约20万件之多。民国政府认为这些宝藏是皇室私有财产的一部分，又由清室派员约同古玩商家逐件审定估价，皇室与民国并订立了双边协议。①

对于清宫旧藏是否为皇室财产的争论，开始于20世纪20年代初，这与当时清宫所藏的文物珍宝的流失有关。逊清皇室由于入不敷出，只好靠借债抵押维持。为了还债，筹款的办法之一就是大量拍卖宫中的金银、珍宝、古玩等。②拍卖珍宝仍满足不了所需，还经常拿出一些金银珍

---

① 庄士敦：《紫禁城的黄昏》，山东画报出版社，2007年，第230页。

② 例如民国十一年（1922）1月，内务府为此发布公开出售珍宝古物的招商广告："兹因经费拮据异常，现将库存古瓷、玉器、古铜约五百余件，招商出售，借资补助。凡属殷实商号，有愿承购此项物件者，由一月七日起至十一日止，赴景山西门内务府筹备处检阅详章，交纳保证金一万元，应以本京殷实银行现银元存单为适用，发给估价物类单一份，听候定期看物估价。"见中国第一历史档案馆藏溥仪全宗档案1216号，转引自叶秀云：《逊清皇室抵押、拍卖宫中财宝述略》，《故宫博物院院刊》1983年第1期。

宝抵押和变价。例如1924年5月31日内务府就以金编钟、金册、金宝和其他金器为抵押品向北京盐业银行借款80万元，期限一年，月息一分。①

对于清室拍卖抵押珍宝一事，北京大学研究所国学门委员会1923年9月26日发布公函，表示坚决反对，并认为这些珍宝应由民国收回并保管："据理而言，故宫所有之古物，多系历代相传之宝器，国体变更以来，早应由民国收回，公开陈列，决非私家什物得以任意售卖者可比。且世界先进各国，对于本国古代之遗迹古物，莫不由国家定有保护之法律，由学者加以系统的研究，其成绩斐然，有裨于世界文化者甚大，而我国于此，尚不能脱离古董家玩好之习，私相授受，视为固然，其可耻孰甚。……北京大学对于此事，似不能坐视不问，为此函请将此事递交国务会议，派员彻底清察，务须将盗卖主名者，向法厅提起诉讼，科以应得之罪。"②

湖北省教育会1923年11月12日致电内务部，要求制止清室出售古物，认为这些古物寄托着立国精神，不能散失："顷阅各报载有清室售卖古物一则，不胜骇异。窃我国与埃及、希腊、印度同为数千年前古国，其文明久为中西所称羡。清室之古物，尤为历代帝室递嬗相传之珍秘，并非一代一人所得私有。合全国五千年之文物，集于首都之清室，一涉疏忽，不徒散佚堪虞，即立国精神且将无从取征。……敝会悯文献之失征，痛国粹之沦胥，不揣冒昧，吁恳大部设法妥为保存。并乞提交阁议，作为专案，妥筹善后办法，勿使数千年之文物失于一朝。国家幸甚！教育幸甚！"③

---

① 溥仪：《我的前半生》，群众出版社，2007年，第111页。此次抵押的皇太后和皇后金册、金宝和其他金册在辗转流徙途遗失、变卖或被化为金条，金编钟则逃过劫难，解放后回归故宫博物院。
② 北京大学研究所国学门委员会：《北大请禁清室盗卖古物》，《申报》1923年9月26日。
③ 中国第二历史档案馆编：《中华民国史档案资料汇编》第3辑，江苏古籍出版社，1991年，第222—223页。

1923年6月27日，紫禁城建福宫花园大火，此处许多殿堂库房都装满珍宝玩物，火灾的损失是巨大的。已有舆论指出，所烧毁的是国家的财产，与民族历史有关："自清帝退位之日起，一切主权，已移于民国，则今番千万以上之损失，实民国国家所有之财产也。非但物质上横遭暴殄，而与历史有关之古物尽付一炬，则尤为堪痛也。……宜速将溥仪及其家族为适当之处置，以杜将来祸源，而正中外观听。"①

对于清室珍藏的所有权争论，是与其所具有的特殊价值的认识联系在一起的。教育界、知识界有关机构呼吁这些清宫珍藏关乎中国历史文化，是历代相传之物，应属国有。清室的行径，也引起北洋政府的关注和干预。1924年5月3日，总统曹锟派冯玉祥、颜惠庆、程克等10人为保存国有古物委员，会同清室所派会员10人，共筹保管办法。"其所决定者，为凡系我国历代相传之物，皆应属于国有，其无历史可言者之金银宝石等物件，则可作为私有。属国有者，即由保管人员议定保管条例，呈由政府批准颁布，即日实行。其属于私有者，则准其自由变卖，此项保管条例已在起草中，大约明后日即可提出讨论，俟通过后，即呈由政府颁布。"②

1924年11月，冯玉祥将军发动北京政变，修正清室优待条件，驱赶溥仪出宫，组织清室善后委员会，就顺应了时代需要，受到普遍拥护。《修正清室优待条件》第五款规定："清室私产归清室完全享有，民国政府当为特别保护，其一切公产应归民国政府所有。"胡适赞同对清室古物永久保存，收归国有，但他认为，此项古物属于清室私产。③ 胡氏将西方法制中保护公民私有财产的思想应用于曾是"普天之下，莫非王土"的前清逊帝溥仪身上，立即引来知识分子的猛烈抨击。人们普遍认为，政治变革早已使帝制成为历史，因帝制而存在的皇室古物自然应归

---

① 《亡清故宫失火之责任问题》，《京报》1923年6月28日。
② 《清室古物仍难自由拍卖》，《申报》1924年5月8日。
③ 中国社科院近代史研究所中华民国史组编：《胡适来往书信选》，中华书局，1979年，第271页。

国有。1924年11月20日，国立八校联席会议专门召开会议集中讨论清室古物保管问题。北京大学代表提议："为保存历史上艺术上国粹上之古物起见，拟要求公开，以期永远。结果议决：关于清室古物宝器，要求绝对公开，设法完全保管，并开具清单，宣布中外。"①不久联合会再次讨论决议："清室古物，于文化上有极大关系，……希望其成立一完全美满之图书馆与博物馆，由国家直接管理，并邀集各机关参加监视，期在公开保存，俾垂久远。"②

这一争论的过程，使社会在清宫珍藏上有了共识：其一，在价值上，这些珍藏反映着中华数千年文明，关乎中国历史文化，为立国精神的寄托；其二，在所有权上，这些珍藏为历代帝室递嬗相传，并非一代一人所得私有，因此是国家的财产；其三，在保护方式上，应该设图书馆与博物馆，集中保护。故宫博物院于是应运而生。

（二）故宫文物藏品是逆产还是遗产

故宫博物院的成立，使清宫旧藏的身份、性质发生了根本的变化，它们已成为人民共享的文化财产。但是，这个认识的变化不是一帆风顺的，往往和重大的历史事件或激烈的争辩相伴随。1928年，南京国民政府委员经亨颐关于"废除故宫博物院，分别拍卖或移置故宫一切物品"的提案就很有代表性。是项提案，经亨颐提出了五项理由，其中之二是："皇宫物品为什么要重视？据我的理想，皇宫不过是天字第一号逆产就是了。逆产应当拍卖，将拍卖大宗款项，可以在首都造一所中央博物馆。"③

故宫博物院同人向社会各界大力宣传："无论故宫文物为我国数千

---

① 《教育界主张公开清室古物八校联席会议议决绝对公开保存》，《顺天时报》1924 年 11 月 21 日第 7 版。
② 《教育界与清室古物无非希望公开保管尚未达到具体办法之机会》，《顺天时报》1924 年 11 月 23 日第 7 版。
③ 吴瀛：《故宫博物院前后五年经过记》第 2 卷，故宫博物院编，1932 年，第 31 页。

年历史所遗，万不能与逆产等量齐观。"驳斥经亨颐提案之不当，请各界主持保全故宫博物院。张继以"大学院古物保存委员会主席"名义向中央政治会议的呈文，则对经氏提案进行了全面深入的批驳。

对于经氏"逆产应当拍卖"说，张继反驳道："逆产应否全数拍卖，已成问题。法国大革命，其雄伟之风，激昂之气，迈越往古，为后来各国革命者之先导。然方其拍卖法王室之产业也，亦有'与历史有关之建筑物物品等除外'之令。且故宫已收归国有，已成国产，更何逆产之足言？故宫建筑之宏大，藏品之雄富，世界有数之博物院也，保护故宫，系为世界文化史上尽力。"①

尤为重要的，张继文末以世界文化古迹及世界博物馆的宏大视野，指出故宫、故宫文物及故宫博物院的"世界价值"，"现欧洲各国，为供历史之参考，对于以前皇政王政时代物品，莫不收罗保存，唯恐落后。即苏俄在共产主义之下，亦知保护旧物，供学者之研究。……一代文化，每有一代之背景，背景之遗留，除文字以外，皆寄于残余文物之中，大者至于建筑，小者至于陈设，虽一物之微，莫不足供后人研究之价值。明清两代，海航初兴，西化传来，东风不变，结五千年之旧史，开未来之新局，故其文化，实有世界价值，而其所寄托者，除文字外，实结晶于故宫，及其所藏品。近来欧美人士，来游北平，莫不叹为大可列入世界博物院之数。即使我人不自惜文物，亦应为世界惜之。"②

经亨颐是个民主革命者、著名的教育家。他对故宫博物院及清宫旧藏的认识是片面的，这既有以推翻帝制为职志的一些革命者的感情因素，同时也由于对故宫及故宫文物所承载的多重政治文化内涵解读的差异所致。应该看到，当时拥护故宫博物院、认识故宫文物价值的是多数，但持有经亨颐态度的人相信也不是个别的。

---

① 上揭《故宫博物院前后五年经过记》第 2 卷，第 35—36 页。
② 前揭《故宫博物院前后五年经过记》第 2 卷，第 35—36 页。

（三）故宫文物藏品是古董还是国宝

　　1931年日本发动"九一八"事变，第二年秋天故宫博物院即着手进行文物的南迁准备工作。"北平政务会议"却于1932年8月3日做出决定："呈请中央拍卖故宫文物，购飞机500架。"[①]易培基"不胜骇异"，即多方努力，劝阻拍卖行动，终于制止了这一荒唐决定。1933年故宫文物南迁消息见诸报端后，舆论哗然，形成反对和支持两种声音，反对的一个主要原因，是认为大敌当前，政府应首先要保护土地和人民，现在政府却如此重视故宫古物，因为故宫古物是古董，值钱，才要搬迁。故宫第一批文物于1933年2月6日运出北平，鲁迅在这一天的《申报》上发表文章："倘说，因为古物古得很，有一无二，所以是宝贝，应该赶快搬走的罢。这诚然也说得通的。但我们也没有两个北平，而且那地方也比一切现存的古物还要古。……为什么倒撇下不管，单搬古物呢？说一句老实话，那就是并非因为古物的古，倒是为了它在失掉北平之后，还可以随身带着，随时卖出铜钱来。"[②]此时，马彦祥（马衡之子）也化名在天津《益世报》发表了多篇反对南迁的文章，他说："因古物之值钱，结果弄得举国上下，人心惶惶，束手无策，这种现象，想起来实在有点好笑。……要抵抗么？先从具有牺牲古物的决心做起！"[③]

　　故宫文物该不该南迁，争论虽然激烈，但其实质是如何看待故宫文物，即这些文物是一般所谓值钱的"古物""古董"，还是其有特殊的不可代替的价值？故宫文物虽然来自清宫，曾为皇帝个人所有，但"为我国数千年文化艺术之结晶，尤于学术方面关系非浅，即在世界文化上亦

---

① 《俞同奎致易培基密电》，载："今早政会召集讨论保存故宫古物办法……议决，各委员签字，呈请中央拍卖故宫古物购飞机"。1932年，现存故宫博物院档案室。

② 《崇实》，该文最初发表于1933年2月6日《申报·自由谈》第18版，署名何家干，参阅《伪自由书》，人民文学出版社，2006年，第12—14页。

③ 《旧事重提说古物》，《马彦祥文集·话剧论文杂文卷》，文化艺术出版社，1997年，第615—616页。

占重要之地位"①。"夫故宫博物院、古物陈列所，所藏古物，咸为希世之珍。为本国之文化计，为世界文化计，均宜早为之所，妥为保存。"②故宫文物不是一般的"古物""古董"，而是国宝，是民族的历史文化遗产，它的价值是不可用币值衡量的，这已成为许多人的共识。故宫文物南迁是基于敌强我弱、抗日战争将是一个持久长期过程所做出的决策。政府方面认为，敌人入侵，失掉土地还有收复的可能，唯有文物留在原地不动，只有受毁损的危险，于是不顾一些人的反对，仍然坚持进行迁运。

在整个文物辗转播迁中，故宫同人能够发扬视国宝为生命的典守精神，就是源于对自己所保护的珍贵文物的重大意义以及自己所担当的神圣责任的深刻认识。正如马衡院长所说："本院西迁以来，对于文物安危原无时不在惕微戒惧，黍力保护之中，诚以此仅存劫后之文献，俱为吾国五千年先民贻留之珍品、历史之渊源，秘籍艺事，莫不尽粹于是，故未止视为方物珍异而已矣。"③

（四）"艺术性博物院"的定性及其影响

故宫博物院的定性定位很重要，它决定着故宫的文物收藏、陈列展览、学术研究以及整个工作的重点。1954年4月，故宫博物院试行《故宫博物院整顿改革方案》，确定故宫为"艺术性博物馆"，要在普及与提高相结合以普及为主的方针下，首先进行中国艺术品陈列；既要组织好古代文物艺术品的陈列，也要做好宫廷史迹的陈列，在陈列展览工作中要不断提高思想性、艺术性和科学性。④

---

① 《北平学生抗日救国会致故宫博物院函》，1932年8月16日，现存故宫博物院档案室。
② 《多齐云致故宫博物院、古物保管委员会函》，1932年8月8日，现存故宫博物院档案室。
③ 《国立北平故宫博物院理事会1940年度会议纪录》，现存中国第二历史档案馆。
④ 国家文物局编：《中华人民共和国文物博物馆事业纪事1949—1999》，文物出版社，2002年，第73页。

故宫是艺术性博物院的定性，直接影响故宫文物的收藏。故宫的文物藏品分为两大部分，一部分为传统的古物珍玩，如铜瓷书画、各种工艺品等，另一部分是与典章制度、衣食住行等有关的物品。为了充实故宫院藏，中央政府高度重视，社会各界也积极支持。20世纪五六十年代，故宫接收政府部门和各地博物馆拨交的文物约16万件（套），其中有许多是流失出去的原清宫旧藏，特别是一批书画名迹。这一时期故宫又从社会上收购了大批书画珍品，接受了社会捐赠的大量珍贵文物。这些古代书画及工艺品的收购与调拨，充实了故宫博物院的收藏。

　　众所周知，故宫的艺术性收藏是丰富的，但故宫价值不只是艺术性的，它是一个宫廷历史文化的综合性反映。因此，对博物院艺术性的定位，是对故宫价值及文物认识的偏颇，这在一定程度上对故宫文物管理的完整性带来消极影响，这主要反映在两个方面：

　　一是在文物与非文物认识上的偏颇，以非文物名义处理的许多物品今天看来仍具有相当价值。20世纪50年代中后期，故宫博物院进行的清理文物、处理非文物、紧缩库房、建立专库的工作，成绩很大，使清宫堆积如山的物品得到认真清理，藏品中玉石不分、真赝杂处的状况得到彻底改变，但其中也有教训，即所处理的非文物中，有些仍有独特价值，特别是那些以年代晚近、材质不好、艺术性差或重复品太多为由处理了不少物品，如乾隆以后的假次书画、宗教画、近代书画，同治、光绪时期的粗制硬木家具，嘉庆后的大量瓷器重复品、民国时期的小钟表、大批八旗盔甲乃至新中国成立后的国际礼品等，今天从完整保护人类文化遗产的视角看，这些无疑都是有一定的文物价值，是反映宫廷历史文化某些方面的实物见证。即使重复品多，也只是从清宫而言，如从全国范围看，又是极其少有的。当然对这些物品的处理，不只是某个部门或少数人的认识，而是当时中国文博界与整个社会文物保护认识程度的一个反映。①

---

① 郑欣淼：《故宫博物院的文物清理》，载《故宫与故宫学》，紫禁城出版社，2009年，第117—118页。

二是对艺术类文物与非艺术类文物认识的偏颇，把大量认为不符合艺术性要求的文物划拨了出去，这突出反映在明清档案和图书典籍两个方面。故宫博物院成立后明清档案一直是重要庋藏，新中国成立后，又接收和征集明清档案近400万件（册）。1955年8月，故宫博物院"鉴于现有附设之档案馆的重要性，以及档案工作与艺术博物馆事业不相适应"，因与国家档案局协商，"认为将我院档案馆交由国家档案局领导为适宜"，经国家文化部同意后办理了移交手续。[1] 典籍图书的外拨也是如此。故宫博物院图书馆长期以来是个重要的业务部门。从1955年开始，故宫将大批珍本典籍及宫廷藏书外拨到北京图书馆、国家档案局、一些省市及大学的图书馆，还有存在柏林寺的完整的18世纪《龙藏》经书版，天禄琳琅图书209种、2 347册，另有虽非天禄琳琅却系宫廷珍本的宋元明清版书籍及抄本29种、509册等。[2]

（五）"故宫革命性改造"的方案

因受时代背景以及政治文化等因素影响，对于故宫价值的认识在建国初期也曾出现过反复。1949年1月16日，毛泽东主席专门致电平津前线总前委林彪，就保护北平文化古迹问题做出指示："力求避免破坏故宫、大学及其他著名而有重大价值的文化古迹。"[3] 但是，在1958至1959年间，受极左思潮的干扰，故宫古建筑保护曾一度面临严峻的危机。

1958年10月13日，根据北京市委主要领导和市委要求故宫博物院在国庆10周年前完成大革命的指示，北京市文化局党组提出了一个对故

---

[1] 《故宫博物院档案馆移交国家档案局的拟议》（1955年8月2日），现存故宫博物院档案室。
[2] 《拟将院藏天禄琳琅等书籍拨给北京图书馆报请批示》（1958年10月29日），现存故宫博物院档案室。
[3] 《中央军委关于保护文化古城问题的指示电》（1949年1月16日），载《北平和平解放前后》，北京出版社，1988年，第40页。

宫"进行革命性改造"的报告。报告对故宫的现状和问题进行了分析，认为"过去由于清规戒律的限制，不准动原状，不准用灯光，各次陈列迁就主要宫殿，分散零乱，多而不精，参观极不便利。而且对封建落后的陈迹不能大力铲除，保留得过多。房屋及环境的清除整理，阻力更大，至今未能脱出残败零乱的现状。库房虽然积极清除了一百多万件非文物，但尚远不彻底"。需要"坚决克服'地广物稀，封建落后'的现状，根本改变故宫博物院的面貌"。报告随后提出两个改革方案，第一个方案："是将紫禁城内前后两部分划分为二，后半部从乾清门后由故宫博物院办陈列，前半部分交园林局建设成为公园。这样博物院的陈列成一线，可以大大精干，在紫禁城东西后部开辟两个便门后，故宫可以四通八达，参观便利。"第二个方案："是按第一方案多保留从太和门起三大殿及两庑中间主要宫殿，此外交园林局管理。"①

　　1959年6月15日，中共北京市委文化部向中宣部报送了对故宫博物院"地广物稀、封建落后"情况进行适当改革的方案。1959年6月22日中宣部部长办公会议否定了这个方案，中宣部长陆定一在会上说："故宫改革方案文件的精神要整个考虑一下。……我们就是要保留一些封建皇帝的东西。不然的话不能古为今用。解放后几年以来，人们对故宫的兴趣越来越少，恐怕是因为故宫改的多了，应该再恢复一些。""什么是精华？什么是糟粕？文件中的提法值得考虑，我看冷宫应算精华，而不是糟粕。""我们对故宫应采取谨慎的方针，原状不应该轻易动，改了的还应恢复一部分。""故宫的性质，主要应该表现宫廷生活，附带可搞些古代文化艺术的陈列，以保持宫廷史迹。""讲解说明要实事求是地讲清这些史迹即可，少说一些标语口号。""关于故宫藏品的清理，不要忙于进行，外面向故宫来要东西的先压一压，不必有求必应，大量外

---

　　① 《关于故宫博物院进行革命性改造问题的请示报告》，1958年10月13日，现存故宫博物院档案室。

调。仓库不够可另搞一些，仓库要现代化，以免藏品受损失。关于房子改造问题，小房、小墙可以拆一些，但要谨慎。马路可以宽一些，这是为了消防的需要，不是为了机动车进去。故宫就是要封建落后，古色古香。""故宫的方针，第一条是保持宫廷史迹，使人能详细地、具体地了解宫廷生活；第二条才是古代文化艺术的陈列。"[①]

改造方案没有获得批准，故宫避免了一场灾难。陆定一部长的指示，表明在这一狂热思潮面前，在关键时刻，我们党的有关领导对于故宫价值和故宫保护的认识是深刻的，态度是鲜明的，从而坚决有力地制止了可能出现的错误。

以上围绕故宫、故宫文物、故宫博物院发生的争论或其他问题，反映了在故宫价值认识上的曲折历程。经验和教训都是宝贵的财富。一方面，坚持唯物史观，清除极左思潮影响，认识到故宫不等于封建主义，它是中国传统文化精神的物质载体，体现了中华文明的精华，故宫文化与当代文化建设也有着深刻联系。另一方面是文物保护理念的不断提升。如对文物概念的认识，从具体的"古玩""古物"到一切历史文化遗存的拓宽，从可移动文物到不可移动的古建筑的重视，从有形文化遗产到无形文化遗产的发展，从保护文物本体到同时重视保护它的环境等，都是不断拓展、逐步提升的。

正是有了这个过程、这些曲折，我们才逐渐认识到，故宫作为一个巨大的稀世之珍，囊括了所有古建筑、可移动文物以及非物质文化遗产。故宫的价值，体现在故宫是一个文化整体，即故宫遗产价值是完整的、不可分割的。对此，可从空间和时间两个方面来认识。从空间来看，紫禁城的千门万户，院藏的各种文物，以及宫殿与文物藏品后面曾发生过的人和事，种种秘辛内幕，宫廷的文化生活，是一个立体的、鲜活的、生动的统

---

① 《陆定一同志对故宫博物院改革方案的意见》，1959 年 6 月 22 日，现存故宫博物院档案室。

一体。从时间来看，故宫藏品虽为清宫旧藏，但其中文物则包括了中国古代文化与艺术的各主要门类，反映了五千年的中华文明史；那些反映典章制度和宫廷生活的宫廷文物，则有着独特的历史文化内涵和认识作用。因此，故宫成为中国传统文化最有代表性的象征物，就像金字塔之于古埃及、雅典卫城神庙之于希腊一样。"宫"与"院"合一的故宫博物院也因此成为一座同时兼具宫廷史迹、古代建筑、古代艺术和清宫藏书档案几大特性的博物馆，是世界上极少数同时具备艺术博物馆、建筑博物馆、历史博物馆、宫廷文化博物馆等特色且符合国际公认的"原址保护""原状陈列"基本原则的博物院和文化遗产。

1987年，故宫被列入世界文化遗产名录。根据2011年世纪遗产第二轮定期报告要求的对遗产突出普遍价值表述的调整，故宫的突出普遍价值为：北京故宫是我国古代宫城发展史上的最高典范。它为中国古代社会的后期发展、特别是礼制文化和宫廷文化提供了独特的见证。在建筑群体布局、空间序列设计上，它传承和凝练了轴线布局、中心对称、前朝后寝等中国古代城市规划和宫城建设传统特征，成为中国古代建筑制度的典范。其宫殿建筑技术与艺术反映了中国古代官式建筑的最高成就，对清朝300年间的中国官式建筑产生了广泛的影响。宫内的宗教建筑、特别是一系列的皇家佛堂建筑汲取了丰富的民族文化特色，见证了14世纪之后满、汉、蒙、藏等民族在建筑艺术上的融汇与交流。同时，它所拥有的上百万件的珍贵皇家藏品、皇家生活用具以及大量古代工程技术的文字、图纸、烫样等档案等载体，见证了中国明清时期的宫廷文化和典章制度。[①]

---

① 第36届联合国教科文组织世界遗产委员会会议文件 WHC-12/36.COM/8E。

从"完整故宫保管"到故宫的"完整保护"

保护故宫是故宫博物院的重要任务，故宫保护研究也是故宫学的题中应有之义，对于故宫保护的认识与实践，也有一个过程。

1925年故宫博物院成立，当时只有故宫的后廷部分，前朝三大殿部分为古物陈列所所用，所以李煜瀛理事长书写的"故宫博物院"木、石匾额，也只得安装于神武门。故宫应该统一管理，完整保护，1930年，国立北平故宫博物院理事会以理事蒋中正领衔，12位理事签名，向行政院呈送了一份"完整故宫保管"的提案：

今呈请钧院核议，伏求准请国府令行内政部，即将故宫外廷保管之权转移故宫博物院，使故宫博物院之牌额得悬张于中华门外，则观听正而处置为博物院之形式，亦可整个计划完全实现。"呈文并附具办法两条，一是"将中华门以内直至保和殿所有一切庙廷向归内政部保管者，由故宫博物院接收，合并内宫一同保管"。二是故宫博物院接收外廷后，古物陈列所的文物，来自沈阳故宫的仍移归沈阳故宫，非沈阳的部分将来移送首都另设博物院，可暂借外廷原处陈列。[1]

1930年10月21日，行政院第91次会议议决："故宫博物院门额不必悬中华门，余照通过，由行政院备案。"[2] 10月25日，行政院指令，批准《完整故宫保管》提案，同意将设在紫禁城的外朝的古物陈列所与故宫博物院合并，将中华门（即大清门，在天安门外，今已拆除）以内至保和殿直至景山，以及大高玄殿、太庙、皇史宬、堂子等处一并归入故宫博物院，一同保管。11月各有关方面会同办理古物陈列所归并故宫博物院之事宜。11月15日，院方会同内政部及卫戍司令部、公安局各机

---

① 故宫博物院1930年档案。

② 上揭。

关办理接收古物陈列所手续完毕（但实际各项管理仍因旧贯，因多种原因，尚未真正合并）。[①]是年4月，接管景山，辟为公园，并整修"绮望楼"为考古学演讲厅。12月1日，接收太庙，并悬挂"故宫博物院太庙分院"匾额。完整故宫保管的意愿在抗日战争胜利后终于真正实现。民国三十五年（1946）12月3日，行政院决议，故宫博物院改隶行政院，古物陈列所归并故宫博物院，古物陈列所留存北平文物（88 202件）及所辖房屋馆舍，拨交故宫博物院。民国三十七年（1948）3月1日，古物所正式并入故宫博物院。故宫院区从此完全统一，格局乃臻完整。国民政府行政院1947年10月15日正式公布修订的《国立北平故宫博物院组织条例》，其中第一条为："国立北平故宫博物院直隶于行政院，掌理旧紫禁城全部并所属天安门以内及大高殿、清太庙、景山、皇史宬、清堂子等处建筑物及古物、图书、文献之整理、保管、展览、流传事宜。"[②]

从解放初期一直到"文化大革命"，党和政府对故宫保护与故宫博物院的建设是十分重视的，给予了极大支持，但由于对故宫认识及对博物院定性的偏颇，特别是极左思潮的干扰，使故宫的完整保护以及古建筑的真实性、完整性受到影响，这主要反映在四个方面：

一是原属故宫博物院管理的明清皇家建筑物的划出。主要是太庙、景山与皇史宬，它们与紫禁城有着密切的关系。1950年1月，政务院总理周恩来提议将太庙改建为劳动人民文化宫，经最高国务会议通过后，于1950年4月30日由北京市总工会主持建太庙为劳动人民文化宫。其中的文物运回故宫博物院保存，故宫图书馆太庙分馆关闭。对于太庙改为文化宫，王冶秋、马衡等都是不赞成的，他们并不是坚持太庙应由故宫博物院管理，而是认为把皇室宗庙充作文化场所是不合适的。《马衡日

---

① 故宫博物院编：《故宫博物院八十年》，紫禁城出版社，2005年，第44—45页。
② 故宫博物院1947年档案。

记》载："似以成立博物馆为宜。总工会竟以之充作工人俱乐部，私意未敢赞同也。"[1] 其实在1949年后半年，当时的主管部门曾拟将太庙改为博物馆，并做了一些准备工作。由于太庙历史上庄严肃穆的性质，1950年10月27日，中共中央在太庙即劳动人民文化宫为任弼时举行追悼会。以后，中国共产党和国家领导人逝世，有的也曾于太庙前殿停灵及举行公祭。[2] 1950年6月景山恢复开放，关闭后的太庙图书馆亦移至园中绮望楼开放。1950年11月，景山整个建筑拨交解放军卫戍部队使用。1955年3月，景山由北京市园林处接管。1955年8月29日，国家文化部文物局指示，将景山公园寿皇殿院内全部建筑，交北京市少年宫使用。1955年8月，随着故宫明清档案划归国家档案局，皇史宬也一并划归；1969年皇史宬又随这批档案回到故宫；1980年再一次划归国家档案局。

二是一些古建筑的拆除给故宫完整性带来了不可挽回的损失。新中国成立初期，因故宫院内清理及消防需要作了一些拆除。1958年，故宫博物院下放北京市文化局管理。在当时的特殊形势下，故宫博物院在有步骤地实施古建维修整理的同时，也着手计划改建工程，预备对院内一些不能体现"人民性"的"糟粕"建筑进行清理拆除。1958年12月，故宫博物院向北京市文化局提交了《清理糟粕建筑物计划和59年第一批应拆除建筑物的报告》，其中说明对院内各处残破坍塌及妨碍交通道路、妨碍地下水道之小房及门座等建筑，需即行拆除。文化局对此份报告批准同意，并明确提出要求："能暂时利用者，可不拆除；对过去宫廷仆役（太监、宫女等）所住房屋及值班房等，选择几处有典型性的加以保留，并标出文字说明，以便和帝王奢侈生活进行对比，向观众进行阶级

---

① 《马衡日记附诗钞——一九四九年前后的故宫》，紫禁城出版社，2006年，第107—108页、第116页。

② 北京市地方志编纂委员会：《北京志·市政卷·园林绿化志》，北京出版社，2000年，第103页。

　　　　　　　　　　　　　　　　　　　　　　　　　　　故宫论学

教育；拆除室内墙时，应注意建筑物的安全；能用材料，拆除时应注意保护，拆除后应妥为保存和利用；拆除的建筑物应照相留影。"①随着此计划执行，绛雪轩罩棚、养性斋罩棚、集卉亭、鹿囿、建福门等一批"糟粕"建筑，于一年之内被拆除。1966年"文革"的风暴也在紫禁城内刮起。当时在故宫城隍庙内的文物出版社印刷厂珂罗版车间的工人，向故宫领导提出搬掉城隍庙的泥塑神像，②故宫博物院领导鉴于当时形势，经请示上级批准后拆除了城隍庙泥塑神像11个，泥塑马1对。③

三是新增建筑物破坏了故宫的整体风貌和格局。1974年以故宫生活用房的名义添建了高度超过16米的5栋楼房，俗称"屏风楼"。因建楼的需要，还拆除了西华门两侧城墙的马道，对古建筑造成了破坏。更严重的是，"屏风楼"位于故宫博物院内，但从风格和内涵上与故宫博物院古建筑极不协调，严重破坏了故宫的整体风貌和格局。

四是对古建筑的人为的不恰当改变影响了故宫的真实性。故宫一些古建筑的格局、装饰和建筑材料，甚至构造，由于种种原因改变了原状。例如，钦安殿前原有抱厦被拆除；熙和门、协和门的东西庑房和坤宁门东板房原后檐柱不知何时、何故被撤去，威胁建筑安全；乾清宫东西庑房的支摘窗改为现代玻璃窗；故宫一些室外青砖地面改为水泥砖地面等。还有一些改变是为了陈列展览的需要。1914年古物陈列所成立，武英殿、文华殿内部就改建成适合展览的场所。后来为了扩大展室面积，保和殿东西庑房的外廊被取消。1966年11月，为了展出著名的泥塑"收租院"，工字型的奉先殿被改建成了方形大殿，拆除了奉先殿前的

---

① 转引自李盛来：《悉心经营 辉煌永驻——古建中的大工小修》，《紫禁城》2005年第5期。
② 署为"文物出版社珂罗版车间全体工人"的大字报抄件，1966年7月15日，现存故宫博物院档案室。
③ 《拟同意除掉文物出版社印刷车间泥塑神像11个的请示》，1966年8月2日，现存故宫博物院档案室。

"焚帛炉"①。1972年，慈宁宫大佛堂近3 000件文物被运往洛阳，宫内的整个结构、设施被拆除一空。

故宫博物院初期提出的"完整故宫保管"计划，是基于故宫同人对故宫价值的深刻认识，最初着重于完成故宫古建筑和文物藏品的完整保管。从博物院成立一直到抗战胜利后，为争取故宫的完整性，故宫博物院做了不懈的努力，最终实现了完整故宫保管的格局。多年的探索，特别是世界文化遗产理论与实践的启示，完整故宫保护逐渐成为一种理念得到不断提升。完整故宫保护理念的核心，就是故宫价值的完整性保护。这种完整性是由故宫价值的整体性所决定的，其整体性包括物质层面和非物质层面的完整性。故宫本身就是个"大文物"，即凡是能够反映宫廷历史文化的遗迹、遗物，都是故宫遗产的一个部分，都要重视，都要保护；或者说，清宫的所有遗存，没有不是文物的，需要完整地保护。故宫的空间是完整的，它不能只有后廷而没有前朝，也不能只有孤立的一个故宫而没有与其关系极为重要的其他一些皇家建筑物；故宫的文物也是一体的，它既包括历代相传的艺术珍品，还包括明清两代相延累积的宫廷遗迹、陈设及物品。故宫文物本体要保护，故宫的人文历史环境也应该得到完整的保护。"完整故宫"体现了故宫人守护民族文化遗产的责任感，也成了故宫保护工作的一个理念。"完整故宫"理念转化为一种力量，促使故宫博物院在古建筑保护及文物管理、博物馆建设等方面，都尽其所能，做了大量的工作。

一是恢复故宫建筑整体格局的努力。"完整故宫"的理念，必然要求全面恢复故宫建筑整体格局和历史原貌。由于历史原因，故宫院内外的一些文物建筑被外部单位长期占用，有的达数十年，严重影响了故宫的完整性，有些建筑未得到有效保护，状况很差，有的已成危房。从20世纪90年代以来，院内外坚持不懈，多方努力，克服困难，取得显著

---

① 故宫博物院 1966 年档案。

成效。其中大高玄殿的收回很有代表性。大高玄殿（俗称大高殿）建于明代嘉靖二十一年（1542），为我国唯一的皇帝进行"玄修"的大型道观。清代因避康熙帝玄烨之讳，改称大高元殿。大高玄殿与故宫宫廷建筑为一整体，且布局严整，建筑保存明代特征。1996年被列为全国重点文保单位。1950年，大高殿借给某单位使用，后拖延不还，形成历史问题。大高玄殿问题引起各界人士的关心，他们以保护文化遗产为己任，不遗余力地呼吁，向有关部门反映这个问题，提出解决建议。党中央、国务院也十分重视，有关领导就大高玄殿回收以及故宫完整保护问题做出重要批示，协调解决具体问题。2010年6月11日，大高玄殿在60年后正式回归故宫。陆续收回的还有端门及御史衙门。故宫内外还有一些建筑被外单位作为文物库房长期占用，也陆续收回，主要有雁翅楼、宝蕴楼等。这些建筑物的先后收回，不仅对故宫的完整保护有着重要意义，也极大地拓展了故宫博物院的文化空间，为更好地服务社会提供了契机。

二是在古建筑维修中坚持"完整保护、全面维修"的指导思想。2003年，故宫开始了举世瞩目的百年大修工程，制定了《故宫保护总结规划大纲（2003—2020）》，遵照文物工作方针，对故宫的保护与利用进行了科学、合理的统筹策划，国家文物局根据国务院办公厅要求，批复了《大纲》。十多年来的故宫维修工程，坚持《大纲》要求，进展顺利，达到预期效果。例如，保护故宫真实性和完整性，必须坚持"不改变文物原状"的总原则。故宫大修中，采取具体问题具体分析的方法，对每一座建筑物的修缮，都是仔细地审慎地实测、研究，从而决定维修方案，其中最重要的，是最少干预，尽最大可能保存原构件并尽可能地多保留原有建筑历史信息。故宫修缮过程中，与文物"原状"关系最大的是木结构材料、琉璃瓦与建筑彩画三个方面，故宫对此都进行了认真的探索与实践，较好地解决了碰到的问题，积累了经验。为了保持故宫的真实性，对后代人为的不恰当改变作了修复。例如，保和殿东西庑通过维修，恢复了外廊格局；钦安殿前原有抱厦被拆除，但是档案中还有

20世纪中期的实测图，依据充分，因此加以修复；被撤去的协和门、熙和门的东西庑房和坤宁门东板房原后檐柱，经过论证加以修复；乾清宫东西庑房外装修把现代玻璃窗恢复为支摘窗；故宫一些室外改为水泥砖地面的，现已逐步用传统青砖修复。又如，太和殿的外檐旧彩画是20世纪50年代末的作品，已经非常陈旧；而且按照今天的认识，当时并没有完全尊重历史原状。这次维修经过多方研究论证，确定了按照太和殿内檐彩画（康、乾时期）复制外檐彩画的方案。复制按照传统工艺技术操作，彩画色彩丰富，龙纹饱满，与维修后的整个太和殿，表现了恢宏富贵的皇家气势等艺术特征。

三是对非物质文化遗产的保护。从"文化整体"看待故宫价值，既有物质遗产，也有非物质文化遗产。故宫不仅有规模宏大的古建筑与180余万件的文物精品，还保存了中国古代特有的官式古建修造技艺以及许多传统手工技艺——传统文物修复复制技术。其中包括古书画的装裱与修复、青铜器的修复与复制、宝玉石的雕刻与镶嵌、传世漆器与木器的修复、古书画临摹复制技术、古钟表的修复技术、囊匣的制作技术、古建修缮技术等。这些技术都有着上百年的历史，有的历史甚至更为悠久，是经过世代相传，在不断完善和发展中形成的有着完整工艺流程的技术，具有中国鲜明的民族风格。它们大多是在"故宫"这个特殊环境下完善和发展的，是具有故宫特色的"非物质文化遗产"。这些非物质遗产既是保护故宫及其文物藏品的重要手段，也是故宫文化的重要组成部分。从2007年以来，已有"官式古建筑营造技艺""古字画装裱修复技艺""古书画人工临摹复制技艺""青铜器传统修复复制技艺""古代钟表传统修复技艺"等5项列入国家级非遗名录项目。故宫这些传统工艺技术都有着清晰的传承脉络。故宫珍视这些工艺技术，对其进行着有效保护，并重视传统工艺与现代技术的结合。

从"一纯粹的学术性质"的故宫到"学术故宫"的建设

故宫是一座博物院，也是一个学术机构。故宫及其珍藏是一个巨大的文化宝库，也是一门待开发研究的学术沃土。故宫博物院的创始者敏锐地认识到了这一点。李煜瀛在主持组建"办理清室善后委员会"时，就主张"多延揽学者专家，为学术公开张本"，又提出故宫"学术之发展，当与北平各文化机关协力进行"①。故宫博物院从一开始，就定位为一个学术机构。

故宫博物院的学术基础及学术风气的养成，与北京大学国学门有很大关系。北大国学门的一批学人不仅参与了故宫博物院的创建工作，而且把北大的学术风气、研究经验带到了故宫。尤为难得的是故宫博物院为他们提供了更为广阔的发挥学术研究能力的舞台。成立于1922年的北大研究所国学门，被认为是中国第一个严格意义上的现代学术科研机构，其宗旨为"整理旧学"，即用所谓"科学"的方法对中国传统之学进行研究。国学门主任由沈兼士担任，机构共包括委员会、三室（登录室、研究室和编辑室）和五会（档案整理会或明清史料整理会、古迹古物调查会或考古学会、歌谣研究会、风俗调查会和方言调查会），由国学门的委员、助教和干事分别担任相应职务。委员会委员有：蔡元培、顾孟余、沈兼士、李大钊、马裕藻、朱希祖、胡适、钱玄同、周作人、蒋梦麟、皮宗石、单不庵、马衡、周树人、徐旭生、张凤举、刘复、陈垣、李宗侗、李四光、袁同礼、沈尹默。

国学门委员会中的多数委员参与故宫博物院的组织管理及学术研究等工作。例如，组建于1924年的清室善后委员会，连同委员长共15人，

---

① 李煜瀛：《故宫博物院纪略》，《故宫周刊》1929年总第2期。

其中5人为国学门委员会委员，分别是蔡元培（蒋梦麟代）、俞同奎、陈垣、沈兼士。再如，成立于1925年的故宫博物院，多位重要领导来自北大国学门委员会委员，例如秘书长李宗侗、古物馆副馆长马衡、图书馆副馆长袁同礼等。又如，初建于1929年、重建于1934年的故宫博物院专门委员会，聘任了多位国学门委员会委员，例如易培基院长聘任的专门委员陈垣、朱希祖、沈尹默、刘半农（即刘复）、马裕藻以及马衡院长聘任的通讯专门委员沈尹默、钱玄同、朱希祖和特约专门委员陈垣，等等。

20世纪30年代是故宫博物院发展的黄金时期，一大批民国知名专家学者聚集故宫，从事文物整理、鉴定、保管及研究工作，并逐渐形成了公开、开放的学术氛围和研究传统，也使故宫成为一个著名的学术机构。这一阶段前期，主要是清点宫藏文物、文献，出版公布文物、文献档案资料，进行简单陈列。后期则是保管南迁文物。这在当时学术界和社会上影响都非常大。明清档案的整理研究，是当时"整理国故"的重要组成部分，不仅对推动明清史研究起了重要作用，而且成为确立现代学术的一个契机，在中国传统学术向现代学术转变过程中有着重要意义。[1]对此，中国学界对此也有深刻的认识。诚如著名学者李济所评述，"查原有之故宫组织，为一纯粹的学术性质，其行政机构亦偏重于此类功能"[2]。

从20世纪50年代开始，故宫博物院先后调进了一批文物研究、鉴定和修复方面的专家学者，其中一些人在社会上已有相当影响，有的则是某一行业享有盛誉的大家，如沈士远、唐兰、王以坤、徐邦达、刘九

---

[1] 郑欣淼：《故宫博物院学术史的一条线索——以民国时期专门委员为中心的考察》，刊于《故宫博物院院刊》2015 年第 4 期。

[2] 李济：《受管理中央庚款董事会委托调查抗战时期故宫古物搬运存放情形报告书》，1938 年 11 月 10 日，原稿存台北"中央研究院"历史语言研究所，本资料为李光谟先生提供。

庵、孙瀛洲、耿宝昌、罗福颐、王璞子、顾铁符、于倬云等。算上参与故宫博物院创建以及早期进入故宫的单士元、欧阳道达、单士魁、张德泽等，再加上20世纪40年代后期进入故宫博物院的朱家溍、王世襄、郑珉中、马子云、冯先铭、陈万里等。一时名家汇聚，人才济济，不仅有力地推进着故宫的整体工作，而且为故宫学术的发展创造了良好的条件。可以说，故宫学的萌蘖始自故宫博物院的成立，尔后随着以故宫博物院为主体的研究队伍的不断扩大，研究成果的不断涌现，为这门学科的形成打下了良好的基础。这是故宫博物院学术由自发到自省再到自觉的过程。

故宫学术研究虽然已有了相当的基础，仍存在着两个明显的问题：第一，学术研究的碎片化。故宫研究的材料虽然十分丰富，但以前的许多研究是在不同领域中进行的，就文物研究文物，就建筑研究建筑，而没有注意把文物、古建、文献档案等看作一个不可分割的整体，没有从更为广阔的视域挖掘、认识所研究的具体对象的价值与意义。第二，研究方法的单一化。随着时代发展，其他学科都在发展中努力打破学科界限，产生新的研究成果。故宫的科研工作也要求重视对实践工作从理论上进行探索和总结，要求站在一定的学术高度来审视自己所从事的具体工作。但实际存在的学术视野不够宽阔、知识结构仍有欠缺、研究方法比较单一、必要的相关理论不足等问题，从整体上影响着故宫研究的继续深入和重大成果的出现。

基于故宫博物院的学术使命以及研究状况，我们将故宫学作为一个明确的学术概念予以提出，并进行了长期不懈的理论探索和实践尝试。故宫学关于打通学科界限的要求正是帮助研究者总结实践经验、提高理论认识的基本方法，它将开拓人们对单体文物研究的思路，进入哲学化的思维方式即强调联系与发展，进入美学化的思维方式即导向审美与评赏，进入历史化的思维方式即注重社会与背景。这就要求整合研究力量、规划研究方向和重点、消除薄弱环节、提高研究水平，加强故宫学学科建设，构建故宫学学科体系。这种转型是在继承与发扬优良学术传统等基础上的转型，是向更高层次、更高境界的提升。

2005至2011年间，故宫博物院从院藏文物资源特点以及学术研究优势出发，陆续成立古陶瓷研究中心、古书画研究中心、古建筑保护研究中心、明清宫廷史研究中心、藏传佛教文物研究中心等五个研究中心，设立古陶瓷保护研究国家文物局重点科研基地，为国内外专家学者开展合作性课题研究提供了一个"开放、流动、联合、竞争"的学术平台。同时，通过签署战略合作协议、合作开展文物保护项目和科研课题项目、合办学术会议、合办学术刊物、联合办学等方式，全力拓展与国内外知名博物馆、高等院校、科研院所及其他学术机构的学术交流与合作，拓览学术研究的视野与渠道，并在数字故宫和信息技术方面、文化遗产保护方面、陶瓷考古发掘和藏传佛教艺术研究和保护方面以及培养人才方面取得明显的成绩。

2012年单霁翔主政故宫博物院，在着力抓好"平安故宫"建设的同时，也十分重视故宫的学术研究，重视故宫学发展，重视"学术故宫"的建设。2013年10月，单院长筹划的故宫研究院宣布成立，这是"学术故宫"建设的有力举措，也标志着故宫学研究进入新的阶段，在故宫博物院学术史上有着重要的意义。故宫研究院是故宫博物院设立的学术研究与交流的非建制机构，是以故宫研究院为基本力量，吸纳故宫博物院学术人才，汇集国内外知名专家学者，共同搭建的开放式高端学术平台。故宫研究院以创建"学术故宫"为宗旨、以服务"平安故宫"为指针，引领学术发展，制定科研规划，考评学术成果，实现故宫学术研究、人才培养、学术出版和对外交流等事业的可持续发展；以"科研课题项目制"为基点，创新管理模式，努力发展成为国家级重大科研课题项目学术基地和故宫学研究的中心。

截至2016年7月，故宫研究院下设1室15所，即研究室及故宫学研究所、考古研究所、古文献研究所、明清档案研究所、古建筑研究所、宫廷戏曲研究所、明清宫廷技艺研究所，文博法治研究所、书画研究所、陶瓷研究所、藏传佛教文物研究所、中外文化交流研究所、中国画法研究所、宫廷园艺研究所、书法研究所，在故宫博物院初步形成覆盖全面、专业突出和梯次完备的学术团队。其中研究室、故宫学研究所为建制单位，其他14个研究所都是非建制单位。故宫研究院成立以来，以其开放的学术胸襟、创新的机制接纳国内外学术界热心于故宫学术研究的人才，且与院内的专家学者共同构建高端学术研究平台。

故宫研究院成立后，积极吸纳高端人才，加强学术梯队建设。故宫研究院聘任专家分两类，一类属顾问型，德高望重、学养深厚，在国际上具有领军作用的学界泰斗，负责对故宫学术发展建言献策，参与学术评判。如香港中文大学教授饶宗颐被聘为荣誉顾问，中国工程院院士傅熹年研究员、著名古文献专家李致忠研究馆员和德国海德堡大学著名汉学家雷德侯教授、英国牛津大学前副校长杰西卡·罗森女勋爵受聘为故宫研究院顾问，开启故宫研究院与学界顶级学者合作的历程。另一类是项目型，学界精英和技术骨干，能够担当起项目任务，也被聘来加入项目团队。"故宫藏殷墟甲骨文整理与研究"项目即根据需要，特聘用台湾学者和擅长传拓手艺人以项目专家的身份参加该项目。

2013年8月获批设立的故宫博物院博士后科研工作站，作为首批文博系统博士后工作站之一，使故宫跻身高端学术人才培养基地的行列。目前在站博士后人员17名，研究专业方向涵盖了考古、古建筑研究、文献整理、宫廷史、工艺史、文保科技、古代书画鉴藏史研究、古窑址调查、宫廷戏曲研究等方面。2015年6月，全国博士后管理委员会批复，同意故宫博物院提前一年半独立招聘博士后研究人员，博士后管理与发展从此迈上新台阶。

四

探索故宫学的认识及启示

（一）坚持进步的观念与思维的创新

世界是由观念支配的。观念就是视野、理念、思路、方法等，观念就是指导思想，就是力量。观念作为一种力量，不仅影响了政治，而且影响了人类文明的每一个领域，如艺术、文学、经济和社会风俗，等等。在这些观念中，进步观念的意义最为重大，产生的影响也最为深刻。进步观念与人们的价值取向相联系。然而，这一观念却是在经历了漫长而曲折的历程之后才终告形成的。伯瑞认为，进步的观念是一种对人类的终极关怀。正是有了这种关怀，才使我们满怀信心地为了现世的完美与后世的幸福而努力。①

历史实践表明，如何看待故宫价值，从根本上说是一个与历史观、政治观、文化观等相联系的观念问题。观念有进步与落后之分。我们每次读到20世纪20年代故宫前辈对故宫世界价值的阐述以及对故宫博物院在世界博物馆崇高地位的肯定时，都会感动不已，这不是灵光一现的神来之笔，也不是故作高蹈的惊人之语，而是基于世界文化视野的科学评判，符合社会历史发展的价值取向。当那些围绕它的激烈论争与奇谈怪论已化为历史烟尘时，它仍然闪烁着光芒。这就是进步观念的力量。从故宫的"世界价值"到"世界遗产"故宫，说明一个重要的进步观念成为共识需要如此曲折的过程；当然今天"世界遗产"故宫观念有着更为丰富的内容，这说明观念是随着历史的发展而不断完善、不断丰富的。

接受和坚持进步的观念就要解放思想，敢于打破常规，善于另辟蹊

---

① ［英］约翰·伯瑞：《进步的观念》，范祥涛译，上海三联书店，2005年，第1页。

径。例如我们提出"大文物"观念，就是要突破传统的文物观念，全面认识故宫文物藏品的价值。从这一观念出发，凡是能够反映宫廷历史文化的遗迹、遗物，都是故宫遗产的一个部分，都要重视，都要保护；或者说，清宫的所有遗存，没有不是文物的。为什么要提出"大文物"？因为故宫有为数不少的宫廷历史遗存和遗物，过去长期不作为文物对待，或仅列为"文物资料"，有的甚至被处理掉，其原因主要是考虑到这些遗存遗物缺乏艺术性、不完整性、重复性、时代晚近性、材质普通性等问题。今天，如果我们不把故宫仅仅看作一个藏宝之所，而把它作为一个特定时期的完整的文化体来看待，把它放在中华文明的发展历程中来看待，它的一砖一瓦一草一木就都没有多余的，既是典章制度和宫廷生活的载体和反映，也蕴含着丰富生动的内容和故事，因此就有了重要的历史文化价值。

又如"大故宫"概念，也是近年来故宫学研究中所形成的一个共识，即完整的故宫遗产，既要关注72万平方米内的故宫，也应走出故宫，看到故宫与北京及其以外明清宫廷建筑之间的联系，看到故宫文物与流散于海内外的清宫文物的联系。"大故宫"观念的实质就是要全面看待故宫遗产的价值，既要关注北京故宫的文物藏品，也要重视流散海外的清宫文物遗存，并从联系中进行研究。只有这样，我们才能看到一个全面的、立体的、生动的、丰富的故宫。

（二）探索有中国特色的文化遗产保护道路

故宫列入世界文化遗产，为故宫保护带来了新的视野，新的机遇。首先，可从世界文明发展历程看待作为中华文明重要载体的故宫遗产的独特价值，同时也更客观地认识不同文明的贡献与地位，并从全球化时代保持文化多元性、传续中华文脉的要求认识保护故宫的意义。其次，强化了遗产的共享意识以及全社会都必须承担管理和保护的理念，促使故宫博物院的管理和故宫保护更加开放。再次，作为世界文化遗产，故宫保护要坚持执行有关国际公约，吸收先进的文物保护理念，坚持保护故宫的完整性与信息的真实性，努力探索有中国特色的文化遗产保护道路。

从2003年开始的故宫百年大修，进展顺利，修缮工程达到了预期效果，不仅使故宫恢复着庄严、肃穆、辉煌的历史面貌，而且是中国官式古建筑营造技艺的一次大力传承。故宫文物保护工程的意义体现在三个方面：一是进一步使故宫古建筑的保护进入良性循环的轨道；二是维修的思路、原则、要求、标准、方法不但对国内，而且也对国际文化遗产保护做出了贡献；三是对故宫"完整保护、整体维修"理念的实践，体现出对故宫保护的文化传承意义。

同时开始的北京故宫、天坛和颐和园三处世界遗产地的修复工程引起国际社会的关注，也引起一些疑虑。2007年5月，中国国家文物局、国际文化财产保护与修复研究中心、国际古迹遗址理事会和联合国教科文组织世界遗产中心在北京联合举办了"东亚地区文物建筑保护理念与实践国际研讨会"。与会专家通过对故宫等三处世界遗产地维修工程的考察，进行了热烈的讨论，澄清了事实。会议讨论形成的《关于北京世界遗产地保护与修复的评价与建议》即《北京文件》附件，不仅统一了国际社会对故宫等三处世界遗产维修状况的认识，而且在此基础上产生了更为重要的成果，即《北京文件——关于东亚地区文物建筑保护与修复》。这个文件所强调与阐述的原则与精神，不仅有助于故宫等世界遗产地的进一步保护，而且为地区合作奠定了基础，从而更好地制定针对东亚地区其他古迹遗址保护与管理的理论和实践指导原则。《北京文件》的形成，说明文化遗产保护理念是一个不断发展、不断丰富的过程，也反映了中国文化遗产保护事业的发展水平，标志着中国特色的文化遗产保护理念的日渐成熟。作为这次会议的继续和细化，2008年在北京召开了东亚地区木结构彩画保护国际研讨会，原则通过了对东亚地区具有指导意义的《东亚地区关于彩画保护和修复的北京备忘录》。

从2007年东亚会议以来，故宫博物院更加认真执行《北京文件》及其附件提出的建议和要求，坚定地执行国际有关公约与国内有关法规，继续加强与国际遗产组织的沟通，加强与东亚地区世界遗产地有关文物保护问题的交流与合作，找出差距，改进不足，不断提高维护水平。

（三）坚持学理性与实践性的结合

故宫作为博物院，其学术研究的范围以及学术成果的体现形式也有自身的特点，即与博物馆的工作性质相关联。故宫的学术研究，是以文物（可移动的文物藏品与不可移动的古建筑）作为研究对象，这不同于一般的主要以文献为对象的研究机构。故宫研究与文物的收藏、保护、展示不可分割。以鉴定来说，要收藏，就要鉴别真伪，就要划分等级，这就需要科学地鉴定，这是硬功夫，也是博物馆工作的基本要求。因此，故宫学术研究不是经院式的烦琐论证，也不是从书本到书本，它直接面对故宫的文物、古建筑、档案、文献，对此进行客观分析、比较，解决宫廷历史人物和事件的物证和历代文物的真伪鉴定及其艺术价值、文化联系等诸多问题。

学理性与实践性的结合反映在多个方面。除了学术论著外，大量故宫学术研究成果与业务工作如文物的编目制档、陈列展览结合在一起。例如故宫博物院有一项特殊的陈列，即用宫廷史迹陈列来展示宫廷原状，使人们准确而直观地了解宫廷的有关礼仪活动，澄清"戏说"之风带来的一些错误认识。但这却是一项极为细致和烦难的工作。就是说，故宫学的一个重要特点，就是学理性与实践性的结合。又如古建筑研究多与故宫保护维修结合在一起。从2003年以来，故宫博物院与美国世界建筑遗产基金会合作，进行了倦勤斋保护工程。倦勤斋的研究保护项目是故宫博物院成立以来对内檐装修进行的首次大规模保护工程。鉴于清代，特别是乾隆年间，内装修具有空前绝后的复杂性，而倦勤斋内装修又代表当时的最高水准，所以这一项目既有开创性又有挑战性。参与该项目的中美双方专业技术人员团结合作，从前期历史、艺术、工艺、技术调研，病害记录分析，空气环境分析，采光分析，原状陈列复原研究，传统工艺材料的恢复研究等等，直至全面实施保护，攻克一个又一个难题，做到研究与保护的密切结合，为今后故宫内檐装修保护进行了有益的探索和尝试，并且积累了理论与实践方面的宝贵经验。40余万字的《倦勤斋研究与保护》（紫禁城出版社，2010年）就是这些研究成果的反映。

值得特别提及的是，历时18年的故宫百年大修到2020年将全面完成，故宫博物院以养心殿工程为收官之作，鉴于养心殿地位重要、影响巨大以及文物建筑复杂的特点，院领导极为重视，定义为"研究性保护项目"，即突出维修工程中的科学性，加强学术研究，力求使维修的每一个步骤、每一个方面都能有科学的依据，都是扎实可行的。《养心殿研究性保护项目课题》共设置了35个分课题，涉及到与养心殿工程有关的清宫历史文化、文物陈设、文物保护（包括防震）、古建筑技艺以及工程管理等，基本上包括了维修工程的各个方面，据我统计，参与的有器物部、宫廷部、文保科技部、古建部、修缮技艺部、研究室、科研处等7个部门，参加课题的研究人员共234人次，其中10人及10人以上参加的课题即达10个，最多的一个课题有14人，这充分反映了筹划者的用心、周到。这一课题的设计，是从维修工程实际需要提出的，也提供了故宫保护工作与故宫学术研究相互结合的一个范例。过去故宫维修也有类似做法，但像养心殿项目这样涉及学科门类之广、动员力量之多、组织规模之大，还是第一次，因此也具有开创性的意义，对今后故宫学术研究开展（包括课题选定、组织形式、成果评价等），必将产生重大的影响。

（四）树立开放、多元的合作交流理念

公开、开放是故宫博物院的优良传统。由于故宫学是一门新兴的

综合性学科，具有多学科交叉或者说跨学科的特点，加之清宫文物在海内外的大量散佚，客观上为更多的机构与个人参与故宫学研究提供了条件，因此故宫学从一提出就强调其开放性的特点。学术为天下公器，故宫学一直倡导"故宫在北京，故宫学在中国、在世界"的学术理念。故宫学不只是两岸两个故宫博物院乃或是海内外收藏有关清宫文物的机构或个人的事，而应该是海内外学术界的共同事业。事实上，故宫博物院也难以完全承担这一任务，需要社会上多方力量的共同参与。只有国内外研究力量广泛参与，交流合作，取长补短，才能进一步激发与活跃学术研究活动，取得更大的成果，也才能使故宫学真正发展为一门国际性的显学。

近年来，故宫博物院着力拓展与国内外知名博物馆、高等院校、科研院所以及其他学术机构的交流与合作，且收到了明显的效果，特别是与高等院校的参与合作。"故宫学"的学科概念，自提出以来逐渐得到学界和教育界的认可和重视，故宫博物院也十分重视与各有关研究机构尤其是高等院校的交流与合作。近年来，故宫博物院先后与中国艺术研究院联合培养硕博士研究生，协助浙江大学成立故宫学研究中心，与南开大学合作成立故宫学与明清宫廷研究中心，支持中国社会科学院研究生院、东北师范大学等院校招收故宫学研究方向的硕士生，与北京工业大学在文物保护科技方面进行合作等。与此同时，故宫博物院就陶瓷研究、藏传佛教研究以及文物科技保护研究等方面与美国、法国、日本以及香港等国家地区的一些大学积极展开合作，并获得了显着的成果。

目前与故宫博物院合作的高等院校大都有着先进的教育理念、雄厚的教育资源、严谨的科学态度和优良的学术氛围，而且在学科设置和发展上各具特色，优势突出，并形成各自优良的学术传统。与高校的合作将极大地发挥故宫博物院和高等院校在学术资源和学术人才方面的优势互补的作用，故宫博物院的发展将得到强大的理论支持和学术后盾，高等院校也将完善自身的学科建设和与社会的沟通，尤其是故宫学作为学术研究方向和人才培养方向被纳入研究生教育体系，这对于故宫学的学术研究和学科建设具有重要意义。

故宫学的开放，不只是请人走进故宫，也包括故宫科研人员走出故宫。例如，北京故宫认识到，要把故宫藏传佛教文物研究深入下去，不能就宫廷研究宫廷，而要放在更为宽广的范围和背景中去考察，例如藏传佛教的发展源流、黄教与其他教派的关系、清代与明代的关系、宫廷与地方的关系、藏传佛教在不同地区的传播状况，等等。正是基于这一认识，多年以来，故宫博物院积极与国内外大学、研究所、考古所等机构合作，进行田野考察、考古发掘、文物保护、资料整理等，拓展了学术视野，扩大了研究领域，取得了明显的成绩，如参与布达拉宫、罗布林卡等西藏重点文化遗产的维修保护工程；与美国基金会合作共同维修西藏名寺夏鲁寺，同时与多部门合作，共同开展对该寺壁画的研究；与首都师范大学美术学院共同建设汉藏佛教美术研究中心等。特别是与四川省文物考古研究院长达10年的合作，对四川甘孜、阿坝藏族地区进行考古和民族学调查，先后出版了《穿越横断山脉——康巴山区民族考古综合考察》《木雅地区明代藏传佛教经堂碉壁画》《2013年穿越横断山脉——阿坝藏羌文化走廊考古综合考察》等书，其中"四川石渠吐蕃时代石刻考古调查项目"为唐蕃古道走向或文成公主进藏路线的考证提供了新的论据，填补了青藏高原东部唐蕃古道走向重要环节的资料空白，对研究吐蕃历史、佛教史、佛教艺术、唐蕃关系史具有重要的意义，因此被评为"2013年度全国十大考古新发现"。

（五）体现着历史使命感的文化自觉

"文化自觉"是费孝通先生晚年提出来的一个重要概念。文化自觉首先是对自己的文化有自知之明，也就是充分认识自己的历史和传统，这是一种文化延续下去的根与种子。对于故宫价值与故宫博物院使命的深刻认识，使故宫人在故宫学的倡导上有着一种基于文化自觉的强烈的责任感。

近600年来，随着时代的变迁，故宫的价值与作用也在累积与发展。在封建时代，故宫是封建王朝的中枢所在地，是皇权的象征，有着至高无上的地位。故宫博物院的成立，将昔日帝王居住的宫苑禁区变为平民百姓可以自由出入的场所，使象征皇权统治继承性、合法性的清宫旧藏成为人民共有共享的文化财产，故宫博物院被赋予了维系中华民族文化和传续中华文明血脉的新内涵。保护故宫及其藏品，就是保持我们与祖先联系、沟通的渠道，就是保护中华民族的文化根基。故宫丰厚的文化资源，对于我们传承中华民族的优秀传统文化，对于弘扬和培育民族精神、建设中华民族共有精神家园，对于加强同世界各国的文化交流、扩大中华文明的国际影响力，都能够发挥独特的重要作用。故宫文化是有生命的活的文化，因此故宫是民族的，也是世界的；是传统的，也是现代的；是历史的，也是未来的。

故宫博物院成立以来，故宫同人从未计较个人的得失，而是倾心于故宫的事业，这就是对于历史文化遗产的保护、研究与弘扬，"充分认识自己的历史和传统"，延续文化的根与种子。下面引用1929年故宫博物院工作报告中的一段话，可见这种文化自觉精神的一脉相承：

> 本院职员，多以学术研究为目的。故尽义务者甚多。即有报酬，亦极菲薄。至多之生活维持费，仅给百元，少只十五元，为各机关所罕有。而同人工作精神，则殊奋发。栉风沐雨，毫无倦容。盛夏严冬，工作尤苦。或冒暑巡行于永巷之间，或呵冻植立于冷殿之内。皆为寻常人所不能忍受者，而本院职员，皆身受之。此无他，一为保存中国历史、文化、艺术计。人人均视为分所当为，故不觉其苦。一则视本院为天然研究所，不为衣食计，而为学问计。同人具此精神，得以维持以

至今日。且努力进行不懈，亦职是故。^①

（原为作者2016年8月19日在南开大学历史学院、故宫博物院故宫学研究所联合举办的"故宫学与明清宫廷史"学术研讨会上的演讲，刊载于《故宫学刊》2018年，总第19辑，收入郑欣淼著《故宫与故宫学三集》，故宫出版社，2019年。）

---

① 《北平故宫博物院全年工作报告（民国十八年十二月刊行）》，现存故宫博物院档案室。